Joni es una amiga mía que ha estado dirigiendo a las personas con amor y valentía por décadas. Dios usa a las guías más improbables para llevarnos hacia arriba por el escabroso terreno de nuestra fe. El plan de Dios es bastante sencillo. Quiere que estemos para siempre con él. Esta vida es simplemente una práctica para la eternidad. ¿Enfrentaremos dificultades y reveses? Ni dudarlo. En este libro actualizado, Joni nos lleva de nuevo a las alturas, y lo hace desde su silla de ruedas.

BOB GOFF, autor de los *best sellers* del *New York Times, El amor hace* y *A todos, siempre*

Derivando de su trabajo con personas discapacitadas, Joni Eareckson Tada nos ha dado algunas de las imágenes más conmovedoras del cielo: un lugar en el cual ella estará sobre sus pies danzando, un lugar en donde sus amigos que enfrentan retos mentales recibirán al fin mentes completas. Ahora, en *El cielo* ella nos da un tratamiento completo de una de las doctrinas más importantes, y sin embargo tristemente soslayada, de la fe cristiana.

PHILIP YANCEY, autor de *¿Dónde está Dios cuando se sufre?* y *El Jesús que nunca conocí*

Aunque Joni Eareckson Tada no es extraña al sufrimiento, irradia un gozo contagioso que ha impactado incontables vidas. Ahora, en su versión actualizada de *El cielo,* Joni ha compartido la fuente de su esperanza al pintar un cuadro irresistible de nuestro hogar celestial.

JIM DALY, presidente de Focus on the Family

Por más de medio siglo, sin el uso de sus piernas físicas, Joni Eareckson Tada ha escalado alturas y presenciado vistas de las cuales muchos solo sueñan. Su vida nos ha dado vislumbres del gozo que se halla en la presencia de nuestro Salvador. Ella nos ha mostrado cómo se debe continuar avanzando, viendo y saboreando a Cristo por fe hasta que estemos en nuestro hogar con él par̃

exquisita descripción de lo que espera por delante a los que ponen su vista y corazones en la Cumbre.

NANCY DEMOSS WOLGEMUTH, autora, maestra
y presentadora de *Revive Our Hearts*

Cuando hice la investigación en preparación para escribir mi libro *El cielo* hace años, leí 150 libros sobre el tema, algunos de ellos publicados hace más de cien años; literalmente todo libro que pude hallar. A menudo se me ha preguntado cuál es mi favorito, y mi respuesta siempre es la misma: el de Joni. Me encanta que este, ya un gran libro, haya sido actualizado y que alcance a una nueva generación de lectores. Personalmente espero volver a leerlo. Gracias, Joni, por tu gran corazón por Dios y tu expectativa contagiosa del cielo como nuestro hogar.

RANDY ALCORN, autor del *best seller* del
New York Times, *Eternidad*

No meramente a pesar de, sino en realidad *debido a* su propio sufrimiento, Joni puede darnos su aguda visión del gozo del cielo.

ELISABETH ELLIOT, fallecida autora y conferencista

Por todo el tiempo en que he conocido a Joni Eareckson Tada, su corazón ha estado fijo en el cielo. Ella examina las promesas bíblicas con un corazón expectante. Su conversación, cantos y mensajes reflejan una preocupación por el cielo. Joni ha coleccionado sus pensamientos sobre el cielo en este conmovedor libro, lleno de expectativa contagiosa, rica perspectiva bíblica, y el resplandor cálido del mismo cielo. Joni, siempre artista talentosa, pinta un cuadro tan vívido del cielo que uno percibe que ella ha vivido la mitad de su vida allí.

DR. JOHN MACARTHUR, pastor-maestro, Iglesia
Grace Community Church, Sun Valley, California

Mis primeras palabras a Joni cuando la conocí en julio de 1999 fueron: «Estoy leyendo tu libro, *El cielo*, porque mi hija acaba de ir allá». Me sentí muy agradecida de saber que mi hija, Hope, está en el cielo, porque la sentía tan lejos de mí. La lectura de *El cielo* me ayudó a enfocarme en todo lo que Hope había ganado en lugar de solo en lo que yo había perdido. Aumentó mi propia expectativa del cielo y me hizo aflojar mi apego a este mundo. Mi ejemplar está gastado, y subrayado, y lo atesoro. Este libro está lleno de sabiduría y perspectiva santas para vivir esta vida con expectativas de la vida por venir.

NANCY GUTHRIE, autora y maestra bíblica

Joni Eareckson Tada tiene un talento único para comunicar la sabiduría más profunda de la manera más vívida y cálida, y en *El cielo* ella se luce. Teológicamente, espiritualmente y humanamente, su ejemplo de esperanza saludable desde su silla de ruedas para el hogar del cristiano es oro puro, tan poderoso como conmovedor. ¡No se lo pierda!

J. I. PACKER, teólogo y autor de *Hacia el conocimiento de Dios*

Habiendo ministrado a universitarios por muchos años, he experimentado de primera mano la brecha generacional. Después de mencionar algo de mi niñez, sea un libro favorito o un juguete atesorado, recibo una mirada en blanco que me dice que el universitario no tiene idea de lo que quiero decir. Felizmente, las lecciones aprendidas en el sufrimiento no tienen fecha de expiración, y las verdades de Dios son eternas. Es mi gozo recomendar este libro a los que todavía no han oído la experiencia de Joni, ni han minado de los tesoros que ella ha hallado en lugares oscuros. Mis mentores me introdujeron a sus escritos, que han forjado y fortalecido mi amor por Jesús, quien es la pieza central del cielo. Me complace presentarla a generaciones más jóvenes con la esperanza de que Dios haga lo mismo por ellas.

AIMEE JOSEPH, Campus Outreach San Diego
y directora del Ministerio Femenil en la Iglesia
Redeemer Presbyterian Church, Encinitas

¡Qué libro más sabio, cálido y maravilloso! Edificará la fe, esperanza, y amor de muchas personas a Dios y el cielo.

DR. PETER KREEFT, profesor of filosofía, Universidad Boston

Hay mucho que hallar en este libro: abundantes pasajes bíblicos, un número de grandes relatos, una serie de oraciones, y una multitud de nociones importantes. Pero esto es lo que hallé sobre todo lo demás: esperanza. Me impactó vez tras vez cuánto ha invertido Joni en el cielo; y cuánto debería yo haber invertido en el cielo. Este es un libro para personas que están listas para tomar el cielo en serio. Me animó, me reprendió, y me consoló.

KEVIN DEYOUNG, pastor principal de la Iglesia Christ Covenant
Church, Matthews, Carolina del Norte, y profesor auxiliar de
teología sistemática, Seminario Teológico Reformado-Charlotte

En la temporada después de que un derrame cerebral casi fatal cambió nuestras vidas para siempre, nosotros recibimos muchos libros que ofrecían un rayo de esperanza para nuestra nueva vida de normalidad. No hubo otro más influyente que este a medida que levantó nuestros ojos hacia la esperanza del cielo con la sabiduría de Joni ganada a alto precio. Es un pozo bien profundo de sanación para todo corazón herido.

KATHERINE Y JAY WOLF, coautores de *Hope Heals*

No conozco a nadie de quien preferiría aprender más en cuanto al cielo que de Joni Eareckson Tada. Desde la sorprendente plataforma de una silla de ruedas, Joni ha irradiado valentía gozosa y esperanza evangélica por más de cincuenta años. Ella anhela el mundo por venir, pero, incluso más, anhela al Rey que vendrá. «Lo primero que planeo hacer en mis piernas resucitadas», a menudo dice Joni, «es postrarme sobre mis rodillas agradecidas y glorificadas». Los creyentes que lean este libro poderoso no simplemente aprenderán sobre su hogar futuro; lo anhelarán.

MATT SMETHURST, gerente editor de The Gospel Coalition
y autor de *1–2 Thessalonians: A 12-Week Study*

Dé un paso hacia atrás por un momento, enfoque sus ojos de la fe, y venga con Joni Eareckson Tada a un mundo del que ha oído desde su juventud pero que nunca ha visto: el cielo. Aprenderá cómo es el cielo, y quiénes estarán allí —y cómo puede preparar su corazón en la tierra para la realidad del cielo. Tal vez descubra que el cielo está más cerca —y es más real— de lo que jamás ha pensado. Mi amiga Joni es una de las siervas selectas de Dios hoy.

CHUCK COLSON, Prison Fellowship, fallecido

Aunque la cultura cristiana está inundada de pensamiento blandengue en cuanto al tema el libro *El cielo* de Joni Eareckson Tada no es así. Es el producto de décadas de meditación sobre las enseñanzas bíblicas acerca de una nueva tierra más real que la presente, con calles, ríos y cosas para gobernar. Muchos se sorprenderán al enterarse de que Dios tiene coronas y recompensas guardadas para los que no beben el agua dulce coloreada de la teología complaciente, sino que permiten que el sufrimiento sea purificador y preparador para la vida venidera.

ANDRÉE SEU PETERSON, autor, escritor de la revista *World*

Los que más han sufrido los dolores terrenales por más tiempo a menudo están mejor preparados para los gozos celestiales; es decir, si el sufrimiento ha sido forjado por la Palabra de Dios. Y pocos han sufrido tanto, por tanto tiempo —y se han aferrado tan firmemente a Cristo— como esta asombrosa mujer. No puedo pensar en nadie de este siglo de quien preferiría leer sobre el cielo que Joni Eareckson Tada.

DAVID MATHIS, director ejecutivo de desiringGod. org, pastor de la Iglesia Cities Church, Minneapolis/ St. Paul, y autor de *Habits of Grace*

Los héroes son personas que nos dan esperanza. En este libro, uno de mis héroes profundizará su comprensión de la esperanza venidera que nuestro Rey, que viene pronto, ha preparado para todos los que hemos creído. Prepárese para tener más esperanza para lo que viene y más pasión por vivir a la luz de esa esperanza hoy.

TODD WAGNER, pastor de la Iglesia Watermark Community Church y autor de *Come and See*

También de
JONI EARECKSON TADA

El cielo

SU VERDADERO HOGAR...
desde una perspectiva más alta

EDICIÓN AMPLIADA

JONI EARECKSON TADA

La misión de Editorial Vida es ser la compañía líder en satisfacer las necesidades de las personas, con recursos cuyo contenido glorifique al Señor Jesucristo y promueva principios bíblicos.

EL CIELO
Edición en español publicada por
Editorial Vida – 2019
Nashville, Tennessee
© 2019 Editorial Vida

Este título también está disponible en formato electrónico.

A menos que se indique lo contrario, todas las citas bíblicas han sido tomadas de la Santa Biblia, Versión Reina-Valera 1960 © 1960 por Sociedades Bíblicas en América Latina, © renovada 1988 por Sociedades Bíblicas Unidas. Usada con permiso. Reina-Valera 1960® es una marca registrada de la American Bible Society y puede ser usada solamente bajo licencia.

Las citas bíblicas marcadas «NVI» han sido tomadas de La Santa Biblia, Nueva Versión Internacional® NVI® © 1999 por Biblica, Inc.® Usada con permiso. Reservados todos los derechos en todo el mundo.

Las citas bíblicas marcadas «NTV» son de la Santa Biblia, Nueva Traducción Viviente, © Tyndale House Foundation, 2010. Usada con permiso de Tyndale House Publishers, Inc., 351 Executive Dr., Carol Stream, IL 60188, Estados Unidos de América. Todos los derechos reservados.

Las citas bíblicas marcadas «NBV» son de la Santa Biblia, Nueva Biblia Viva © 2006, 2008 por Biblica, Inc..® Usado con permiso de Biblica, Inc.® Reservados todos los derechos en todo el mundo.

Publicado en asociación con Wolgemuth & Associates, Inc.

Editora en Jefe: *Graciela Lelli*
Traducción: *Erma Lovell Swindoll de Ducasa y Miguel Mesías*
Adaptación del diseño al español: *Mauricio Diaz*

ISBN: 978-1-40021-277-4

CATEGORÍA: RELIGIÓN / Vida Cristiana / Crecimiento

IMPRESO EN ESTADOS UNIDOS DE AMÉRICA
PRINTED IN THE UNITED STATES OF AMERICA

HB 05.08.2023

A Al Sanders—
este mundo no es su hogar,
solo está de paso—

y a Margaret,
que hace que esta travesía
sea lo más llana posible.

CONTENIDO

Prefacio a la Primera Edición

Resulta extraño expresar agradecimiento a una silla de ruedas, pero lo hago. Casi treinta años de tetraplejía, y casi la misma cantidad de tiempo dedicada al estudio de la Palabra de Dios, han profundizado mi gratitud hacia Dios por estos tornillos y estas barras. La silla me ha señalado el camino a casa de memoria.

Grandes escritores y pensadores han ayudado a dirigir mi corazón hacia el cielo. A través de los años he barrido estantes de libros buscando cada ensayo, sermón o comentario escrito por C. S. Lewis y Jonathan Edwards, desde el obispo J. C. Ryle a contemporáneos de la talla de Peter Kreeft y John MacArthur. Por supuesto que cuando deseo reflexionar sobre una perspectiva más poética del cielo, siempre le quito el polvo a mis favoritos George MacDonald y Madame Jeanne Guyon. Aquí presento mi reconocimiento a esos maravillosos filósofos y teólogos; usted podrá detectar las huellas digitales de muchos de ellos en las páginas que siguen.

También expreso gratitud a unos cuantos más... Scott Bolinder de Zondervan que durante años me ha dicho: «Nos encantaría escuchar lo que tengas para decir sobre el cielo». Y John Sloan, mi editor, que con amabilidad me dio una mano y amplia libertad para escribir lo que tuviera en mi corazón. También Bob Hudson, por examinar mis párrafos con una lupa. John Lucas, director de arte de Zondervan y James Sewell, mi instructor de arte que me brindó su guía mientras yo trabajaba en la interpretación para la cubierta. Y gracias a mis amigos en Wolgemuth & Hyatt por su ayuda en lograr que se concretara todo esto.

Agradezco a Judy Butler y Francie Lorey por su gentileza al servir de «manos» para este proyecto. Y Steve Estes por revisar el manuscrito para mantenerme encarrilada en la senda bíblica recta y estrecha. Brindo un agradecimiento especial a las mujeres que vienen a mi casa en días diferentes para levantarme, vestirme, sentarme en mi silla y se aseguran que esté dispuesta para enfrentarme a las tareas a realizar: Irene López y Carolyn Simons, Patti Guth y Francie Lorey, Donna Condon, Judy Butler y Karen Crum. Estas amigas hacen una inversión celestial cada vez que me vendan las lesiones por compresión, me cepillan los dientes, o me dan un jugo de naranja con salvado. Por supuesto que no puedo dejar de decir «gracias» a mi esposo, Ken, que toleró más platos mexicanos de comida rápida de la cuenta mientras yo trabajaba hasta tarde en el manuscrito.

Y finalmente, estoy sumamente agradecida de que el Señor Jesús moviera los corazones de muchos guerreros en oración para que fueran fieles en la intercesión. Bunny Warlen, Mary Lance Sisk, Jean Kenoyer, Pam Rosewell Moore y mi grupo de oración del miércoles por la noche en la iglesia. También al personal de Ministerios JAF que se reúne cada mañana antes del trabajo para orar.

Una cosa más. Le agradezco a usted por tomarse el tiempo para unirse a mí en esta travesía hacia las glorias celestiales en lo alto. Y ¿quién sabe? Quizá antes de que termine de leer, descubrirá que usted también ya conoce el camino a casa de memoria.

PREFACIO 2018

Cuanto más larga es la jornada de una con los ojos en el cielo, más empieza una a ver. Y es por eso que he compilado una versión actualizada de mi libro de 1995, *El cielo: Su hogar real*.

Hace como veinticinco años vertí mi corazón en ese libro. Había estado soñando en el cielo, y anhelando el cielo casi desde el principio de mi tetraplejía. Cuando me vino la oportunidad de escribir sobre el deseo de mi corazón, eso me llenó de entusiasmo. Qué maravilloso captar en papel y tinta tantas de mis reflexiones y largas horas de escudriñar las Escrituras. Y, gracias a Dios, el libro tuvo buen éxito. Fue recibido calurosamente, y ha tenido una saludable cantidad de lectores con el correr de los años.

Estaba contenta con eso... hasta que recientemente volví a leerlo. Me dejó con la impresión de una historia parcialmente contada, o un canto entonado a medias.

Ahora estoy en un lugar muy diferente en mi jornada. En cuerpo, alma y espíritu, siento como que he avanzado una gran distancia. ¿Por qué me siento de esa manera? Tal vez porque he vivido más que mi expectativa de vida. Tal vez son los años añadidos de lidiar con los efectos de la implacable gravedad sobre un cuerpo que envejece, paralizado. Tal vez se debe a la batalla feroz que amenaza la vida, con cáncer en etapa tres.

Muy ciertamente tiene que ver con años tras años de vivir con un dolor crónico que retuerce la mente.

Mi vida terrenal me parece muy diferente ahora. Y también el cielo. He visto más, estudiado más, sufrido más, aguantado más, aprendido más, y orado más.

Más importante, he aprendido a amar más a Jesús.

Esa es la esencia aquí. Eso es el palpitar de lo que quiero decir.

En el libro original recalqué el punto de que el cielo no es tanto un lugar, como una Persona. Pero no dije lo suficiente, ni con mucho. Sí, Jesús dijo: «Voy a prepararles un lugar» (Juan 14.2). Pero no es la mansión, o condominio celestial, o media hectárea de terreno celestial lo que realmente me interesa.

Es él. En serio.

Si él está allí —donde quiera que eso sea— es el cielo. Si él no está allí, entonces no lo es.

Todo el sufrimiento, y dolor, y anhelo del pasado cuarto de siglo no han enfocado mi corazón en avenidas de oro de veinticuatro kilates y ríos de cristal bordeados de árboles. Sí, por supuesto que anhelo la «patria mejor» de Hebreos 11.16, y un nuevo cuerpo que corra, baile, nade y abrace a los seres queridos, del otro lado. Pero lo que en realidad quiero es a Jesús. El Hijo de Dios que me amó y se entregó por mí. El Esposo. El Amigo más cercano que un hermano. El Rey. *Mi* Rey.

El sufrimiento prolongado da enfoque, y conforme los días pasan, mi enfoque está más y más en mi Rescatador y Compañero.

Frisando ya los sesenta avanzados, estoy mucho más cerca del cielo que cuando tenía cuarenta. Y eso significa que pronto —¡pronto!— oiré su voz, miraré sus ojos, y sentiré su abrazo. Y él dirá: «Bienvenida a casa, Joni».

Al final de cada capítulo de este libro revisado he incluido algunas reflexiones adicionales que hablan al punto en que me hallo ahora, más adelante en la senda sinuosa de la vida y más alto en la colina de la perspectiva. He llamado a estos pensamientos «Suba más», y es mi invitación para todos los que hacen esta jornada conmigo.

Puede que haya sido hace muchos años y a mucha distancia, pero todavía puedo recordar cuando íbamos de excursión con mi familia, a veces por senderos que zigzagueaban por la colina en una cuesta larga, empinada. Deteniéndonos ocasionalmente para recobrar el aliento, mirábamos hacia atrás a donde habíamos estado y hacia dónde nos dirigíamos, constantemente sorprendidos al darnos cuenta de cuánto puede uno ver con un poco más de altitud. A veces podíamos distinguir diminutas figuras de ascensionistas muy atrás en el sendero, batallando con la cuesta por la que nosotros habíamos caminado apenas media hora atrás. Y fue alentador decirnos unos a otros: «¡Hemos hecho buen progreso! Ya no falta mucho».

Eso es lo que espero que hagan estos pensamientos al final de los capítulos. Juntos, nos detendremos ante unos pocos panoramas, mirando hacia atrás a la fidelidad de Dios para llevarnos a donde estamos. Y también miraremos hacia adelante, para ver a Alguien esperándonos al final del camino.

O, tal vez deberíamos decir, del Camino real.

Aunque pase en esta silla mi vida mortal,
me niego a vivir en desesperación.
Y aunque el don de sanidad,
otros puedan recibir, pienso yo
que él me ha dado un don sin par...

Más cerca está el cielo de mí,
a veces solo eso puedo percibir.
Dulce melodía
de arriba puedo oír;
y sé que suena para mí.

Pues soy novia de Cristo el Salvador,
redimida a su lado estaré.
«¿Danzamos?», preguntará.
Y nuestro romance sin fin hará
que valga la pena toda lágrima derramada.

Me gozo con aquel cuyo dolor mi Salvador alivia.
Y lloro con el que se angustia todavía.
Pero el gozo y dolor terrenal,
a esta tierra se han de limitar,
y un bien mayor la Palabra de Dios revela.

En la vida una cruz hay que soportar;
una parte de su muerte experimentar.
Un día la dejaremos,
una corona recibiremos,
nuestro sufrimiento, con esto, no se puede
*   comparar.*

«El vals de Joni»
por Nancy Honeytree
(usada con permiso)

Introducción

¿Qué tiene

DE ESPECIAL EL CIELO?

E ra una noche oscura y tormentosa.
Antes de regresar al calor de la casa, me acurruqué contra el aire frío para escuchar el silbido de los pinos de mi vecino y quedarme mirando la delgada rebanada de la luna que sonreía en el horizonte. Mis ojos recorrieron el cielo estrellado procurando ubicar la constelación Osa Mayor, ya que acababa de memorizarla después de verla en un libro, y nunca la había visto en su totalidad. Busqué sin cesar y, de repente, allí estaba, el arreglo conocido de estrellas extendido con grandeza y gloria cubriendo un cuarto del cielo. No tenía idea de que fuera tan *grande*. Tampoco me había dado cuenta de su belleza.

Temblé, sintiéndome pequeña y envuelta en la bóveda estrellada que parecía resonar con una canción. Sí, podía jurar que había escuchado una canción. ¿Sería la suave tonada de un himno que estaba en mi corazón? ¿Serían las estrellas de la mañana que cantaban a coro? No lo sé, pero la canción impactó mis fibras íntimas, resonando en mi alma como un diapasón. Las estrellas y

19

la música me dejaron sin aliento y, antes de que el frío me obligara a entrar, mi corazón se quebrantó de gozo, y levantando el rostro hacia el cielo, susurré: «Jesús, pronto voy para el hogar; mi lugar está allí arriba».

Me alejé de ese momento en mi silla de ruedas, entrando por la puerta del garaje a la cocina. La luz fluorescente me hizo entrecerrar los ojos al cerrar la puerta de un golpecito. Se podía oler el aroma de la cena que se cocinaba. La casa tenía una luz cálida y suave, la televisión zumbaba en la sala, y mi esposo, Ken, estaba en el pasillo hablando por teléfono con un amigo.

Durante un largo rato, permanecí sentada en la cocina, permitiendo que el calor acariciara mis mejillas heladas. Afuera había alcanzado a palpar un momento de gran felicidad y sabiduría, pero sabía que era incapaz de mantenerme aferrada a ese momento celestial. Pocos tienen la destreza de mantenerse en un estado de percepción de la música celestial. Cosas comunes —como el ruido de cacerolas en la cocina, teléfonos que repiquetean y publicidad televisiva de alimentos congelados y detergente para lavar la vajilla— ahogan la canción. Es demasiado delicada para competir contra las cosas rutinarias. La música y el momento se desvanecen, y nos convertimos en las personas que siempre somos, dejando afuera al niño, a la vez que archivamos nuestra fascinación por la luna, las estrellas y el viento de la noche. Nos reservamos los pensamientos celestiales para algún otro momento.

Sin embargo, seguimos viviendo en el recuerdo poderoso de esos momentos.

Seamos adultos o niños, nuestros mejores recuerdos suelen ser aquellos que, al igual que un diapasón, hacen vibrar una cuerda en nuestra alma. Es una canción que nunca logramos olvidar y la reconocemos inmediatamente cuando captamos su eco. La reconocemos porque está tan cargada de belleza conmovedora. Como la profundidad que llama a la profundidad, lleva el sello de él impreso; y como reflejamos su imagen, el recuerdo queda sellado en esa parte más profunda de nosotros. Tales momentos nos sondean y determinan la verdadera profundidad de quienes somos. Y lo que escuchamos es un eco celestial.

Tal vez escuchemos el eco inquietante bajo el cielo de una noche o incluso en una sinfonía, una poesía o la captemos en una pintura. A decir verdad, los cantantes, los escritores y los pintores son los que con mayor frecuencia intentan captar el eco, esta música celestial que los insta a cantar, escribir o pintar algo de verdadera belleza.

Lo sé porque soy una artista. Sin embargo, debo confesar que nunca he logrado pintar una imagen del cielo. Las personas me han preguntado por qué, y no he podido producir una respuesta aceptable, excepto decir que el cielo se resiste al lienzo en blanco del artista. Lo mejor que puedo ofrecer son escenas de montañas que nos dejan sin aliento o nubes que reflejan a medias un poco de la majestad celestial. Nunca alcanzo a lograr el efecto.

Y tampoco la tierra lo logra. Las montañas y las nubes mismas nos elevan, pero incluso las exhibiciones más bellas de la gloria de la tierra —imponentes nubarrones sobre un campo de trigo o la vista del Gran Cañón desde el borde sur— solo son bosquejos improvisados del cielo. Lo mejor de la tierra es solo un reflejo opaco, una expresión preliminar de la gloria que un día se revelará.

El problema es que rara vez permitimos que esa verdad se impregne en nosotros. Es decir, hasta que nos detiene de golpe una de esas noches brillantes cuando el aire es claro como el cristal y el cielo negro tachonado de un millón de estrellas. Se requiere de un momento tal para obligarnos a hacer una pausa, observar cómo nuestro aliento forma pequeñas nubes en el aire de la noche y pensar: «*Porque ¿qué es vuestra vida? Ciertamente es neblina que se aparece por un poco de tiempo, y luego se desvanece*» (Santiago 4.14).

Luego entramos corriendo a la casa para ver el noticiero de las seis de la tarde u oficiar de referí en una discusión entre nuestros hijos. El momento celestial se pierde y pensamos: *La vida no parece ser una neblina que dura un poco y se desvanece.*

En realidad no creemos que todo se acabará, ¿verdad? Si Dios no nos hubiera dicho lo contrario, creeríamos que este desfile de vida sigue para siempre.

Pero sí se acabará. Esta vida no durará para siempre, y tampoco es la mejor vida que llegaremos a tener. Lo cierto es que los creyentes *sí* se están dirigiendo hacia el cielo. Esto es una realidad. Y lo que hacemos aquí en la tierra tiene un efecto directo sobre cómo viviremos allí. El cielo pudiera estar a solo un año de distancia, o quizá una semana; así que tiene lógica pasar un poco de tiempo aquí en la tierra dedicado a pensamientos cándidos sobre ese futuro maravilloso que está reservado para nosotros.

Me encanta pensar y leer acerca del cielo. Pero al hojear las páginas de las Escrituras —nuestro mejor recurso acerca del cielo— he notado que su lenguaje es críptico. Casi hace falta descifrar los jeroglíficos del cielo para que algo de eso tenga sentido.

Incluso me he perdido en el caos cronológico, preguntándome cómo el regreso de Jesús a la tierra se relaciona con el milenio, el arrebatamiento, el juico y las copas, los rollos y las trompetas en el libro de Apocalipsis. ¿Cómo podemos alcanzar el cielo a través de tanta confusión o considerar nuestro futuro «maravilloso» si seguimos tropezando con imágenes verbales de coronas y tronos?

Estas cosas solo *parecen* ser impedimentos. En realidad son incentivos. Los símbolos que usan las Escrituras de palmas, coronas, calles de oro y mares de cristal no son más que eso: símbolos. Nunca alcanzan a satisfacer nuestra curiosidad con respecto al cielo, y no se supone que lo hagan. Solo son imágenes nubladas de lo verdadero, como también guías y postes que nos señalan la dirección correcta a seguir y nos muestran el camino al hogar.

Eso es lo que son las páginas siguientes, guías y postes indicadores para señalarle el camino a casa, el verdadero hogar de nuestro corazón y espíritu. Quiero darle un golpecito en el corazón para captar su atención, abrir un mapa y mostrarle el camino a casa. Los pensamientos contenidos aquí son para las personas cuyo corazón anhela el gozo celestial, o al menos desearían que su corazón anhelara el cielo. Incluso es para los que no tienen la menor idea de lo que es el gozo celestial pero sienten una fuerte curiosidad.

Es cierto que el cielo puede desafiar la página impresa del autor, pero las palabras e incluso las pinturas pueden hacer sonar alguna cuerda vibrante, ayudándonos a escuchar ese canto antiguo y celestial que cantaron juntas las estrellas de la mañana. En lugar de permitir que esa canción se desvanezca en presencia de cosas rutinarias como el ruido de radios AM y lavavajillas, espero que las páginas que siguen lo ayuden a sintonizar la melodía celestial.

De la misma manera que uno roba un bocadito de estofado antes de la cena, se supone que sea un anticipo de lo que nos espera cuando lleguemos a la mesa del banquete.

Tiene como objetivo señalar en dirección al cielo y ayudar a ver algo que está mucho más allá de la constelación de Osa Mayor.

No nos pongamos demasiado cómodos ni nos sintamos demasiado satisfechos con las cosas buenas que hay aquí en la tierra. Esto es solo el tintineo de la orquesta mientras afina. La canción verdadera está a punto de estallar en sinfonía celestial, y para el preludio solo faltan unos momentos.

UN PRIMER ATISBO DEL CIELO

La primera vez que escuché esa conmovedora canción celestial, tan antigua y a la vez tan nueva, fue en el verano de 1957. Mi familia y yo habíamos hecho las valijas, nos habíamos amontonado en nuestro viejo Buick, y nos dirigíamos hacia el oeste por los caminos del campo de Kansas. Papá estacionó el automóvil sobre la banquina de grava junto a una zanja al costado del camino para que mi hermana pudiera hacer sus necesidades. De un salto me bajé del auto escapándome del calor agobiante del asiento de atrás y me alejé siguiendo un alambrado de púas que bordeaba el camino. Era mi oportunidad de secarme el sudor que tenía en la espalda y también explorar.

Me detuve, levanté una piedrita, la examiné y luego la lancé más allá del alambrado hasta el campo más grande, más ancho y más largo que haya visto jamás. Era un océano de trigo, ondas de grano dorado que se mecían en el viento, todo amplio y hermoso contra el azul brillante del cielo. Permanecí de pie con la mirada fija. Una brisa cálida me sacudió el cabello. Una mariposa pasó revoloteando. Excepto por el siseo de los insectos del verano, todo estaba en silencio, en increíble silencio.

¿O no?

No puedo recordar si la canción provenía del cielo o del campo, o si era simplemente el sonar de grillos. Me esforcé por escuchar, pero en lugar de escuchar notas de verdad, sentí... espacio. Un espacio abierto amplio que me llenaba el corazón, como si la totalidad del campo de trigo pudiera caber dentro de mi alma de siete años. Incliné mi cabeza hacia atrás para observar un halcón que volaba en círculos por encima de mí. Ave, cielo, sol y campo me estaban elevando en una especie de orquestación celestial, aligerándome el corazón con honestidad y claridad como un himno folclórico americano en un tono mayor, puro y vertical. Nunca había sentido —¿o escuchado?— una cosa tal. Sin embargo, en cuanto intenté captar el eco inquietante, se desvaneció.

Solo tenía siete años, pero estando allí parada junto al alambrado de púas de un campo de trigo de Kansas, supe que mi corazón había sido quebrantado por Dios. No, en realidad no lo conocía en ese momento, pero no era demasiado pequeña para percibir el mover esporádico de su Espíritu. Permanecí con la mirada fija mientras tarareaba una vieja canción preferida de la escuela dominical: «El mundo no es mi hogar, soy peregrino aquí». Para mí el momento fue celestial.

Mi padre tocó la bocina y volví corriendo. Nuestra familia se alejó en el automóvil llevando una muchachita levemente cambiada en el asiento de atrás.

Puedo recordar un puñado de momentos similares cuando mi corazón parecía estar un paso adelante de mi cuerpo y también en sintonía con el Espíritu. Un momento tal ocurrió unos años después del accidente de natación que tuve en 1967 después del cual quedé paralizada. Recién empezaba a poner mi vida espiritual en orden con Jesús, al encontrarme presionada contra una pared que me obligaba a dar seria consideración a su señorío sobre mi vida. En esos tiempos pasaba largos atardeceres con mi amigo, Steve Estes, junto al fuego del hogar mientras él estudiaba en forma minuciosa su Biblia abierta.

Él me estaba guiando en el estudio de la Palabra de Dios para ayudarme a aprender sobre el cielo. De inmediato captó mi atención. Todos queremos ir al cielo. Tenemos curiosidad por saber dónde está, qué aspecto tiene, quiénes están allí, qué ropa usan y qué hacen. Y yo no soy la excepción.

Me fascinó descubrir que un día ya no estaría paralizada, sino que tendría un cuerpo nuevo glorificado. De inmediato comencé a imaginar todas las cosas maravillosas que haría con manos y piernas resucitadas. Nadar un par de vueltas. Pelar unas naranjas. Cruzar un campo corriendo y saltar salpicando entre las olas, escalar algunas rocas y saltar por algunos prados. Tales pensamientos me deleitaban y, sentada allí, en una silla de ruedas, incapaz de moverme, comencé a sentir un anhelo, un eco de esa canción celestial que surgía y estaba a punto de abrir de par en par la capacidad de gozo de mi corazón. Comprendí que mi corazón, una vez más, estaba listo para quebrantarse de gozo.

Al percibir mi asombro ante todo esto, Steve me señaló un pasaje en Apocalipsis capítulo 21. No podía contener mi deseo de leer todo lo posible acerca de este futuro que Dios nos tenía reservado. Empecé desde el primer versículo:

«Vi un cielo nuevo y una tierra nueva...».

Está bien, tiene sentido. Este viejo planeta está sumamente necesitado de reparaciones...

«...porque el primer cielo y la primera tierra pasaron...».

Momentito, ¿significa eso que todo lo de esta tierra desaparecerá y pasará? Pero hay muchas cosas que me gustan. Salchichas calientes con chili y queso. Las finales de la NBA. La caída de agua Bridal Veil del parque nacional Yosemite.

«...y el mar ya no existía más».

¡¿Qué?! ¿No hay mar? ¿No hay médanos? Pero si me encanta el océano. Las olas. El viento. El olor a sal en el aire. ¿No se podrá saltar entre las olas? ¿Y hundir los pies en la arena? Para mí el cielo debe tener océanos.

«Vi la santa ciudad, la nueva Jerusalén, descender del cielo, de Dios, dispuesta como una esposa ataviada para su marido».

¿Sin mares? ¿Sin médanos de arena? ¿Sin Gran Arrecife Coralino? ¿Sin campos de trigo ni árboles de sequoia? ¡Aquí me planto! Detesto las ciudades, por santas que sean. ¿A quién le interesa un complejo habitacional de dieciséis pisos en el centro del cielo? Quizá a algunos les guste la planificación urbana perfecta, pero a mí no, amigo.

Mi amigo cerró la Biblia. Percibía mi desilusión. Sabía que el asombro ante el cielo que había en mi corazón había desaparecido con la misma velocidad con que había surgido. Esto en *nada* se parecía a la sensación percibida al mirar ese campo en Kansas cuando era niña. Algo estaba muy mal, o yo o las descripciones que hacía la Biblia de glorias celestiales en lo alto.

¿Le suena conocido?

Sea sincero. Sea como cualquier cristiano de sangre caliente, pensamiento recto y ambos pies afirmados en la tierra. ¿Acaso no ha habido ocasiones en las que las imágenes verbales del cielo contenidas en la Biblia le resultan chatas y aburridas en comparación con la vista imponente y el rugido estruendoso de las Cataratas del Niágara? ¿O al recorrer con la vista las planicies serenas de Colorado desde la cumbre de Pikes Peak? ¿O mecerse con el movimiento de extensiones de ondulantes granos dorados? ¿Percibe usted que en ocasiones las notas musicales de la creación de Dios casi eclipsan las acotaciones de Ezequiel que describen cosas en el cielo como ruedas en medio de otras ruedas que a la vez se desplazaban en cuatro direcciones? «Y sus aros eran altos y espantosos, y llenos de ojos alrededor en las cuatro» (Ezequiel 1.18). *¿Queeé?*

Leer sobre el cielo en las Escrituras casi da la sensación de ser un error de imprenta en un libro de turismo de la AAA [Asociación Americana del Automóvil]:

Una gran puerta incrustada de perlas le dará la bienvenida al cielo, pero tenga cuidado con los caminos resbaladizos que están cubiertos de oro. No se moleste en buscar lugares interesantes de comidas típicas, ya que no hay necesidad de comer estando en el cielo; tampoco será necesario que busque alojamiento, ya que camas cómodas, sábanas limpias y almidonadas y almohadas mullidas no cumplen propósito alguno.

Encabezando la lista de paisajes pintorescos se encuentra el mar de cristal. Sin embargo, las condiciones de la localidad excluyen puestas de sol, amaneceres y lunas llenas. No se pierda la espectacular Nueva Jerusalén, una imponente ciudad del futuro, donde se emplea un diseño arquitectónico que ha obtenido premios. Maravíllese ante sus doce cimientos. Sorpréndase ante sus doce puertas, cada una creada a partir de una sola perla gigante. Por el mero espectáculo que ofrece, la Nueva Jerusalén eclipsa incluso la Ciudad de Esmeralda de Oz.

—Esto me desilusiona. No lo comprendo —le dije a Steve. Para alentarme, buscó las palabras de Jesús en Juan 14.1-4.

No se turbe vuestro corazón; creéis en Dios, creed también en mí. En la casa de mi Padre muchas moradas hay; si así no fuera, yo os lo hubiera dicho; voy, pues, a preparar lugar para vosotros. Y si me fuere y os preparare lugar, vendré otra vez, y os tomaré a mí mismo, para que donde yo estoy, vosotros también estéis. Y sabéis a dónde voy, y sabéis el camino.

Mi amigo trató de estimular mi imaginación explicando que, si Jesús está actualmente preparando el cielo, debe ser algo increíble. Solo necesitó de siete días para crear la tierra; y, vaya, ya casi ha tenido dos mil años para trabajar en mi habitación en su mansión.

Una maniobra astuta, pero inútil. Solo podía recordar las veces que me había aburrido de los más bellos cuartos de hotel en menos de una semana. Volvió a intentar, explicando que, de todos modos, todo este asunto de mansiones y moradas probablemente fuera alegórico. Lo miré con expresión perpleja, preguntándome de qué manera esa idea podía ser mejor que la anterior.

Usted podrá comprender por qué, al menos al principio, prefería imaginarme el cielo desde el borde de un precipicio con vista a un océano tormentoso que imaginarlo desde el borde de Apocalipsis capítulo 21.

¿POR QUÉ SUENAN TAN NEGATIVOS LOS SÍMBOLOS DEL CIELO?

No es mi intención hacer bromas, pero al igual que usted, me llama la atención que el cielo a menudo se describe como «no hay esto» o «no hay aquello». Ya no habrá mar. Ya no habrá noche. Ya no habrá tiempo. Ya no habrá luna ni sol. ¿Y qué pasa con comida, matrimonio, sexo, arte y buenos libros? ¿Será que Ezequiel y el escritor de Apocalipsis suponen que todos los demás beneficios en el cielo debieran superar el «no hay esto» y el «no hay aquello»? El estar sentada en una silla de ruedas durante décadas me ha cargado de toda una vida de recuerdos gloriosos, desde la sensación de mis dedos en las frescas teclas de marfil de un piano a la euforia al zambullirme en las olas en pleamar. Recuerdos como estos inundan cada nervio y fibra de mi ser y, por lo tanto, mi imaginación. Es horrible pensar que las mejores cosas que componen los recuerdos no tendrán lugar en el cielo. Usted pudiera decir lo mismo.

—Sin embargo —desafió Steve—, como está escrito: "Cosas que ojo no vio, ni oído oyó, ni han subido en corazón de hombre, son las que Dios ha preparado para los que le aman". Tu imaginación ni siquiera se acerca a lo que Dios ha preparado.

—Pues bien —refunfuñé—, Dios no puede tener la expectativa de que nos entusiasmemos ante la idea del cielo. Si es necesario que pisotee todas las cosas maravillosas de las que disfruto aquí en la tierra solo para que el cielo cause mejor impresión, entonces no cuentes conmigo.

No podía comprender cómo gran parte de la felicidad del cielo podía describirse en expresiones negativas. ¿Por qué parecía que Dios se refería al cielo aclarando lo que *no* será en lugar de lo que *sí* será?

Eso no es todo. También me impactó ver que las descripciones positivas respecto de lo que *sí* es el cielo parecen torpes y carentes de gracia. ¿Tronos de arco iris? ¿Calles de oro? ¿Puertas de perla? ¿Una ciudad resplandeciente de 2.240 kilómetros de longitud, cuya anchura y altura miden lo mismo que su longitud con muros de jaspe de sesenta metros de espesor? Se asemejaba más a un gran centro de compras. Me avergonzaba admitirlo, pero incluso las descripciones de paz eterna y felicidad duradera parecían aburridas.

Mi amigo suspiró y lo intentó una vez más.

—Joni, tienes suficiente conocimiento de la Biblia para comprender que no te conducirá por una senda errada. De modo que, ¿no te parece que tales descripciones, en lugar de desanimarnos, debieran encender una chispa en nuestro corazón? ¿Acaso no te produce un poco de alivio saber que el cielo no puede reducirse a expresiones que nosotros podamos comprender?

Lo miré sin expresión alguna.

—¿No te consuela saber que sus maravillas superan cualquier descripción? —Hizo una larga pausa y luego agregó—: Dicho de manera sencilla, no hay palabras para expresar lo que es el cielo. —Ahora le tocó a él mirarme sin expresión alguna.

Lo que él me decía era, al decir de algunos, tinieblas para mi intelecto pero luz radiante para mi corazón. Tenía razón. Yo quería que esas calles de oro y puertas de perla me encendieran una chispa en el corazón, no que le tiraran un balde de agua fría. Mi corazón deseaba que el cielo fuera el diapasón que Dios hace pulsar. Quería que mis fibras más íntimas vibraran con ese antiguo y conocido anhelo, ese deseo de algo que llegara a llenar y hacer rebosar mi alma.

Sonreí y luego sonreímos los dos. Sabíamos que Dios no nos había traído hasta este punto solo para desilusionarme con cosas meramente negativas. No aceptaría ser intimidada. Debía haber cosas positivas. La Biblia es un libro confiable, de modo que *debe* haber más detrás del trono de arco iris de lo que el ojo puede ver. Todo este asunto de las ciudades de oro y los mares de cristal debían ser pistas de algún misterio asombroso. Y si es cierto lo que dice Salmos 25.14, si «la comunión íntima de Jehová es con los que le temen», entonces es un misterio que Dios quiere usar para estimularme a la búsqueda, para provocar e incitar mi interés hasta que alcance a captar de lo que se trata el cielo.

Me sentí renovada. Decidí contarle a Steve acerca de esa tarde de verano allá lejos y hace tiempo junto al campo de trigo de Kansas.

—Solo era una niña, pero en aquel entonces me pareció que el cielo estaba sumamente cerca y que era muy real —dije con un suspiro.

Le describí el gozo y el asombro, la sensación de espacio y el sonido de música. Luego le conté que mi deseo era sentirlo al cielo así... quería una especie de mapa que me indicara cómo volver a ese trigal.

—Pero tus anhelos con respecto al cielo deben estar prendidos de algo —me advirtió mi amigo—. No puedes ignorar las calles de oro y los tronos de arco iris por el simple hecho de que a primera vista no te emocionan. Son las imágenes que Dios nos dio, los símbolos que las Escrituras nos dan para que los meditemos. No son impedimentos para tu fe, más bien son incentivos.

Sabía que él también tenía razón en esto. Si eludía la resplandeciente ciudad celestial con muros de jaspe de sesenta metros de espesor —solo porque no me agradaba la idea de una planificación urbana en el cielo— no tendría en qué basar mi fe excepto en mi imaginación. Y eso pudiera resultar peligroso, hasta pudiera sonar a Nueva Era.

—Joni, no confundas las señales de la Biblia con la realidad que solo representan. El asunto es así: supón que estamos conduciendo nuestro automóvil por la ruta y vemos un gran cartel verde en el que se lee: «Chicago: 80 kilómetros». No hay manera de que nos confundamos y pensemos que ese cartel es la ciudad de Chicago, ¿verdad?

—Verdad.

—Ambos comprendemos que nos está señalando que debemos avanzar ochenta kilómetros para llegar a una realidad que supera ampliamente un cartel verde con letras blancas que mide un metro y medio por dos metros y medio.

Resultaba fácil seguirle la pista.

—De igual manera, no te detengas al aproximarte a un muro de 2.240 kilómetros de altura hecho de joyas resplandecientes. No te inclines para examinar si las calles de oro son de dieciocho o de veinticuatro quilates. Estas cosas solo están señalando hacia una realidad que nos resulta inconcebible que va mucho más allá de meros símbolos.

Poco a poco comencé a entender. El problema no residía en las descripciones de glorias celestiales contenidas en la Biblia, sino en la forma que yo estaba mirando dichos símbolos.

Steve siguió avanzando.

—Ya que al parecer tienes poco entusiasmo por la Nueva Jerusalén, considera lo siguiente: se dice que sus muros son iguales en altura, anchura y longitud. La ciudad es un cubo perfecto de 2.240 kilómetros de lado. ¿Qué piensas que signifique eso?

—Ese cielo es feo —le respondí.

—¡Ajá! Cuidado o te darás de cara contra el cartel indicador de Chicago —dijo riéndose—. Si te quedas detenida ante el símbolo únicamente, tienes razón; no se trata de una vista muy agradable. Pero los símbolos indican el camino a otra cosa que está alejada de ellos.

Buscamos en el Antiguo Testamento la descripción de la construcción del Lugar Santísimo que hizo el rey Salomón en el antiguo templo de Jerusalén, la habitación donde descansaba el arca del pacto. Primera de Reyes 6.20 dice: «El lugar santísimo estaba en la parte de adentro, el cual tenía veinte codos de largo, veinte de ancho, y veinte de altura».

—Ves —dijo él—, las proporciones son idénticas, solo que se dice que el cielo es aproximadamente un cuarto de millón de veces más grande. Ya que el libro de Apocalipsis insiste en que no había templo en el cielo, la idea que se busca comunicar probablemente sea que el Paraíso es todo templo. De la misma manera que la presencia deslumbrante de Dios llenaba el Lugar Santísimo, llenará también esa Ciudad Santa. Solo que lo hará de forma más intensa.

—Mmmm... eso es algo en qué pensar —musité.

—¡Exactamente! *Debes* pensar. Cuando te tomas tiempo para reflexionar sobre las Escrituras, tu fe tiene a qué aferrarse. Algo que es objetivo y verdadero. Tu fe tiene de qué alimentarse, un lugar en el que pueden arraigarse tus sueños respecto del cielo.

En ese momento no me di cuenta, pero Steve Estes acababa de enseñarme cómo entender el mapa, cómo interpretar la leyenda y los símbolos que me indicarían el camino al cielo. Pues cuando se trata del cielo, no hay límite a lo que el Señor le confiará a las personas cuya fe está arraigada en las Escrituras.

CÓMO VER EL CIELO A TRAVÉS DE OJOS DE FE

La Biblia proporciona los símbolos, pero la fe es la que da vida a los jeroglíficos del cielo. ¡Y *es necesario* que el cielo cobre vida! Al fin y al cabo, usted es ciudadano del reino de los cielos y de acuerdo con Filipenses 3.20, se supone que debe estar aguardándolo con ansias. El cielo es el objetivo de su travesía, la meta de su vida, su propósito para seguir avanzando. Si el cielo es el hogar de su espíritu, el descanso de su alma, el depósito de todas sus inversiones espirituales hechas en la tierra, entonces debe tener asido su corazón. Y su corazón debe aferrarse al cielo por fe.

El cielo ha sido, y siempre será, una cuestión de fe. «Es, pues, la fe la certeza de lo que se espera, la convicción de lo que no se ve» (Hebreos 11.1). Deténgase y analice ese versículo parte por parte. La fe significa creer en verdades que van más allá del sentido y de la vista. Es tener la seguridad de algo que se espera; es decir, tener seguridad futura de cosas que no se han cumplido. Y es tener la certeza de algo que usted no puede ver; es decir, tener conciencia de verdades divinas que lo rodean pero no se pueden ver. Dicho de otra manera, la fe no solo le da la seguridad de que en verdad existen las calles de oro, sino que lo ayuda a ver algo que está más allá de las calles terrenales de asfalto que existen en este lugar en el tiempo presente.

Ahora bien, solo hace falta una fe del tamaño de un grano de mostaza para tener la seguridad de cosas futuras que aún no se han cumplido. No se requiere una gran medida de fe para tener conciencia de realidades divinas invisibles que nos rodean. Si usted tiene conciencia de realidades que no puede ver, y está seguro de que hay muchas realidades más por cumplirse, ¡ya está a mitad de camino de resolver el misterio!

Pongámoslo a prueba con algunas imágenes verbales contenidas en el libro de Ezequiel.

El profeta está sentado a la orilla de un río cuando de repente —en un abrir y cerrar de ojos— mira con ojos entrecerrados hacia los cielos que se están abriendo. «Y miré, y he aquí... una gran nube, con un fuego envolvente, y alrededor de él un resplandor, y en medio del fuego algo que parecía como bronce refulgente, y en medio de ella la figura de cuatro seres vivientes. Y esta era su apariencia...» (Ezequiel 1.4, 5, 10). Luego Ezequiel pasa a describir cuatro cabezas con ojos, orejas y bocas de bueyes y hombres, leones y águilas, me parece.

Siento compasión por Ezequiel. Él estaba junto al río ocupándose de sus propios asuntos cuando, sin previo aviso, Dios le llenó los ojos con el brillo del cielo, un brillo que los fieles comunes perciben desde la distancia, y aun así es como a través de un espejo, oscuramente. El profeta se esforzó por encontrar palabras que describieran lo que veía, pero después de hacer una búsqueda en su diccionario para encontrar sustantivos y adjetivos adecuados para crear una imagen del cielo, debió recurrir a un idioma usado y conocido. De allí, las extrañas figuras de bestias de rostros raros y ruedas que podrían imaginarse los escritores de ciencia ficción. Ezequiel siguió avanzando con denuedo y lo puso por escrito. Dios le reveló algo sobrenatural —un montón de realidades divinas invisibles— pero no le dio al profeta un diccionario de sinónimos y antónimos de palabras sobrenaturales. Así que Ezequiel debió confiar en el lenguaje de las semblanzas. En medio del fuego algo que *parecía* esto... y los rostros tenían *apariencia* de aquello. A decir verdad, cuanto más se acerca Ezequiel al trono ardiente, menos seguridad hay en sus palabras.

Casi se puede escuchar cómo Ezequiel tartamudea a partir del versículo 26 del capítulo 1:

> Y sobre la expansión que había sobre sus cabezas se veía la figura de un trono que parecía de piedra de zafiro; y sobre la figura del trono había una semejanza que parecía de hombre sentado sobre él. Y vi apariencia como de bronce refulgente, como apariencia de fuego dentro de ella en derredor, desde el aspecto de sus lomos para arriba; y desde sus lomos para abajo, vi que parecía como fuego, y que tenía resplandor alrededor. Como parece el arco iris que está en las nubes el día que llueve, así era el parecer del resplandor alrededor.
>
> Esta fue la visión de la semejanza de la gloria de Jehová.

¿Contó todas las veces que aparece «que parecía», «apariencia como» y «como de»? Pobre hombre. El trono no se parecía en nada al del rey David; la pieza de mobiliario que Ezequiel observó era más como «figura de un trono». ¿Y el Señor que se sentaba en él? Solo se lo podía describir como «una *semejanza* que parecía de hombre».[1]

Lo mismo sucedió en el caso del apóstol Juan que se esforzaba por anotar su visión celestial estando sentado en la playa de la isla de Patmos. De allí, el mejor esfuerzo del apóstol por describir lo que tenía apariencia de ríos de cristal, calles de oro y puertas de perla.

¿Qué es lo que quiero destacar? ¿Tenían seguridad Ezequiel y Juan de lo que esperaban? Por supuesto. ¿Tenían certeza de lo que nunca habían visto? Puede estar seguro que sí. Alcanzaron a ver en el futuro distante algo que todavía estaba por concretarse, y cuando el Señor corrió la cortina para que pudieran ver las realidades invisibles, ellos confiaron en que él lo cumpliría. Su fe con respecto al cielo debe haber sido nebulosa en días pasados, pero una vez que se abrieron sus ojos, las realidades con *r* minúscula se convirtieron en Realidades con *R* mayúscula.

Es cierto que contaban con una leve ventaja. Cuando vieron el cielo, fue como haber estado de pie frente a un arco de luz sin gafas para sol. No había forma de que no lo vieran. Vieron con sus propios ojos lo que habían estado anhelando toda la vida. Pero antes de que sienta envidia de ellos, recuerde que «la esperanza que se ve, no es esperanza; porque lo que alguno ve, ¿a qué esperarlo?» (Romanos 8.24, 25).

Ezequiel y Juan vieron lo que esperaban. Nosotros no podemos hacerlo. Y es por esto que el canto celestial todavía es un eco. Es un anhelo no realizado. Un anhelo que todavía nos duele. Pero eso no es tan malo. Es posible que nos esforcemos y entrecerremos los ojos para intentar ver el cielo por espejo, oscuramente, pero cuando nosotros, los fieles comunes, logramos vislumbrar un atisbo, tal vez estemos en un estado aun más bienaventurado que el de un profeta. ¿Cómo es esto? Jesús elogia la fe de personas como usted y yo en Juan 20.29 cuando nos eleva, al decir: «bienaventurados *los que no vieron* y creyeron» [énfasis añadido].

Jesús dice que hay un tipo especial de bienaventuranza, una felicidad singular que se reserva para las personas como usted y yo que hacemos excavaciones aquí en la tierra para descifrar los jeroglíficos celestiales. En lo que respecta al cielo, si puede ir más allá de los símbolos y estar seguro de lo que espera, como también tener la certeza de lo que usted no ve que *está*, entonces se está arrimando a la comunión de profetas y apóstoles. Pues, a pesar de que un trono de arco iris les fue estampado en los ojos, usted puede vislumbrar lo que simboliza dicho trono, y puede ver lo que está más allá, aunque sea a través de un espejo, oscuramente.

POR QUÉ EL CIELO ES TAN DIFÍCIL DE ENTENDER

Hay otra cosa que podemos aprender de Ezequiel y de Juan. Por raros y extraños que resulten las imágenes verbales, con seguridad nos transmiten una cosa: toda la escena en el cielo es muy real. No hay nada tenue ni vaporoso en lo que se refiere a las medidas exactas de un fundamento de doce capas de piedras preciosas.

Es verdadero, pero completamente foráneo a todo lo que pueden haber escuchado las personas en la tierra.

Dios tiene buenos motivos para describirlo de este modo. Verá, si Ezequiel y Juan o incluso si nosotros pudiéramos derrumbar la pared infinitamente alta que separa «todo lo que es espiritual» de «todo lo que no es espiritual», si tuviéramos la capacidad de escalar ese muro con las sogas y los rezones del entendimiento humano, entonces, ¡caramba!, nuestra fe tendría poco valor.

Dios diseñó tanto el cielo como los humanos de manera que una nube de misterio impidiera que usted y yo llegáramos a captar plenamente el cielo con lenguaje y lógica. El apóstol Pablo, al igual que Ezequiel y Juan, vio el cielo con sus propios ojos; pero a diferencia de ellos, además de no tener la capacidad de describir lo que vio, no se le permitió hacerlo. *Se supone* que el misterio permanezca intacto. No podemos modelar el cielo usando únicamente los bloquecitos de armar de nuestra lógica. Aunque pudiéramos hacerlo, solo estaríamos iluminando al sol con una linterna. Solo se nos permite que atravesemos el espejo oscuramente por la fe.

Estoy agradecida de que el cielo es aun más grande que el lenguaje humano. Y en lo que respecta a esas vistas «torpes» en ese libro de turismo de la asociación automovilística, la fe quita la torpeza. Intentar captar el cielo sin fe es como intentar admirar el exterior de una enorme catedral imponente de grandes ventanales. Al estar parado del lado de afuera se alcanza a percibir una admirable pero imponente estructura. El edificio causa impacto, pero carece de verdadera gloria. Pero si entramos a la catedral —que se parece un poco a mirar el cielo a través de ojos de fe— nos quedamos sin aliento al estar de pie y ser bañados en gloriosos colores provenientes de la luz que entra a raudales por los ventanales.[2]

La fe nos lleva más allá del lenguaje imponente y admirable acerca de ciudades y tronos de oro, y revela la gloria mejor y más brillante que está del otro lado de los muros de la Nueva Jerusalén. La fe toma las descripciones del asfalto de veinticuatro quilates y las grandes perlas que giran sobre goznes y nos da la certeza de que lo que esperamos es muchísimo mejor de lo que conocemos aquí.

¿Cuánto mejor?

MIRE MÁS ALLÁ DE LO NEGATIVO

¿Recuerda cómo me amargaban todas las descripciones del cielo que decían «no habrá esto» y «no habrá aquello»? ¿No habrá comida, ni casamiento, ni luna, ni necesidad de buenos libros? *La fe nos recuerda que cada negativo es solo el reverso de un cumplimiento*: el cumplimiento de todo lo que Dios quiso que fuera nuestra humanidad. Es cierto que tal vez disfrutemos de un buen bistec a la parrilla o una noche romántica con nuestro esposo o nuestra esposa a la luz de la luna llena, pero la fe nos dice que estas cosas son atisbos de sabores mejores y delicias encantadoras que aún han de venir. No serán negados, no; más bien el susurro de lo que son en la tierra alcanzará su máxima plenitud en el cielo.

No suponga que si no hay matrimonio en el cielo, seremos forzados a embarcarnos en una eterna abstinencia. No se quede aferrado a la idea de que sin parrillas a carbón en el cielo nos veremos obligados a obtener nutrición por medio de unas insípidas píldoras grises.

Use sus ojos de fe. Considérelo más bien «futura plenitud divina». Acepte que cada negativo es solo el reverso de un cumplimiento. Porque lo que ya no se necesite para propósitos biológicos, tales como la procreación o la digestión, pueden cumplir una función mucho más elevada y más bella.

Esta es una de esas realidades que van más allá del sentido o de la vista. Considere donde dice: «Bienaventurado el varón que soporta la tentación; porque cuando haya resistido la prueba, recibirá la corona de vida, que Dios ha prometido a los que le aman» (Santiago 1.12). A partir de un versículo como este, se puede deducir que cuando dominamos nuestros apetitos en la tierra y no permitimos que la lujuria y la glotonería arruinen cosas maravillosas como el matrimonio o la comida, nuestras victorias obtienen gloria y esplendor en el cielo. Si hemos controlado nuestras hormonas aquí en la tierra, entonces nuestra fidelidad matrimonial nos servirá en la eternidad como arma triunfal con la que derrotamos a la tentación. Todo esto dará mayor gloria a Dios.

Otra noche agradable frente al hogar con Steve, hice mención de este tema del «control de hormonas». Es la gran pregunta con respecto al cielo que tarde o temprano se hacen todos. Yo era solo una adolescente y me daba vergüenza usar la palabra *sexo*, así que pregunté en forma displicente.

—¿Qué significado se supone que tenga este asunto de que «no habrá matrimonios en el cielo»?

Al parecer me leyó la mente, y me respondió sonriendo.

—Joni, las cuestiones de procreación y digestión son funciones físicas necesarias para nuestra vida aquí en la tierra. En lo que se refiere al cielo, no creo que nos volvamos asexuados ni que nunca podamos hincar nuestros dientes espirituales en un jugoso melocotón. Lo que sucede es que el cielo promete algo muchísimo mejor. Algo que es incluso mucho mejor que el placer que disfrutan las personas en el matrimonio.

Lo miré con escepticismo.

—No estoy casada, pero eso resulta bastante difícil de imaginar.

—No, no es *difícil* de imaginar; es imposible. Absolutamente imposible. No tenemos noción alguna de lo que Dios está preparando. Pero mira este versículo en Salmos 16.11 —me dijo mientras buscaba la cita en el Antiguo Testamento—: «En tu presencia hay plenitud de gozo; delicias a tu diestra para siempre». La fe nos dice que los placeres y los privilegios que disfrutan las personas en el matrimonio son apenas atisbos y susurros de delicias aun mayores por venir.

Le regalé una sonrisa dudosa. No obstante, decidí que él tenía razón. Mis preguntas referentes a intimidad y comida deberían ser archivadas por el momento. Sería necesario que cultivara la fe de que cada negativo es solo el reverso de algún cumplimiento. Un cumplimiento de todo lo que Dios tenía pensado que fuera nuestra humanidad.

No solo que no habrá necesidad de procreación ni de digestión; no habrá —y repito que *no habrá*— sol ni luna en el cielo. Apocalipsis 21.23 dice: «La ciudad no tiene necesidad de sol ni de luna que brillen en ella». Pero no se entristezca. El cielo no causará menos asombro del que usted experimenta ante un amanecer glorioso o una resplandeciente noche de brillo de luna, «porque la gloria de Dios la ilumina, y el Cordero es su lumbrera». Hasta la luz alcanzará su futura plenitud divina, porque será una luz mejor, «no como la llama de una vela que se apaga, sino como la llama de una vela que se vuelve invisible porque alguien ha levantado la persiana, ha abierto los postigos de par en par, dando paso al resplandor del Hijo resucitado».[3]

La fe nos dice que no nos entristezcamos. En el cielo no perderemos sino que ganaremos. El Señor que ha plantado semillas de futura plenitud divina en casi todas las cosas buenas que hay en la tierra seguirá completando la obra hasta el día que vuelva y revele en forma clara y contundente todas las realidades divinas que no se ven. Dios no desechará nada bueno. Como escribe C. S. Lewis: «El viejo campo de espacio, tiempo, materia y los sentidos debe ser desmalezado, arado y sembrado para un cultivo nuevo».[4]

CONTEMPLE LO POSITIVO

¿Me permite formular una pregunta que explicará un poco más todos esos negativos en el cielo? ¿Sabe usted por qué un fotógrafo usa un negativo para sacarle una foto? Lo hace para poder mostrarnos una imagen positiva. Se aplica el mismo principio cuando pinto ante mi atril. A veces escojo no marcar el contorno de una forma, como por ejemplo una hoja, con un pincel, sino que opto por pintar el cielo que rodea la hoja, que a su vez define su forma. Esto recibe el nombre de pintura de «espacio negativo», y constituye una manera —algunos dirían una manera mejor— de dar definición a las formas de hojas que tienen el cielo de fondo. El artista lo ayuda a usted al pintar lo que usted no ve.

El principio es el mismo en lo que se refiere al cielo: *Los negativos se usan para mostrarnos los positivos.* En la tierra, conocemos demasiado bien lo que son los negativos: sufrimiento, dolor y muerte. Si se nos muestran sus opuestos, el lado positivo, tendremos la idea que más se aproxima al estado perfecto. Por ejemplo, quizá no haya luna, ni matrimonio y no haya necesidad de comer en el cielo, según se sugiere en Apocalipsis 21, pero también hay unos negativos bastante *buenos* con los que nos podemos identificar y lo curioso es que también se los menciona en Apocalipsis 21.

- No habrá más dolor.
- No habrá más maldición.
- Y, ¡gloria a Dios!, no habrá más muerte.

Selah. Pausa. Medite en eso.

Todos estaríamos dispuestos a reconocer que la suma de la miseria humana en la tierra supera ampliamente la suma de la felicidad humana. Job dijo: «El hombre nacido de mujer, corto de días, y hastiado de sinsabores» (14.1). David el salmista expresa esto en Salmos 55.6, 8: «¡Quién me diese alas como de paloma! Volaría yo, y descansaría... Me apresuraría a escapar del viento borrascoso, de la tempestad».

Estoy de acuerdo con Job y con David: ¡Sáquenme de aquí!

¿Alguna vez se ha sentido así? No le puedo decir cuánta tristeza he contenido a lo largo de los años. Lágrimas que pudiera derramar con facilidad si me permitiera pensar en todos los placeres de movimiento y sensación que he extrañado. Zambullirme en una piscina y sentir que mis brazos y piernas van cortando el agua. Tocar las cuerdas de la guitarra con mis dedos. Hacer *jogging* hasta que me ardan los músculos. Romper con un mazo el caparazón de los cangrejos de Maryland cocidos al vapor. Destaparme por las mañanas y bajar de la cama de un salto. Acariciar con mis manos el pecho de mi esposo y *sentirlo*. Pensar que un día escucharemos pronunciar las siguientes palabras que no se han expresado desde que Adán y Eva fueron echados del Edén: «No habrá más llanto».

FE PARA ENCONTRAR EL CAMINO AL HOGAR

¿Lo puede ver? ¿Están enfocando mejor sus ojos de fe? O mejor dicho, ¿puede escuchar los ecos apenas perceptibles de alguna canción celestial distante? Es un susurro que dice que el cielo no *deshará* todas las cosas buenas que conocemos, sino que presentará una versión nueva y vastamente mejorada. El cielo también se encargará de eliminar todas las cosas malas que conocemos mientras Dios seca toda lágrima y pone punto final al dolor y a la desilusión.

En efecto, voy a corregir algo que dije anteriormente. ¿Recuerda el comentario que hice durante una de esas pláticas junto al hogar: «No hay palabras para expresar lo que es el cielo»? Debiera decir: «El cielo es demasiado específico, demasiado real para el lenguaje».[5] Si algo hemos aprendido del profeta Ezequiel y del apóstol Juan, es que el cielo es real. No es un estado o una condición, sino un lugar. Un lugar que tiene calles, puertas, muros y ríos. Nos equivocamos al pensar que el cielo es algo tenue, delgado y vaporoso. La tierra es la que es como la hierba que se marchita, no el cielo.

Lo que nos hace falta para llegar a conocer el lugar que Jesús se ha adelantado a preparar es la fe. Fe en lo que Dios tiene para decirnos con respecto al cielo a partir de su Palabra. Ya que cuando Dios escogió hablar sobre el cielo, lo hizo usando los sustantivos y verbos, la sintaxis y la gramática de la Biblia. Y a pesar de que principalmente expuso el tema del cielo en libros altamente simbólicos como Ezequiel y Apocalipsis, dichos símbolos tienen como objetivo motivar nuestra mente y alimentar nuestra fe...

Fe que presta atención, no *a* los símbolos de la Biblia, sino *por dentro y más allá* de ellos.

Fe que desarrolla la destreza de quedarse aferrado a ese momento celestial.

Fe que le señala el camino al hogar.

Este tipo de fe hará que el cielo pase hacia adelante hasta llegar a la viva realidad. Hará que se establezca un contacto vital entre su corazón y las cosas que las personas llaman invisibles y distantes. Esto involucrará a su corazón y a sus ojos. Si el apóstol Pablo estuviera presente, recitaría Efesios 1.18: «...alumbrando

los ojos de vuestro entendimiento, para que sepáis cuál es la esperanza a que él os ha llamado, y cuáles las riquezas de la gloria de
su herencia en los santos».

Por un momento dé un paso hacia atrás, enfoque sus ojos
de fe, y luego entre caminando conmigo a un mundo del cual
ha oído desde su juventud pero nunca ha visto: el cielo. ¿Cómo
seremos nosotros allí? ¿Qué haremos? ¿Dónde está este lugar
llamado cielo y por qué se le llama «hogar»? Contemple junto
conmigo a través de un espejo, oscuramente, y es muy probable
que descubra que el Hogar está más cerca —y es más real— de
lo que jamás se imaginó.

SUBA MÁS

En su carta a los Colosenses el apóstol Pablo nos dice: «Piensen en
las cosas del cielo, no en las de la tierra... su verdadera vida está
escondida con Cristo en Dios» (Colosenses 3.2, 3, NTV).

Por años he estado tratando de hacer eso. De todo corazón
quiero pensar en mi «vida real» con el Hijo de Dios y el lugar que
él está preparando para mí. Pero no siempre lo consigo; ni siquiera
tanto como me gustaría hacerlo. Porque por mucho de mi tiempo
muchas otras cosas llenan mis pensamientos: afanes, lamentaciones, temores, frustraciones, y toda clase de cosas terrenales, del
aquí y ahora, centradas en Joni.

Pero hay momentos.

Algo que veo, oigo, sueño o recuerdo abre mi espíritu como
una contraventana. En esos intervalos que asombran, me escapo
de mi ciudadanía terrenal temporal a mi yo verdadero y correcto.
Por varios latidos capto un vislumbre de otra Realidad, inhalo
la fragancia de una Patria Mejor, y percibo un momento en el
tiempo que de alguna manera está más allá del tiempo.

Y se siente como estando en casa.

Siempre, cuando algo así sucede, trato de capturar la experiencia, embotellarla, guardarla en un lugar secreto, o incluso ponerla en una bolsita de plástico sellada (para abrirla y experimentarla toda de nuevo). Pero nunca he podido hacerlo.

Todo eso cambió cuando leí algo en el último libro de C. S. Lewis. Él hizo una referencia al paso al poeta William Blake y habló del cielo y cómo debemos «besarlo mientras pasa volando».[6]

Tuve que buscarlo de nuevo para ver lo que quería decir. El poema real de cuatro versos dice:

El que se ata a sí mismo un gozo
en efecto destruye esa vida alada;
Pero el que besa el gozo mientras pasa volando
vive en el sol naciente de la Eternidad.[7]

No estoy segura de lo que Blake y Lewis querían decir con eso, pero esto es lo que se me ocurre. Usted puede solazarse en momentos que derriten el corazón, de belleza, indecibles sueños encantadores, e incluso momentos felices de compañerismo con Jesús, pero no puede detener el tiempo para retenerlos. Si trata de encerrarlos entre los dedos, atraparlos en una jaula de oro, o incrustarlos en ámbar, solo los mataría.

¿Qué hace usted con esos raros momentos dorados de la vida cuando es sobrecogida por el asombro o el gozo burbujea en el corazón como un pozo artesiano?

Usted los saborea.

Humildemente una le agradece a Dios por ellos.

Y los deja ir.

Al principio de este capítulo escribí de una ocasión en mi porche posterior una noche fresca y clara. Después de mirar a las estrellas buscando la Osa Mayor, simplemente dejé que mi espíritu se remontara. Allí fue cuando tuve la experiencia fuera de este mundo de oír alguna cadencia musical tenue, misteriosa.

No venía de la casa del vecino, ni tampoco era el televisor en la sala. Fue en el momento; fue en los cielos; fue solo para mis oídos; y produjo un anhelo profundo, indecible, medio gozoso, medio triste, del cielo.

Me partió el corazón, y sanó mi corazón, y se esfumó.

No pude aferrarme a ese momento, y hasta el día de hoy no puedo recordar ni una sola nota de esa música celestial. Por mucho que atesoro el recuerdo de esos pocos segundos, nunca más me ha vuelto a suceder algo parecido.

Tengo un amigo que describió su primer viaje en balsa por un río torrentoso en las montañas de Oregón. Mientras la balsa fue arrastrada por los rápidos, él llenaba sus ojos con la escabrosa vista que no se parecía a nada que hubiera visto. Manteniendo fijos sus ojos fijos en el paisaje, pronto se hallaba mirando de lado, y después hacia atrás, mientras la hermosa meseta pasaba. Pero al mirar hacia atrás para ver lo que ya se alejaba de él, se dio cuenta de que estaba perdiéndose la *próxima* escena hermosa justo más allá del *próximo* recodo del río.

Él no podía detener el río. No podía congelar el momento. Pronto se dio cuenta de que tenía que saborear y atesorar cada escena mientras llenaba sus ojos... y entonces rápidamente dejarla ir.

Lo mismo es con aquellos momentos que elevan el corazón cuando el Señor le permite a una los más diminutos vislumbres del hogar celestial. El cielo llena los pensamientos, como dicen las Escrituras, pero no es como una instantánea que se puede poner en el refrigerador. No es como una capilla a la cual se puede volver.

Es simplemente un resquicio de gracia por una fugaz apertura en las nubes.

Y habrá más.

BUSQUE SU SENDERO

1. En Hechos 1.7–11, el escritor pinta una escena más bien cómica. ¿Por qué los discípulos se quedaron mirando al cielo? ¿Qué les hizo regresar a las palabras del Señor y a los asuntos urgentes a mano? ¿De qué manera este incidente nos habla en cuanto a avanzar en nuestro andar con Cristo?
1. En medio del trabajo, relaciones personales, y docenas de prioridades en competencia, ¿cómo seguimos el mandato de Pablo en Colosenses 3.2 de permitir que el cielo llene nuestros pensamientos?

UNA ORACIÓN DEL CAMINANTE

Señor Jesús, gracias por los acicates, susurros, confirmaciones y vislumbres brillantes, fugaces, de cielo que me recuerdan que te pertenezco, que esta vida en la tierra no lo es todo, que tú estás en este momento preparando mi habitación en la casa del Padre, y que un gozo vasto y indecible me espera justo más allá del horizonte.

PRIMERA PARTE

¿Cómo será el cielo?

Diferentes personas, con el correr de los años, han escrito libros y han realizado giras de conferencias hablando acerca de haber muerto brevemente, visitado el cielo, y luego milagrosamente haber vuelto a retomar sus vidas en la tierra. No quiero refutar lo que esas personas dicen que han experimentado. ¿Quién sabe? Tal vez el Señor en su misericordia les dio una visión, un indicio, un bocadito de prueba de las glorias que nos esperan. Incluso así, yo me aferro a las palabras de las Escrituras: «Ningún ojo ha visto, ningún oído ha escuchado, ninguna mente ha imaginado, lo que Dios tiene preparado para quienes lo aman» (1 Corintios 2.9, NTV).

Leer cualquiera de estas afirmaciones contemporáneas de visitas celestiales suena titilante, pero inevitablemente resultará en una cosa: desencanto. Lo que describen todavía está encerrado en el tiempo y en términos bidimensionales, y pensamos para nuestros adentros: *¿Eso es todo? ¿Eso es todo lo que habrá por toda la eternidad?* Nos sentimos desilusionados por el ámbito pálido, disminuido, tibio, que describen.

Cuando el apóstol Pablo fue arrebatado al tercer cielo, y luego volvió, se negó a darles a sus lectores algún detalle (2 Corintios 12.2). Dijo, en efecto: «En realidad no puedo hablar al respecto». Y nunca habló. Pero una cosa es segura: por el resto de su vida, no podía esperar el volver. Pudo decir, por experiencia real: «Deseo partir y estar con Cristo, que es muchísimo mejor» (Filipenses 1.23, NVI). En esas palabras les decía a sus amigos: «Voy a quedarme por aquí todo lo que sea necesario y todo el tiempo que el Señor quiera permitirlo. Pero si veo la puerta del cielo que se abre un resquicio de nuevo, y si oigo al Señor llamar, simplemente abran paso, ¡porque yo paso por la puerta!».

Y en esta sección, «¿Cómo será el cielo?» espero abrir la puerta un ligero resquicio para usted. Simplemente lo suficiente para ayudarle a que tome las Escrituras, la lógica y algo de imaginación —¡y capte un pequeño vislumbre de lo que Dios está preparando para los que le aman!

Capítulo 1

¿Quiénes somos

EN EL CIELO?

Hace años que pienso en mi hogar celestial. Es natural, usted podrá comprender el porqué: mi cuerpo terrenal no funciona. Ese es uno de los motivos por los que siempre sueño acerca del cielo.

No puedo decir que mis sueños sean versiones en Tecnicolor de las puertas de perla y las calles de oro; más bien, se parecen más a bosquejos rudimentarios o pálidos reflejos, como cuando mis «ojos verán al Rey en su hermosura; verán la tierra que está lejos» (Isaías 33.17). Como la vista ondulante de un campo de trigo en Kansas...

...Excepto por un extraordinario sueño del cielo que tuve una noche en un hotel en Stavanger, Noruega. Mi tiempo devocional de esa semana se centraba en Apocalipsis 21.21 donde dice: «Y la calle de la ciudad era de oro puro, transparente como vidrio». No tenía sentido. El oro no es transparente; y no se parece en nada al vidrio porque no se puede ver a través de él. Era otra de esas imágenes celestiales reviradas. Me encogí de hombros y cerré mi Biblia.

Esa noche, mientras el frío viento de Noruega sacudía la ventana de mi dormitorio, me acurruqué en la cama y me dormí cayendo en un sueño de lo más asombroso. Me vi de pie en un traje de baño de color amarillo brillante al borde de una piscina. Esto era increíble, ya que rara vez sueño que estoy de pie. Por lo general no puedo ver ni sentir mi cuerpo de los hombros hacia abajo; mi torso y mis piernas siempre aparecen como esfumados y sin acabar, como los bordes a medio completar de una pintura. Pero en este sueño no ocurrió así.

Estiré mis brazos por encima de mi cabeza, arqueé mi espalda y con gracia me zambullí en el agua. Cuando volví a la superficie y me alisé el cabello con las manos, me asombró ver que resplandecían, mojadas y de un color rojo-rosado y miel-marfil, bañados de vida, belleza y bienestar. Presioné mis palmas contra mi nariz. Su aroma era salvaje y dulce. Alguien pudiera haberme confundido con un ángel, pero nunca me había sentido más humana, más mujer. Ladeé mi cabeza, admiré mis brazos extendidos y luego miré a mi alrededor. Esto resulta difícil de describir, pero el agua y el aire relucían, resplandecientes de luz, cual oro puro y transparente como vidrio.

Cada respiración parecía perforarme los pulmones, pero con un ardor dulce que me provocaba deseos de respirar en forma más profunda. Miré hacia abajo y vi que el agua de la piscina brillaba como diamantes. ¿Vio que decimos que «el agua brilla»? En mi sueño ocurría justamente eso. El aire brillaba también. Todo destellaba y era claro y dorado.

Vi a un amigo sentado junto a la piscina, que se relajaba en una silla bajo una carpa blanca y me miraba. Lo raro es que también él parecía estar bañado en luz. Parecía ser más real, más hombre que nunca antes. Era mi viejo amigo, pero mil veces más él mismo, y cuando nuestras miradas se cruzaron, mi corazón se infundió de juventud. Me pregunté si él sentía lo mismo. Sonreí, saludé con la mano, y luego comencé a nadar partiendo el agua suavemente con largas y potentes brazadas. Las ondas se percibían frescas y resbaladizas, más parecidas a satén que agua. Después de un rato, mi amigo se zambulló. Me tocó el hombro y me ardió, pero de una manera indolora. No había necesidad de conversar; nuestras sonrisas decían que éramos amigos por primera vez nuevamente. Nadamos a la par dando brazadas paralelas. Y cuanto más nadábamos, más nos fortalecíamos. No nos debilitábamos, sino que nos fortalecíamos.

Fue el sueño más notable que he tenido jamás. Al despertar, no tuve duda de que se trataba de un sueño referido al cielo. Estaba convencida de que existía el «oro puro, transparente como vidrio». No se trataba de una imagen revirada. Lo vi con los ojos de mi corazón.

CUERPOS NUEVOS

Un día el sueño se hará realidad.

Un día, si llego a morir antes de que regrese Jesús, mi alma se reunirá con mi cuerpo. Haga una pausa y sueñe conmigo...

Un día no habrá más abdómenes protuberantes ni cabezas calvas. No habrá várices ni patas de gallo. No habrá celulitis ni medias elásticas. Olvídese de muslos amplios y anchas caderas. Un rápido salto por encima de la lápida y obtendrá el cuerpo que siempre soñó. Excelente estado físico, terso y esbelto.

¡Me dan ganas de ponerme a reír ahora mismo! No es motivo de sorpresa que «nuestra ciudadanía está en los cielos, de donde también esperamos al Salvador, al Señor Jesucristo; el cual transformará el cuerpo de la humillación nuestra, para que sea semejante al cuerpo de la gloria suya, por el poder con el cual puede también sujetar a sí mismo todas las cosas» (Filipenses 3.20, 21).

El cuerpo de la humillación nuestra... [será] semejante al cuerpo de la gloria suya. Asombroso. Al igual que Jesús en su cuerpo resurrecto, tendremos manos y brazos, pies y piernas. No seremos seres espirituales, flotando por todas partes como ángeles que no tienen cuerpo.

Sin embargo, una promesa como esta casi genera más preguntas que respuestas. ¿Acaso un cuerpo glorificado se traduce en un sistema digestivo glorificado? ¿Y qué pasa con el sueño? ¿Y qué pasa si nos agrada tener los dientes un poco torcidos en lugar de tenerlos perfectos y derechos? ¿Tendremos el mismo aspecto? Y de ser así, ¿nos reconoceremos unos a otros? ¿Será mi esposo «Ken Tada», y mi madre, «Margaret Johanna Eareckson»? ¿Me pondré un traje de baño de color amarillo brillante en el cielo si quiero hacerlo y nadaré con un amigo si deseo hacerlo?

Otra cosa. ¿Qué pasa con las personas que murieron en el océano varios siglos atrás; cuyos cuerpos se convirtieron desde hace rato en alimento para peces? ¿O las personas que quedaron hechas pedacitos al estallar una bomba, o los pioneros que perecieron en las praderas, cuyos cuerpos se disolvieron convirtiéndose en polvo que se desparramó a los cuatro vientos? ¿Acaso Dios aspirará los vientos recolectando y clasificando las partículas corporales de todos, para luego repartir el ADN correspondiente a cada uno?

Estas preguntas se tornaron en algo muy real para mí en el verano de 1990 cuando falleció mi padre a los noventa años de edad. Su vida había sido la de un rudo vaquero, comerciando con los indios, montando caballos veloces y escalando los picos más elevados de las Rocallosas. Así que no era algo fuera de lo común que mi familia, Ken y yo fuéramos en auto hasta la cima de la montaña Pikes Peak para desparramar las cenizas de mi padre.

Encontramos un lugar privado cercano al borde de un precipicio. Miles de pies debajo de nosotros se extendía un valle verde formado de retazos de sol y sombras de nubes. El viento helado nos revolvió el cabello y nosotros nos agarramos de nuestros sombreros. Sobre nuestras cabezas, un águila hacía aladeltismo. Ken abrió *The Book of Common Prayer* [El libro de oración común] y leyó:

Por cuanto ha complacido al Dios todopoderoso, en su sabia providencia, llevarse de este mundo el alma de nuestro amado padre, John Eareckson, por lo tanto entregamos su cuerpo a la tierra; tierra a la tierra, ceniza a la ceniza, polvo al polvo; mientras aguardamos la resurrección al aparecer nuestro Señor Jesucristo; ante cuya segunda venida... la tierra y el mar devolverán sus muertos; y los cuerpos corruptibles de los que duermen en él se cambiarán, y serán hechos semejantes a su propio cuerpo glorioso...[1]

Ken cerró el libro y leyó un versículo final de Romanos 8.11, que nos aseguraba que «si el Espíritu de aquel que levantó de los muertos a Jesús mora en vosotros, el que levantó de los muertos a Cristo Jesús vivificará también vuestros cuerpos mortales por su Espíritu que mora en vosotros». Y con eso, mi madre se acercó al borde, tomó en sus manos las cenizas de su esposo, y las lanzó al viento. Observé con los ojos humedecidos mientras una ráfaga transportaba las cenizas de mi padre hacia arriba y más allá de las nubes.

Ceniza a la ceniza y polvo al polvo.

Más tarde ese día, hablamos sobre cómo Dios resucitaría el cuerpo de nuestro padre. No entramos en detalles, pero nuestra fe nos aseguraba que de algún modo sucedería. Esa noche en la cama, me pregunté *¿cómo* sucederá? Millones y millones de personas han vivido en la tierra y probablemente han compartido el mismo polvo y las mismas cenizas. Por lo que sé, las cenizas de mi padre se asentaron en algún campo en ese valle verde, proporcionando fertilizante para alimentar a la siguiente generación. Parecerá zonzo, pero ¿cómo harán las moléculas de John Eareckson para mantenerse diferentes del resto?

Otros se han preguntado lo mismo. El apóstol Pablo puso un marco a sus pensamientos en 1 Corintios 15.35 cuando dijo: «Pero dirá alguno: ¿Cómo resucitarán los muertos? ¿Con qué cuerpo vendrán?». Acto seguido, Pablo rebaja esas preguntas grandes y atemorizantes al decir: «Necio». En otras palabras, «Despiértense, muchachos. Abran los ojos». Y a partir del versículo 36, hace un bosquejo de unas pocas lecciones tomadas de la naturaleza: «Lo que tú siembras no vuelve a la vida si no muere antes. Y lo que siembras no es el cuerpo que ha de salir, sino el grano desnudo, sea de trigo o de otro grano. Y Dios le da el cuerpo que él quiere, y a cada semilla su propio cuerpo».

¿CÓMO SON LEVANTADOS LOS MUERTOS?

¿Alguna vez ha visto esos programas especiales sobre temas de la naturaleza en la televisión? ¿Esas imágenes que se logran con un acercamiento de la cámara a un vidrio para mostrar un viejo y seco frijol en la tierra? Por medio de fotografía con tomas a intervalos prefijados, se puede observar cómo se va frunciendo, se vuelve color café y se muere. Luego, como por milagro, el hollejo muerto de ese pequeño frijol se abre y brota una raíz. El viejo frijol queda de lado contra la tierra a medida que esa plantita verde se va hinchando. La planta de frijol pudo cobrar vida porque el viejo frijol se murió.

Ni siquiera un doctorado en botánica puede explicar cómo surge la vida a partir de la muerte, ni siquiera en algo tan sencillo como una semilla. Pero una cosa se sabe con seguridad: se trata de una planta de frijol. No es un rosal ni un racimo de bananas. No hay manera de confundirlo con otra cosa que lo que es. Tiene una identidad absoluta. Positivamente, claro como la luz del día, es una planta de frijol. Puede ser que salga de la tierra de una manera diferente a cómo entró, pero es la misma planta.

Así sucederá con el cuerpo de resurrección. Estaremos absolutamente identificados con nuestro cuerpo que murió. Con seguridad podré reconocer a mi papá como John Eareckson. El «papi» que encuentre en el cielo será mi padre; ante mis ojos no será un ser asexuado, despojado de todos los rasgos que hacían que fuera mi padre. Es posible que surja de la tierra diferente de lo que era cuando se lo enterró, pero no se lo confundirá con nadie.

¿Y qué pasa con su polvo y sus cenizas que fueron arrojados al viento? ¿Cuántas moléculas de mi padre habrá que reestructurar antes de poder levantarlo de los muertos? Sospecho que muy pocas. Una vez leí que si se juntara todo el ADN de las aproximadamente siete mil millones de personas que ahora habitan la tierra, su tamaño se asemejaría a dos tabletas de cinco gramos de aspirina. Lo que conforma «quién» es usted y «quién» soy yo en realidad no es tan grande. A decir verdad, es muy pequeño.[2]

Además, ¿cuánto de ese viejo frijol era la «semilla» de la cual brotó milagrosamente la vida? Los mejores botánicos del mundo no pueden responder a esa pregunta. Nadie sabe qué cantidad de esa semilla se necesita; ni siquiera se sabe cómo puede brotar vida de una semilla muerta. Es uno de los milagros obrados por Dios en la naturaleza.

Así ocurrirá con la resurrección. Dios no tendrá necesidad de usar cada parte de nuestro cuerpo para poder resucitarlo. Al fin y al cabo, ninguna de las partículas que hoy conforman su cuerpo son las que tenía hace unos cuantos años. Al estudiar biología aprendemos que las células humanas son reemplazadas cada tres años y medio. La carne y la sangre que hacen que usted sea quien es hoy no son la misma carne y sangre que tenía en su adolescencia. Sin embargo, de alguna manera, la persona particular que es usted sigue existiendo.

Resulta obvio que a Dios no le preocupa tanto como a nosotros el tema del ADN. Jesús nos da una lección simple de biología en Juan 12.24: «De cierto, de cierto os digo, que si el grano de trigo no cae en la tierra y muere, queda solo; pero si muere, lleva mucho fruto». Nos resulta más fácil creer en la resurrección que creer en la cosecha.

¿QUÉ TIPO DE CUERPO?

Y qué pasa con la segunda pregunta: «¿Con qué cuerpo vendrán?». De acuerdo con el apóstol Pablo y sus enseñanzas obtenidas de la naturaleza, lo único que debemos hacer es abrir nuestros ojos y mirar a nuestro alrededor.

> Y lo que siembras no es el cuerpo que ha de salir, sino el grano desnudo... Hay cuerpo animal, y hay cuerpo espiritual... Y así como hemos traído la imagen del terrenal [Adán], traeremos también la imagen del celestial [Jesús].
>
> 1 Corintios 15.37, 44, 49

Y lo que siembra no es el cuerpo que ha de salir. Aprendí esta lección una de esas tardes ventosas del mes de noviembre cuando tiendo a volverme pensativa y meditabunda. Miré hacia afuera a través de mi ventana y descubrí una ardilla gordita y peluda que cumplía con su ritual otoñal de acumular bellotas. Observé cómo olfateaba a cada una, inspeccionándola con sus patas para luego rellenarse las mejillas con las más sabrosas. Había otras que dejaba caer al suelo.

Las bellotas que descartaba quedaban rodando en la brisa intensa. Sabía que la mayoría de ellas serían llevadas por el viento. Otras se quedarían en la superficie de la tierra hasta secarse en el aire fresco. Y unas pocas, solo unas pocas, echarían raíces debajo de la superficie de la tierra. Serían las que en la próxima temporada surgirían en forma de brotes verdes de vida nueva. Estas eran las bellotas destinadas a convertirse en árboles.

Sacudí mi cabeza en un gesto de asombro. Si usted le dijera a esa pequeña bellota que algún día llegará a tener la altura de un edificio con pesadas ramas y hojas verdes y tupidas, un árbol de tamaño tal que podrá albergar a muchas ardillas, esa bellota le diría que usted está loco. Un gigantesco roble no se asemeja en absoluto a una bellota. Ambos, a pesar de estar relacionados, parecen ser tan diferentes como el día y la noche. De alguna manera y en alguna parte en el interior de esa bellota está la promesa y el patrón del árbol que llegará a ser.

De alguna manera y en alguna parte en el interior de usted está el patrón de la persona celestial que llegará a ser, y si desea alcanzar a vislumbrar cuán glorioso y pleno de esplendor llegará a ser su cuerpo, solo haga la siguiente comparación. Compare un carozo peludo de melocotón con el árbol en el que llega a convertirse, cargado de flores fragantes y de fruto dulce. Son completamente diferentes, y a la vez son iguales. Compare una oruga con una mariposa. Un húmedo y mustio bulbo de flor con un jacinto aromático. Un coco peludo con una grácil palmera.

No es de sorprenderse que usted y yo quedemos frustrados al reflexionar sobre nuestros cuerpos de resurrección; respecto de si nuestros dientes estarán derechos o nuestro aparato digestivo intacto. Primera de Corintios 15.42–44 apenas toca el tema:

> Se siembra en corrupción, resucitará en incorrupción. Se
> siembra en deshonra, resucitará en gloria; se siembra en
> debilidad, resucitará en poder. Se siembra cuerpo animal,
> resucitará cuerpo espiritual.

Se siembra... resucitará. Tal vez no podamos describir los cambios, pero sabemos que se trata del mismo ser. Lo que usted es y lo que un día llegará a ser son la misma cosa... y al mismo tiempo son diferentes.

Intentar comprender cómo serán nuestros cuerpos en el cielo se parece mucho a tener la expectativa de que una bellota comprenda su destino de raíces, corteza, ramas y hojas. O a pedirle a una oruga que sienta aprecio por el acto de volar. O que un carozo de melocotón entienda lo que es ser fragante. O que un coco pueda captar lo que significa mecerse con la brisa del mar.

Nuestros cuerpos eternos serán tan grandiosos, tan gloriosos que solo podemos vislumbrar un pequeño atisbo del esplendor que ha de venir. C. S. Lewis se maravilló: «Es una cosa seria vivir en una sociedad de posibles dioses y diosas».[3]

Frijoles. Granos de trigo. Carozos de melocotón. Bellotas y robles. La Biblia nos invita a usar los ejemplos presentes en la naturaleza, ya que «aún no se ha manifestado lo que hemos de ser» (1 Juan 3.2). Una de las mejores maneras de comprender la resurrección es hacer un viaje de estudio después de completar la lección de Pablo sobre la naturaleza: salga a buscar una bellota en el suelo, levante la vista para observar el frondoso árbol de donde cayó, y luego alabe a Dios porque «así también es la resurrección de los muertos» (1 Corintios 15.42).

¿Puede entender ahora por qué disfruto de soñar acerca del cielo?

En algún lugar de mi cuerpo destruido y paralizado está la semilla de lo que llegaré a ser. La parálisis hace que lo que soy llegue a ser aun más grandioso cuando se comparan piernas atrofiadas e inútiles con piernas resucitadas y esplendorosas. Estoy convencida de que hay espejos en el cielo (¿y por qué no?). La imagen que veré será «Joni» sin lugar a dudas, aunque será una «Joni» mucho mejor y más llena de vida. Tanto es así que no vale la pena hacer la comparación. No hay manera de que pueda comprender todo esto porque yo solo soy una «bellota» en lo que respecta a entender el cielo. Pero desde ya aclaro que: estoy lista para convertirme en lo que sea que llegue a ser mi pequeña forma de bellota, en todo su poder y honor.

Estoy lista para que este humilde cuerpo se transforme. Eso significa que no solo se me levantará de entre los muertos, como Lázaro cuando salió de su tumba. Las personas que vuelven de la muerte —ya sea de la tumba o de la mesa de operaciones— no tienen, como tenía Cristo, la habilidad de aparecer y desaparecer, atravesar paredes, o trasladarse por el tiempo y el espacio con el solo pensamiento.

No, yo me pareceré a Jesús, el hombre del cielo. Al igual que él, mi cuerpo será un cuerpo en el verdadero sentido de la palabra, perfectamente adecuado para la tierra y para el cielo. Ya sea arrojando un Frisbee o volando más allá de la Osa Mayor. Escalando paredes o atravesándolas. Platicando con amigos o conversando con ángeles. Ya sea pescando truchas en el Mar de Cristal o sirviendo un segundo plato en la Cena de la Boda, en todo momento y en todo lugar estaremos perfectamente adecuados a nuestro medio, sea que dicho medio se encuentre en el nuevo cielo o en la nueva tierra.

UN CORAZÓN NUEVO

Por favor no suponga que lo único que hago es soñar sobre salir de esta silla de un salto, extender dedos glorificados de manos y pies, y saltar con garrocha sobre las puertas de perla. Por mucho que me entusiasme la idea de abandonar esta silla de ruedas, igualmente eso no es, para mí, lo mejor del cielo.

Puedo soportar piernas y brazos que no obedecen. Para mí, las manos que se niegan a levantar cosas por más órdenes de movimiento que les dé mi mente constituyen un hecho de la vida. Esto lo puedo sobrellevar.

Sin embargo, hay algo que no puedo soportar. A decir verdad, cuantos más años tengo y más me acerco al cielo, menor es mi capacidad para lidiar con ello. Estoy harta de combatir mi carne; es decir, «la ley del pecado que está en mis miembros» que se niega a hacer lo que ordeno.

> Así que, queriendo yo hacer el bien, hallo esta ley: que el mal está en mí. Porque según el hombre interior, me deleito en la ley de Dios; pero veo otra ley en mis miembros, que se rebela contra la ley de mi mente, y que me lleva cautivo a la ley del pecado que está en mis miembros. ¡Miserable de mí!
>
> Romanos 7.21–24

Es por eso que lo mejor del cielo será un corazón completamente purificado.

Recuerdo esta realidad cada vez que recito esas maravillosas palabras de la Confesión General en *The Book of Common Prayer* que dicen así:

> Todopoderoso y misericordioso Padre; hemos errado y nos hemos alejado de tus caminos como ovejas perdidas. Hemos seguido demasiado las maquinaciones y deseos de nuestro corazón. Hemos ofendido tus santas leyes. Hemos dejado sin hacer las cosas que debiéramos haber hecho, y hemos hecho las cosas que no debiéramos haber hecho, y no hay salud en nosotros... miserables ofensores.[4]

Me encantan esas palabras, y detesto esas palabras. Estoy harta de confesión constante. Detesto pecar. Me causa dolor seguir errando y alejándome, hacer cosas que no debiera, caer siempre de bruces en tierra, sufriendo al ver que ofendo de manera lamentable al Dios que amo. Mi corazón está sucio y manchado, y eso me impulsa a buscar al Señor de rodillas (al menos en forma metafórica). Lo que resulta extraño es que cuanto más me acerco a Jesús, más se intensifica el fragor de la batalla.

Nunca tengo mayor sensación de estar en la línea del frente de esta batalla que cuando ofrezco alabanzas a Dios. Justo cuando lo estoy adorando en oración o le estoy cantando un himno de alabanza, mi corazón empieza a distraerse con algún pensamiento malvado. ¡Vez tras vez, me veo obligada a tomar mi corazón por la aorta y darle un sacudón para que se enderece!

«¿Quién me librará de este cuerpo de muerte? Gracias doy a Dios, por Jesucristo Señor nuestro» (Romanos 7.24, 25). Un día él me librará de la presencia y la influencia de la maldad. Es por eso que las malas noticias de Romanos capítulo 7 vienen seguidas de las buenas noticias de Romanos capítulo 8: «Nosotros mismos, que tenemos las primicias del Espíritu, nosotros también gemimos dentro de nosotros mismos, esperando la adopción, la redención de nuestro cuerpo» (Romanos 8.23).

Aquí mismo se encuentra la razón más elevada y exaltada por la cual «la carne y la sangre no pueden heredar el reino de Dios» (1 Corintios 15.50). La entrada al cielo requiere de un cuerpo redimido. El cuerpo debe liberarse de la ley del pecado que opera en sus miembros. En este tiempo presente, el espíritu está dispuesto pero la carne es débil. Sin embargo, llegará el día en que en lugar de ser un estorbo para el espíritu, el cuerpo será el vaso perfecto para la expresión de mi mente, voluntad y emociones glorificadas. Ahora llevamos nuestra alma del lado de adentro. Pero un día estaremos «vestidos de justicia» al llevar puesta nuestra alma brillante y gloriosa del lado de afuera.[5]

Estoy ansiosa por vestirme de justicia. Sin rastro de pecado. Por cierto que será maravilloso poder estar de pie, estirarme y extender las manos al cielo, pero lo más maravilloso será ofrecer una alabanza que sea pura. No me paralizarán las distracciones. No me inutilizará la insinceridad. No me causará un impedimento, un entusiasmo a medias. Mi corazón se unirá al suyo y rebosará de adoración efervescente. Finalmente podremos gozar de plena comunión con el Padre y el Hijo.

Para mí, esta será la mejor parte del cielo.

UNA MENTE NUEVA

Aguardo el cielo con expectativa porque tengo mucho invertido en él. Un cuerpo nuevo. Un corazón nuevo libre de pecado. Pero tengo algunos amigos que han invertido allí tanto como yo, o quizá más.

Me encontré con estos amigos en una clase de escuela dominical donde hace poco relaté mi testimonio. Eran adultos jóvenes con discapacidad, algunos causados por el síndrome de Down, otros tenían autismo o diversas lesiones cerebrales. Resultaba bastante difícil captar su atención. Unos pocos miraban por la ventana, otros tamborileaban los dedos en sus escritorios, mientras que otros deambulaban por la parte posterior de la sala. La maestra batió las palmas y dirigió la atención de la clase hacia mí.

Uno o dos de ellos se apoyaron sobre los codos y me estudiaron a mí y a mi silla de ruedas con curiosidad superficial. Logré captar su atención cuando sacudí mis brazos inútiles y les dije que las personas encargadas de atender los juegos en el parque de diversiones Six Flags Over Magic Mountain no me permitieron bajar por el tobogán acuático gigante. Se sintieron mal. Algunos abuchearon. Luego les dije que algún día, cuando me den mi cuerpo nuevo, no solo dominaré el tobogán acuático, sino que también esquiaré en Cornice en Mammoth Mountain o correré la maratón de la ciudad de Nueva York si quiero hacerlo (algunos se rieron cuando les dije que en realidad no deseo hacerlo).

—Será maravilloso tener un cuerpo nuevo. —Sonreí a los hombres y las mujeres que ahora me miraban con sumo interés. Los hombres en el fondo de la clase se dirigieron a sus asientos, y los otros dejaron de lanzarse pelotas de papel y de tamborilear sus lápices en sus pupitres. Todos querían saber más acerca del cielo.

»Dicen que las puertas del cielo están hechas de una sola perla —les dije mientras abría grande los ojos.

—¡No-o-o-o! —dijo un adolescente que tenía síndrome Down al unísono con dos de sus amigos. Se rieron tapándose la boca.

—¡No hay una perla tan grande! —dijo en tono burlón.

—Pues sí la hay —les dije en tono de broma—. ¿Y pueden adivinar el tamaño que tendrá la ostra que produzca esa perla? —Para ese entonces, la mitad de la clase estaba extendiendo los brazos, intentando determinar el tamaño de ostra que se requeriría para producir una perla del tamaño de una puerta.

Había captado la atención de ellos. Los desafié a que propusieran otras cosas interesantes que yo pudiera hacer con un cuerpo nuevo. Pensaron que sería fantástico que pudiera entrar a un Mc-Donald's y pararme en la fila. Podría quitarle el papel a una barra de chocolate Snicker's. Podría tirar la cadena del inodoro (eso produjo más risas). Una muchacha quería saber si todavía tendría mis brazos de plástico en el cielo. La miré con una expresión un tanto perpleja porque mis brazos no tienen nada de plástico; pero le sonreí, me encogí de hombros, y dije con añoranza:

—No, no habrá más plástico en el cielo. Tendré un cuerpo de verdad y podré hacer todo tipo de cosas, incluso nadar si deseo hacerlo.

Mi comentario obtuvo un nuevo nivel de empatía. Se me acercó una muchacha que me tocó el brazo y me dijo:

—La próxima vez debe tener cuidado.

—Lo tendré —le prometí. La clase deseaba saber más acerca del cielo. Inventaron todo tipo de actividades celestiales alocadas y maravillosas. Montar jirafas. Salir de día de campo con Jesús. Acariciar tiburones. Ganar mucho dinero. Dar un apretón de manos a Kareem Abdul-Jabbar. Les recordé que eso solo sería posible si el señor Abdul-Jabbar conocía a Jesús. Fue entonces que alguno sugirió que oráramos por los Lakers de Los Ángeles.

Mientras su entusiasmo iba en aumento, finalmente les solté un pensamiento:

—Oigan, tal vez yo tenga un cuerpo nuevo, pero un día, ¡ustedes tendrán... *mente*... nueva!

La clase entera se puso de pie de un salto y empezó a aplaudir con entusiasmo. Entre silbidos y vítores, seguí diciendo:

—Podrán pensar mejor que su maestra aquí presente. Y le enseñarán a su hermana cómo hacer los deberes, incluso las cosas difíciles como matemáticas y cosas por el estilo. Tendrán pensamientos de alto poder, supercargados y sabrán casi todo lo que se puede saber. ¡Les saldrá humo del cerebro! Sobre todo, ustedes y Jesús estarán juntos, y tendrán mucho de qué hablar.

Para cuando se terminó la clase de escuela dominical, los presentes estaban bien encaminados en su determinación de poner su corazón y mente en las glorias celestiales de arriba. Estaban mirando por la ventana para ver si Jesús estaba volviendo, mientras aplaudían y saltaban. Pensé que yo les había proporcionado una enseñanza sobre el cielo, pero ellos me habían enseñado lo que significa «tener la mente de Cristo» (1 Corintios 2.16).

¡Una mente nueva!

Primera de Corintios 13.12 lo describe de esta manera: «Ahora vemos por espejo, oscuramente; mas entonces veremos cara a cara. Ahora conozco en parte; pero entonces conoceré como fui conocido». Tendremos la mente de Cristo. No hay por qué preocuparse por sentirse tonto o por desconocer las respuestas. «Conoceremos como fuimos conocidos», y nuestro conocimiento presente se incrementará más allá de lo que se puede creer. Todavía más, el brillo de nuestros mejores pensamientos y recuerdos se volverán más resplandecientes al ser magnificados por medio de nuestra mente nueva.

¿Pero qué ocurrirá con los pensamientos tristes que nos queden de la tierra? Isaías 65.17, 18 dice: «Porque he aquí que yo crearé nuevos cielos y nueva tierra; y de lo primero no habrá memoria, ni más vendrá al pensamiento. Mas os gozaréis y os alegraréis para siempre en las cosas que yo he creado». Esto, a primera vista, parece ser una confusión. ¿Acaso no acabamos de leer que conoceremos en plenitud *todas* las cosas? ¿Se excluyen las cosas malas?

No es que se borrarán nuestra ignorancia o pensamientos y recuerdos imperfectos, sino que quedarán eclipsados, de la misma manera que las estrellas quedan mitigadas al salir el sol. Al llegar el fin del mundo ocurrirá algo tan deslumbrante que su luz hará palidecer todo recuerdo oscuro. No será tanto que nos olvidaremos, sino que no tendremos necesidad ni deseo de recordar. Las cosas malas, según observa Isaías, no nos vendrán al pensamiento, porque quedarán bloqueadas por el brillo del conocimiento de Dios.

Solo cosas buenas nos vendrán al pensamiento. Nuestros procesos de pensamiento ya no serán maquinadores; no idearemos palabras inmundas ni complotaremos planes malvados. No lucharemos contra ensoñaciones ociosas ni fantasías lujuriosas. Más bien, nuestros pensamientos se elevarán gloriosamente, pues «cuando él se manifieste, *seremos semejantes a él*, porque le veremos tal como él es» (1 Juan 3.2, énfasis añadido).

Piense en una obediencia perfecta a los Diez Mandamientos. ¿No tener dioses ajenos delante del Señor? Fácil, seremos uno con él. No sé qué sienta usted, pero a mí me encantaría caminar en puntas de pie a la par de las filas de serafines y armonizar con ellos mientras proclaman constantemente de noche y de día: «Santo, santo, santo es el Señor Dios todopoderoso» (Apocalipsis 4.8).

¿Envidia? Usted y yo no sentiremos otra cosa que no sea admiración por quienquiera que sea elegido para sentarse a la diestra y a la siniestra de Cristo.

¿Guardar el Día de reposo? Habremos entrado al séptimo y final día de Dios, el descanso sabático de paz y gozo por la eternidad.

¿Adulterio? Amaré a todos de manera tan perfecta como ama Cristo, y nunca me entristecerá el pensamiento de ser despreciada por los que amo o que su amor no es respondido de manera plena y tierna. Descubriré en cada persona esa faceta de la belleza del Señor que solo él o ella puede reflejar de manera singular... ¡Me enamoraré de un montón de personas, tanto hombres como mujeres!

¿Codicia? Seremos coherederos con Cristo. Tendremos todo.

¿Hablar falso testimonio? El padre de la mentira estará acabado. La carne ya no nos incitará a mentir. Solo la verdad brotará de nuestro corazón.

¿Tomar el nombre de Dios en vano? Solo habrá alabanza en nuestros labios.

Nunca un pensamiento hiriente.

¡Qué día feliz! ¡Tendremos la mente de Cristo!

Y con la mente de Cristo conoceremos en plenitud. No a medias sino en plenitud. Durante nuestra permanencia en la tierra, solo conocíamos más o menos o en forma parcial «todas las cosas que Dios hacía que obraran para nuestro bien» y para el bien de otros, en especial en medio de pruebas dolorosas. La mayor parte del tiempo, nos rascábamos la cabeza preguntándonos cómo la enmarañada trama de hilos de Romanos 8.28 pudiera llegar a entretejerse formando algo para nuestro bien. En la tierra, el lado reverso del tapiz estaba enredado y confuso; pero en el cielo, nos quedaremos sorprendidos al ver el anverso del tapiz y cómo Dios, de manera bella, ha bordado cada circunstancia formando un patrón para nuestro bien y para su gloria.

Esto será uno de esos beneficios adicionales que no resultan esenciales para nuestra felicidad eterna, pero simplemente da gusto saberlo. Los padres de la niña paralizada tras un accidente causado por un conductor ebrio lo entenderán. Verán cómo su accidente alcanzó a tocar la vida de amigos y vecinos, enviando repercusiones a lo largo y a lo ancho del país. Verán de qué manera Dios usó las oraciones de personas que están del otro lado del país; y cómo esas oraciones alcanzaron a parientes y amigos de parientes, extendiéndose más allá de lo que jamás hubieran soñado. Verán cómo Dios en su gracia acunó a su hija, forjando en su pequeño carácter nobleza y valor. Verán que nada —nada en absoluto— se desperdició y que cada lágrima fue contada y cada llanto fue escuchado. «Pon mis lágrimas en tu redoma; ¿no están ellas en tu libro?» (Salmos 56.8).

Mi hermana, Linda, entenderá por qué Dios se llevó a su hija de cinco años, Kelly, por medio del cáncer de cerebro. Mi amiga, Diane, verá cómo su esclerosis múltiple impidió que cayera en indiferencia espiritual. Mi compañero de trabajo, Greg, comprenderá la medida de la misericordia de Dios que fue derramada sobre él después de su divorcio. Usted se maravillará de aquella vez que se recriminó por haber hecho un giro a la izquierda equivocado al llegar a un semáforo, un giro equivocado por el cual evitó por poco un accidente terrible... un accidente que nunca ocurrió.

Levantaremos nuestras manos y glorificaremos a Dios cuando veamos cómo usó los cientos de dólares que invertimos en la conferencia sobre misiones para alcanzar a cientos en Brasil. Veremos cuántas veces él planificó los lugares apropiados y los momentos indicados para que conociéramos a las personas más indicadas... y los matrimonios y amistades felices que resultaron.

Entenderemos cómo encaja todo. Todo contado. Nada desperdiciado. «Todas las cosas ha hecho Jehová para sí mismo, y aun al impío para el día malo» (Proverbios 16.4). Cada anotación y título de la vida dará gloria suprema a nuestro omnisciente y todopoderoso Dios.

PERFECCIÓN DE CUERPO Y ALMA

La perfección de cuerpo y alma a algunos puede parecerles aburrido.

Tengo dos amigos, John y Mike, para los cuales la perfeción no tiene importancia. Son hermanos maravillosos en Cristo, pero son del tipo robusto que prefieren enfrentarse a la obra del reino en la tierra y no distraerse con las cosas del futuro. Ellos se encargan de realizar su tarea ordenada por Dios aquí y dejan que el cielo se ocupe de sí. En fin, la imagen que tienen del cielo es estática: un eterno hacer nada en el cual no hay más cosas por lograr ni metas por alcanzar. Para ellos, el cielo es textualmente el fin. La idea de una «relación sinfín a los pies de Jesús», aunque resulte reconfortante, no los estimula.

¿Perfección? ¿Para qué? Ellos saborean el condimento de una buena discusión de vez en cuando. «¿A quién le interesa un amigo, o incluso una esposa, que siempre está de acuerdo con lo que usted dice?», preguntan ellos.

Estos hombres preferirían ayudar a pavimentar las calles de oro usando monstruosos camiones de titanio, unos cargadores y aplanadoras. Cualquier día aceptarían hacer kayak por el Río de la Vida, y preferirían llevar de pesca a José y a Daniel que quedarse sentados escuchándolos explicar la terapia de sueños.

No es mi intención encontrarles defectos a estos amigos míos. A decir verdad, espero que me lleven a pescar a mí también. Solo están usando el hemisferio izquierdo del cerebro. Ellos son fanáticos de la lógica y las explicaciones y —cuidado— los símbolos torpes de la tierra. La perfección de cuerpo y alma nada tiene que ver con la pesca con mosca ni con completar un juego perfecto de golf. (Aunque recuerdo la vez que un alumno del octavo grado me dijo que no podía comprender cómo alguno lograría anotarse algún puntaje en un juego de baloncesto celestial si la ofensiva era tan perfecta como la defensiva, a lo cual respondí: «Pues, si ha de haber distintos niveles de habilidad y destreza y en el cielo —y creo que así será— ¡deberás encontrar unos pocos santos con quienes jugar cuyo juego perfecto no sea tan refinado como el tuyo!»).

Pero incluso con ese joven del octavo grado, debemos tener cuidado. No podemos construir el cielo con los bloquecitos de armar de nuestra lógica. No podemos olvidar que lo que nos imaginamos se vuelve torpe cuando confiamos en imágenes terrenales. Para poder apreciar la perfección de nuestro cuerpo y nuestra mente, es necesario que empecemos a lograr que nuestro corazón y nuestra mente estén un tanto sintonizados con el cielo. El cielo es un sitio preparado para personas preparadas. De no ser así, el cielo pierde su encanto.

La cosa es así. Me encanta escuchar a Mozart. Eso es porque Mozart era un maestro en la composición de música perfecta. He escuchado que sus arreglos de notas eran impecables en cada compás de cada página y que hasta empleaba ciertas progresiones numéricas que reflejan orden y simetría absolutos de tono y balance. Los matemáticos estudian a este compositor. Es perfecto.

Ahora bien, si yo tocara su *Flauta mágica* para un par de muchachos de la escuela secundaria de mi esposo, se reirían a carcajadas y levantarían el volumen de su equipo de música. La música hip-hop y el rap es más su estilo. Pero dista muchísimo de ser música perfecta. Es necesario que uno pase mucho tiempo escuchando música perfecta para poder llegar a apreciarla.

¿A qué estoy apuntando? Uno necesita pasar tiempo cumpliendo con el asunto del «sed perfectos como el padre celestial es perfecto» aquí en la tierra antes de poder disfrutar de la idea de una perfección celestial (Mateo 5.48). Para John y Mike, al principio esto puede apagar su deseo del cielo en lugar de avivarlo. Pero ya sea que tengamos preponderancia del hemisferio izquierdo o del derecho, seamos machos o meditativos, ninguno de nosotros debiera desviar nunca la vista de los elementos del cielo que nos dejan perplejos o nos repelen; pues es precisamente la perplejidad de la perfección la que oculta lo que aún no conocemos y, sin embargo, necesitamos conocer.

—Estee... ¿Qué dijiste? —Ahora mismo puedo escuchar a mis amigos muy machos.

Cuanto más nos acerquemos al Señor Jesús y cuanto más volquemos nuestro corazón y nuestra mente a las glorias celestiales en lo alto, mejor preparados estaremos para la perfección del cielo. La comunión no significará estar sentados a los pies de Jesús luchando contra el aburrimiento mientras todos los demás están embelesados. No. La comunión será el grado superlativo de lo que solo se alcanzó a insinuar en la amistad terrenal.

Me gustaría decirles a John y a Mike:

—Oigan, no se olviden que Cristo sabe mejor que ustedes lo que significa ser humano. Él navegó los mares, trepó por las montañas, y durmió bajo las estrellas junto a un arroyo torrentoso. Él sabe lo que hace latir el corazón de ustedes. Recuerden que él es quien los hizo. Ustedes no dejarán de ser humanos. Más bien disfrutarán de la plena riqueza de su humanidad según fue diseñada. ¡Ustedes, con toda su propensión a unirse en actitud amistosa en derredor del fogón, serán mejores personas!

Y una mejor persona es una persona perfecta.

PERSONAS PERFECTAS EN COMUNIÓN PERFECTA

La cena de las bodas del Cordero en el cielo será una fiesta perfecta. El Padre ha estado enviando las invitaciones y las personas han estado confirmando su presencia a través de las edades. Jesús se ha adelantado para colocar las guirnaldas, preparar el banquete y alistar nuestra mansión. Y como ocurre en cualquier fiesta, lo que le dará el sabor dulce es la comunión.

Comunión con nuestro glorioso Salvador y con nuestros amigos y familia.

Hay un sinnúmero de personas a las que anhelo ver. La reina Ester, Daniel, Jonás y, por supuesto, María y Marta. Lo sorprendente es que de inmediato reconoceré a estas personas y a todos los demás redimidos que nunca he conocido en la tierra. Si los discípulos pudieron reconocer a Elías y a Moisés que estaban parados junto a Jesús en el Monte de la Transfiguración —santos que ellos nunca habían visto— entonces lo mismo ocurrirá con nosotros. ¡Me muero de ganas de verlos a todos!

Sin embargo, una persona con la que tengo particular interés de encontrarme en el cielo es Steve Estes, mi amigo que mencioné en el primer capítulo. Él es pastor de una iglesia en un pequeño pueblo en el campo de Pensilvania. Y después de mi esposo, él es mi amigo más querido. Ken es el primero en comprender y aceptar mi afecto por Steve. Al fin y al cabo, Ken entiende que en los años sesenta el Señor usó a este joven para sacarme de mi desesperación suicida. Steve no entendía nada acerca de sillas de ruedas, pero amaba a Cristo con pasión, y quería que yo —su vecina deprimida que acababa de salir del hospital— encontrara ayuda y esperanza en la Palabra de Dios. Así que hicimos un arreglo: yo proveía abundante RC Cola y él venía a mi casa los viernes por la noche con su Biblia para ayudarme a armar de manera concienzuda el rompecabezas de mi sufrimiento. Sí, pude hallar la ayuda y la esperanza a la que él se refería. Y el resto es historia.

Eso sucedió hace mucho tiempo, y a pesar de que solo podemos visitarnos ocasionalmente por teléfono, nuestra amistad permanece fuerte y segura. Aun así, cuando extraño «los viejos tiempos» o siento deseos de poder verlo con mayor frecuencia, estos anhelos se atemperan mediante un pensamiento asombroso: *seremos amigos por siempre.*

Nuestra amistad no es una coincidencia. Dios tiene en mente algo eterno para mí y para Steve. ¿Cómo lo sé? En Hechos 17.26 dice: «De una sangre ha hecho todo el linaje de los hombres, para que habiten sobre toda la faz de la tierra; *y les ha prefijado el orden de los tiempos, y los límites de su habitación*».

¿Captó eso? De todas las miles de millones de posibilidades, de todos las millones de personas con las que pudiera haber entablado amistad, el Señor escogió a Steve para mí. De haber habido unos pocos kilómetros más entre su casa y la mía, o unos pocos años más entre su edad y la mía, lo más probable es que nunca nos hubiéramos conocido. Pero para los cristianos, como dice C. S. Lewis, no existen tales probabilidades. «Cristo que dijo a los discípulos: "Ustedes no me escogieron a mí, sino que yo los he escogido a ustedes", puede decir con toda justicia a todo grupo de amigos cristianos: "Ustedes no se han escogido los unos a los otros, sino que yo he escogido los unos para los otros"».[6]

Esto tiene relevancia poderosa para la eternidad. La amistad iniciada aquí en la tierra apenas tiene tiempo para ponerse en marcha; solo alcanzamos a establecer una relación superficial en los pocos años que residimos en la tierra. Su dimensión mayor y más plena se develará en el cielo. Dios tiene un plan para Steve y para mí en la eternidad y juntos jugaremos un rol íntimo en lo que se refiere a llevar a cabo ese plan especial. Lo amaré de una manera que nunca consideré posible aquí en la tierra. Vaya, si pienso que mi esposo, Steve y otros que son muy queridos para mí me dan gozo aquí en el presente, ¡solo piense en lo que nos aguarda en el cielo!

Cómo resultará, aún está por verse, pero esto sí sé: todas las cosas terrenales de las que disfrutamos con nuestros amigos aquí presentarán su expresión más exaltada en el cielo. Nunca olvidaré una noche cuando, sentada junto al hogar, Steve abrió su Biblia y me llevó por un estudio sobre el cielo. Mi corazón ardía de manera tan resplandeciente como las brasas en el hogar al vislumbrar atisbos de gozo celestial, especialmente el entusiasmo de un corazón, una mente y un cuerpo nuevos y glorificados. Fue un momento humano y a la vez divino. A decir verdad, nuestro gozo fue tan grande que salimos corriendo al jardín al frente de la casa para cantar y aullarle a la luna de medianoche. Sentíamos la necesidad de *hacer* algo humano para expresar nuestro gozo divino. Y a excepción de aullarle a la luna, estoy segura de que el cielo se parecerá bastante a eso. Será un lugar en el que *hacemos* cosas con nuestros amigos por el mero gozo de estar juntos y de ser bendecidos por Dios.

La comunión celestial con amigos no será un etéreo hacer nada en el que bostezaremos, nos quedaremos sentados sobre nubes y miraremos a los ángeles. Por ser el cielo el hogar de los humanos redimidos, tendrá una estructura y actividades completamente «humanas». Como cierto teólogo escribió:

> Sus gozos y ocupaciones deberán ser racionales, morales, emocionales, voluntarios y activos. Deberá haber ejercicio de todas las facultades, gratificación de todos los gustos,

expresión de todos los talentos, realización de todos los ideales... la curiosidad intelectual, los instintos estéticos, los afectos santos, las afinidades sociales, los recursos inagotables de fuerza y poder nativos del alma humana, *todos* estos deberán encontrar ejercicio y satisfacción en el cielo.[7]

¡Las cosas que haremos! Usted y sus amigos gobernarán al mundo y juzgarán a los ángeles. Juntos, los amigos comerán del fruto del árbol de la vida y serán pilares en el templo de Dios. Juntos, recibiremos la estrella de la mañana y seremos coronados de vida, justicia y gloria. Por sobre todo, juntos caeremos sobre nuestros rostros al pie del trono y adoraremos a nuestro Salvador para siempre.

Nótense cuántas veces he usado la palabra «juntos». El cielo de ninguna manera es un lugar para que pasen un rato los inconformistas que andan sueltos por el universo haciendo de las suyas. Es un sitio de dulce comunión y quizá por eso dice que todos vivimos en una ciudad, la Nueva Jerusalén. No estaremos esparcidos por aquí y por allí en casitas rurales aisladas las unas de las otras, sino que viviremos en armonía en una ciudad. Una ciudad *agradable*. ¡Una ciudad santa!

Soñar con esto hace que el extrañar a Steve —y a muchos otros amigos muy queridos— sea mucho más tolerable. Incluso hace que mi relación con amigos que han muerto y se han ido a la gloria sea dulce y estrecha.

Lo mismo se cumple para usted. Lea nuevamente Hechos 17.26 y regocíjese al saber que no es por error que usted vive en esta década, en su lugar del país, y en su ciudad donde disfruta de sus mejores amigos. Estos seres queridos en su vida no están allí por coincidencia. Usted pudiera haber nacido en otro tiempo y en otro sitio, pero Dios determinó «poblar» su vida con estos amigos en particular.

Estas personas especiales tañen una cuerda resonante en su corazón; tienen algo, algún aspecto de belleza o de bondad que le recuerda a Dios. Tengo el pálpito de que cuando vea el rostro de Dios en el cielo, usted dirá: «¡Sí, siempre te conocí!». Fue él al que usted amó cada vez que estuvo con esa persona querida. A través de la amistad, Dios abre nuestros ojos para que veamos las glorias de él mismo, y cuanto mayor es el número de amigos con los que comparte un amor profundo y generoso, mejor y más clara será la imagen de Dios que tendrá usted.

LO QUE HARÉ CUANDO LLEGUE AL CIELO

Yo me crié en una pequeña iglesia episcopal reformada donde se predicaba el evangelio, se leía la liturgia, se cantaban himnos del corazón y se arrodillaban en oración. Estandartes y velas, procesionales y recesionales formaban parte del culto normal. El culto del domingo por la mañana era cosa seria, y aprendí de niña lo que significaba doblar mi rodilla delante del Señor. Sí, arrodillarse le producía dolor a las rodillas, pero lo que le hacía a mi corazón producía una sensación mucho más agradable.

No es mi intención exagerar la importancia del asunto de arrodillarse. Dios escucha cuando su pueblo ora de pie, sentado, acostado boca abajo o postrado. ¿Qué es lo que quiero destacar en cuanto a arrodillarse? Lo que pasa es que desearía poder hacerlo. Para mí es imposible inclinarme en adoración.

Cierta vez en una convención, el orador concluyó su mensaje pidiendo que todos los presentes corrieran sus sillas alejándolas de las mesas y, si les era posible, se arrodillaran en el piso alfombrado para orar. Observé mientras todos los que estaban en la sala —quizá unas quinientas o seiscientas personas— se arremangaban los pantalones y se ponían de rodillas. Estando todos arrodillados, yo quedaba en evidencia. Y no podía dejar de llorar. No estaba llorando por sentir lástima de mí o porque me sintiera torpe o diferente. Me corrían las lágrimas porque me impactó la belleza de ver a tantas personas doblar sus rodillas delante del Señor. Era una imagen del cielo.

Sentada en ese lugar, recordé que en el cielo tendré libertad de saltar, danzar, dar patadas y hacer ejercicios aeróbicos. Y aunque estoy segura de que Jesús se deleitará al ver cómo me levanto en puntas de pie, hay algo que tengo pensado hacer que tal vez le agrade aun más. De ser posible, en algún lugar, en algún momento antes de que se inicie la fiesta, en algún momento previo a que se haga el llamado a los invitados para que se acerquen a la mesa del banquete en la cena de las Bodas del Cordero, lo primero que pienso hacer sobre mis piernas resucitadas es dejarme caer sobre rodillas agradecidas y glorificadas. Me arrodillaré en silencio a los pies de Jesús. El *no* moverme será mi oportunidad de demostrar un sentido agradecimiento al Señor por la gracia dispensada año tras año mientras mis piernas y brazos estaban caídos e inmóviles. El no moverme será mi última oportunidad de presentar un sacrificio de alabanza... alabanza paralizada.

Y después de un rato, me levantaré de un salto, extenderé los brazos y gritaré a todo aquel que esté suficientemente cerca para oír en todo el universo: «El Cordero que fue inmolado es digno de tomar el poder, las riquezas, la sabiduría, la fortaleza, la honra, la gloria y la alabanza» (Apocalipsis 5.12). Me pregunto si, en ese momento, mis raíces episcopales me obligarán a tapar mi bocaza con la mano. De ser así, al menos para mí, el festejo habrá subido un punto. Será una celebración elegante de adoración, elocuente y majestuosa.

Han pasado décadas desde que podía arrodillarme. Esas lejanas mañanas de domingo en nuestra pequeña iglesia parecen estar tan distantes. En ese entonces no apreciaba el privilegio de Salmos 95.6: «Venid, adoremos y postrémonos; arrodillémonos delante de Jehová nuestro Hacedor».

Ahora sí puedo apreciarlo. Y se acerca el día en que podré arrodillarme otra vez. Lo sé, puedo percibirlo. El cielo está a la vuelta de la esquina. Así que, hágame un favor: haga lo que muchos de los que estamos paralizados, o demasiado lisiados *no podemos* hacer. Abra su Biblia a Salmos 95.6; léalo en voz alta y obedezca su consejo. Y cuando se arrodille en oración, sea agradecido por tener rodillas que se doblan ante la voluntad de Dios. Exprese gratitud porque su destino es el cielo, donde tendrá un corazón, una mente y un cuerpo nuevos.

> *Nuestro corazón resucitado, de pecado liberado,*
> *será pura pasión en pureza vertida;*
> *¡adore!*
> *Él nos dará este corazón gratuitamente*
> *para amar por primera vez nuevamente.*
> *Nuestro cuerpo resucitado, etéreo, brillante,*
> *vestido de justicia,*
> *bendecido con carne resplandeciente que siente,*
> *siente de verdad por primera vez nuevamente.*
> *Mas ahora esperamos,*
> *esperamos,*
> *esperamos a nuestro resucitado Señor*
> *que recompensará a los que lloramos*
> *y aun así es a Él que por sobre todo buscamos*
> *y así...*
> *estemos erguidos juntos*
> *por vez primera*
> *para luego caer, por favor, sobre rodillas*
> *agradecidas...*
> *La eternidad es nuestra.*
>
> —JONI TADA

SUBA MÁS

Solía pensar que una vez que llegara al cielo, Dios echaría mi silla de ruedas de la ciudad celestial y la lanzaría al infierno. *Buen viaje a la basura mala... ¡De todos modos nada más creaba dolor!* En realidad, asumí que mi vieja Everest & Jennings, con sus engranajes torpes y su polvorienta caja de baterías, ni siquiera podría pasar las puertas nacaradas. Eso es lo que *solía* pensar. Entonces conocí a Robin.

Mi amiga Robin ha vivido con síndrome de Down durante más de sesenta años. En muchos sentidos, ella ha prosperado. Su discapacidad intelectual ha ayudado a fomentar su espíritu increíblemente dulce y su rostro feliz. A Robin le *encanta* adorar, cantar canciones de alabanza y orar por las personas. Su discapacidad la ha ayudado a convertirla en la excepcional seguidora de Jesús que todos saben que es. ¡Aquellos de nosotros que la conocemos bien amamos y valoramos a Robin exactamente como es!

¿Cómo funcionará todo en el cielo? Dios sabe. Pero aquí es lo que me pregunto. La discapacidad de Robin la ha ayudado a crecer en Cristo a pasos agigantados. ¿Pero eso significa que su deficiencia cromosómica la acompañará al cielo? ¿Estará allí cuando ella abra los ojos por primera vez en el aire fresco celestial del «mejor país» de su Padre? ¿Definirá su nuevo cuerpo glorificado? Robin diría que su discapacidad es parte de lo que ella es; es lo que la hace «Robin».

Así que... ¿las discapacidades nos seguirán de alguna manera al cielo?

Incluso una lectura casual de la Biblia te dirá que *no*. No hay esclerosis múltiple, lesión de la médula espinal, osteogénesis imperfecta o síndrome de Down en el cielo. Las discapacidades, las enfermedades y las deficiencias cromosómicas son resultado de la caída de la humanidad, pero el cielo verá una restauración completa de todas las cosas. El cielo será un lugar donde la presencia del pecado y todos sus resultados, *incluidas las discapacidades*, se erradicarán para siempre.

¿Pero qué significa eso para Robin? ¿Significa que no puede ser «quién es ella» y seguir siendo parte de la eternidad? ¿Cómo serán su cuerpo y su mente? Para el caso, ¿qué pasa con mi tetraplejía? ¿Qué pasará con mi silla de ruedas, la misma herramienta que Dios eligió una y otra vez para refinar mi fe y hacerme más como Jesús? Creo que el apóstol Pablo nos deja una pista en Filipenses 3.21 (NTV): «[Jesús] Él tomará nuestro débil cuerpo mortal y lo transformará en un cuerpo glorioso, igual al de él. Lo hará valiéndose del mismo poder con el que pondrá todas las cosas bajo su dominio».

Considere esas palabras «como suyas». El Cristo resucitado, el poderoso Hijo de Dios, es reconocido como una deidad cuyas manos, pies y costados llevan las heridas visibles de la gracia. Por toda la eternidad, esas heridas recordarán la gran misericordia y la bondad amorosa de nuestro Salvador. Y lo alabaremos una y otra vez.

¿Nosotros, como nuestro Señor, mostraremos de alguna manera nuestras marcas de sufrimiento en el cielo?

Me doy cuenta de que las heridas de Cristo son completamente únicas e incomparables, y que nada se puede comparar con las marcas que compraron nuestra redención. En el cielo, serán marcadores, fuentes infinitas de asombro, que nos recordarán e innumerables legiones de ángeles de cómo soportó Jesús el sufrimiento por nuestro bien.

Aun así, no puedo dejar de preguntarme. ¿Podría haber marcadores o recordatorios para nosotros también, apuntando a nuestro propio sufrimiento, ahora sanado para siempre?

Siempre he llamado a mi tetraplejía un «compañero extraño y oscuro». Es extraño y oscuro, ya que la tetraplejía me ha causado muchos desafíos abrumadores y, a menudo, un dolor extremo. Ha sido desordenado e inconveniente por lo menos. Sin embargo, este mismo compañero oscuro ha servido como la mejor herramienta de Dios para moldear el carácter de Dios dentro de mí. Mi discapacidad es «parte de lo que soy» porque me ha llevado al trono del Padre cada mañana, a veces cada hora, donde encuentro ayuda y gracia para el día. Es como un maestro de escuela severo que me enseña muchas lecciones espirituales, además de refinar mi carácter.

Eso significa que es un regalo. Dios me *dio* mi vida de discapacidad (Filipenses 1.29). Es un regalo por todo lo bueno que Dios ha hecho *en* él y *por medio* de él.

Y si Dios me ha dado mi discapacidad como regalo, creo que es justo decir que puede aparecer como un regalo en el cielo. Sí, se transformará de alguna manera, tal vez casi irreconocible de lo que era en la tierra, pero un regalo, no obstante. Filipenses 3.21 dice que todo en mí que está muriendo, que es débil y mortal, será cambiado en el cielo. ¿Se transformarán también las cicatrices de mi discapacidad? Dado que mi discapacidad es la herramienta que más me sirve para el cielo, creo que siempre estaré conectado a sus méritos y virtudes.

No, no seré tetrapléjica. Mi cuerpo de resurrección será resucitado en poder y gloria (1 Corintios 15.43). Todavía es cierto que no habrá sillas de ruedas, muletas o andadores en el cielo. Pero mi tetraplejía puede ser vista como la compañera que estaba en la tierra, ya no extraña y oscura, sino que siempre apunta a los resultados gloriosos que solo se lograron a través de la obra santificadora del Espíritu Santo en mi sufrimiento terrenal.

¿Y quién sabe? Tal vez Robin y yo usaremos nuestras discapacidades como insignias de valentía. O como una faja real. O una medalla de perseverancia honorable. O tal vez incluso una joya o dos en nuestras coronas. Todo lo que sé es que todo lo bueno que Dios ha dado durará toda la eternidad, incluida la mejor parte de cada aflicción.

Porque estos, también, eran regalos de Dios.

BUSQUE SU SENDERO

1. Vea Filipenses 3.19-21. Las mentes del *marketing* en los medios de comunicación de hoy en día están presionando innumerables productos para ocultar los efectos de la vejez o aliviar los síntomas de enfermedades o mala salud en nuestros cuerpos. ¿En qué se diferencia eso de lo que Jesús logrará en nosotros el día que entremos al cielo?
2. ¿En qué sentido se puede considerar el sufrimiento como un don de Dios (Filipenses 1:29)?

LA ORACIÓN DE UN CAMINANTE

Querido Señor Jesús, gracias por Robin e innumerables hombres, mujeres y niños como ella. Gracias por aquellos que muestran tanta fe, valentía, dignidad y amabilidad ante obstáculos enormes, limitaciones y dolor físico desgarrador. No entiendo por qué eliges revelar tu gracia a través de personas con tanta dificultad, pero te alabo por lo que haces. Por favor, deja que su radiante belleza brille de alguna manera en mi vida, incluso en los tiempos en que no estoy en mi mejor y más brillante momento y ni siquiera tengo ganas de enfrentar al mundo. Hazlo por tu bien... por el mío... y por el bien de los que me observan.

Capítulo 2

¿Qué haremos

EN EL CIELO?

Todavía me cuesta creerlo. Yo, con mis dedos marchitos y doblados, músculos atrofiados, rodillas retorcidas, sin sensación de los hombros hacia abajo, un día tendré un cuerpo nuevo, luminoso, resplandeciente y vestido de justicia... poderoso y deslumbrante.

¿Se imagina usted la esperanza que esto proporciona a alguien como yo que tiene una lesión de médula espinal? ¿O alguno que tiene parálisis cerebral, lesión cerebral o esclerosis múltiple? Imagine la esperanza que esto proporciona a alguno que padece desorden bipolar. Ninguna otra religión, ninguna otra filosofía promete cuerpo, corazón y mente nuevos. Solo en el evangelio de Cristo encuentran tan increíble esperanza las personas que sufren.

Para mí es fácil estar «gozosa en la esperanza», según dice Romanos 12.12, y eso es exactamente lo que he estado haciendo durante los últimos veinte años y algo más. Mi confianza en el cielo es tan viva que he estado concertando citas con amigos para hacer todo tipo de cosas divertidas en cuanto recibamos nuestro cuerpo nuevo, como revela por ejemplo la siguiente conversación mantenida con una muchacha en silla de ruedas que conocí en una conferencia.

—Ya que hemos estado sentadas aquí hablando acerca del cielo —le dije—, ¿te gustaría que concertáramos una cita para encontrarnos allá arriba?

La muchacha, que estaba sentada en una posición retorcida y encorvada, me miró extrañada y preguntó:

—¿Para hacer qué?

—¿Qué te gustaría hacer?

—Pues... me agradaría poder tejer —replicó no muy convencida.

—Entonces pongámonos de acuerdo para encontrarnos en una cabaña, acercar un par de mecedoras al hogar y sacar las agujas de tejer. ¿Te parece bien?

—Solo lo dices por hablar —mi amiga en silla de ruedas me contestó en tono de burla—. En el cielo no habrá cabañas ni mecedoras. Esas cosas solo están en la tierra.

La miré con toda seriedad y dije:

—Yo creo que en el cielo sí habrá. El cielo no es para nada ambiguo. Isaías 65.17 dice que Dios está planificando «nuevos cielos y nueva tierra». ¿Escuchó eso? El cielo incluye nuestro planeta. Una nueva tierra que tiene cosas de la tierra en ella. Nada torpe... ninguna imagen fuera de tono... solo cosas cálidas y maravillosas que hacen que la tierra sea... *la tierra*.

—¿Cómo puedes estar tan segura de cómo será la nueva tierra?

—Porque no creo que Dios vaya a cambiarnos el diccionario y de repente redefinir lo que es *la tierra*. Si hay calles, ríos, árboles y montañas en la nueva tierra, según dice la Biblia, entonces por qué no habría de tener todas las otras cosas buenas? ¿Por qué no... mecedoras?

Se quedó mirándome con una sonrisa irónica y luego se desvaneció su escepticismo. Empezó a deliberar sobre qué patrón usar para el suéter. Aprendió lo que descubre la mayoría de las personas después de haber pasado unos minutos hablando conmigo. Me tomo el cielo con seriedad.

Me lo tomo con la misma seriedad que lo hacen los niños. Una mañana mientras esperaba en un aeropuerto, le dije a mi amigo de cinco años, Matthew Fenlason, y a su hermanito, Stephen, que se tomaran del apoyabrazos de mi silla de ruedas y me acompañaran a buscar unos niños con quienes poder jugar. Encontramos un par de muchachitos sentados con sus padres en el área de espera, y les pregunté si deseaban jugar con nosotros. A los pocos minutos, en el espacio abierto de la sala del aeropuerto, empezamos a jugar a Pato-Pato-Ganso. Cuando Matthew me tocó convirtiéndome en «ganso», corrí en mi silla de ruedas alrededor del círculo de niños, pero no lo podía agarrar. Como se sintió mal al ver que yo no podía levantarme y correr, me susurró: «No te preocupes, Joni, cuando lleguemos al cielo tus piernas funcionarán, y podremos jugar a Pato-Pato-Ganso *de verdad*».

Él lo decía en serio. Y yo también.

Rana Leavell y yo tenemos pensado escalar las montañas que están al fondo del Rose Bowl. Thad Mandsager y yo, ambos tetrapléjicos, pensamos esquiar por las Sierras. Mis hermanas Linda, Kathy, Jay y yo pensamos jugar un doble de tenis. Michael Lynch tiene pensado enseñarme a bailar el *paso doble*, y mi esposo, Ken, ya me ha dicho: «No me importan quién llene tu tarjeta de baile en el cielo... con tal que reserves el último baile para mí». Hay un gran grupo de huérfanos rumanos que quiero llevar de día de campo a las planicies de Hungría, y me muero de ganas de poner a mi amiga Judy Butler sobre un caballo muy veloz y hacer una carrera cruzando el Gran Parque Windsor.

¿Caballos en el cielo? Sí. Creo que los animales constituyen una de las mejores y más avanzadas ideas de Dios; ¿por qué habría de descartar sus mayores logros creativos? No me refiero a que mi perro schnauzer, Scrappy, se muera y vaya al cielo; Eclesiastés 3.21

le pone freno a esa idea. Me refiero a nuevos animales adecuados a un nuevo orden de cosas. Isaías previó leones y corderos recostados juntos, como también osos, vacas y cobras; y Juan previó a los santos galopando sobre caballos blancos. No tengo idea de dónde encajan, pero estoy segura de que poblarán una parte del nuevo cielo y de la nueva tierra. Otra vez, subraye esa palabra «tierra». Sin animales, no sería «la tierra». Así que si le interesa ir a cabalgar, encuéntrese con Judy y conmigo ante la estatua del Caballo de Cobre al final del camino de herradura en Windsor.

Se dará cuenta de que no hago estas citas con liviandad. Estoy convencida de que estas cosas de verdad sucederán. Caramba, pensé que mi amigo bajo el toldo blanco junto a la piscina se alegraba de verme en mi estado glorificado; imagínese el placer que nos dará a todos vernos los unos a los otros libres de pecado con cuerpo luminoso y resplandeciente. Será la respuesta a todos nuestros anhelos.

Y no solo nuestros anhelos sino los de Jesús.

RECOMPENSAS EN EL CIELO

Usted es el cumplimiento del deseo de él.

Se puede escuchar el anhelo en la voz de Jesús en Juan 17.24. «Padre, aquellos que me has dado, quiero que donde yo estoy, también ellos estén conmigo, para que vean mi gloria que me has dado; porque me has amado desde antes de la fundación del mundo». Mi corazón resplandece de pensar en el deleite que sentía ante nuestro gozo. No dejo de imaginarme su placer cuando nos vea en vestiduras blancas para la Cena de la Boda.

En efecto, usted le da tanto placer, que en algún momento en medio de la majestuosa celebración celestial —quizá justo antes del banquete o a continuación— Jesús se levantará, ascenderá a su trono, y presentará recompensas y coronas a todos los invitados. Se trata de un festejo *sumamente* fuera de lo común. Pues no son los invitados los que se presentan trayendo obsequios, sino el Anfitrión. El Señor Jesús es el encargado de dar todos los regalos. Y estas recompensas en nada se parecen a los regalitos que se dan comúnmente a los invitados.

Se nos darán coronas. Segunda de Timoteo 4.8 suena como invitación a una coronación:

> Por lo demás, me está guardada la corona de justicia, la cual me dará el Señor, juez justo, en aquel día; y no solo a mí, sino también a todos los que aman su venida.

¡Vaya, Dios desea otorgarme una corona! Es posible que los adultos desestimen la idea de dar recompensas, pero yo no. La niña en mi interior salta con regocijo de pensar que Dios pudiera llegar a otorgarme algún galardón. Recuerdo cuando en mi niñez tomaba clases de piano y me retorcía con deleite en mi banqueta cada vez que la señora Merson pegaba una corona dorada en mi partitura para felicitarme por mi buen desempeño. Lo que me producía regocijo no era tanto mi desempeño, sino el agradar a la señora Merson. Mi enfoque no era lo que yo hacía, sino la aprobación de ella. A los adultos sofisticados no les interesan estas minucias, pero a los niños sí.

Nada resulta tan obvio en un hijo de Dios interesado en las cosas celestiales que su placer manifiesto al recibir una recompensa... una recompensa que refleja la aprobación del Padre. C. S. Lewis escribió:

> Complacer a Dios... ser un verdadero ingrediente en la felicidad divina... ser amado por Dios, no ser un mero objeto de su compasión, sino ser objeto de su deleite así como se deleita un artista en su trabajo o un padre se deleita en su hijo, parece imposible, un peso o una carga de gloria que nuestros pensamientos apenas pueden sustentar. Pero así es.[1]

Así que, todos los niños que según dijo Jesús están en mejor estado para el reino de los cielos, prepárense para que Dios les muestre no solo su placer, sino su aprobación.

¿Qué aspecto tiene una corona en el cielo? ¿Se parece a la del emperador de Irán con piel de armiño a lunares, incrustada de perlas y diamantes, o se parece a la que usó la reina Victoria con una cruz en la parte de arriba? Cuidado, tengo la leve sospecha de que otra vez estamos aplicando imágenes terrenales.

En Salmos 149.4 nos da una pista del tipo de corona al que se refiere Dios: «Porque Jehová tiene contentamiento en su pueblo; hermoseará [en inglés *coronará*] a los humildes con la salvación». ¡Ajá! Es probable que Dios no se refiera textualmente a una corona, porque la salvación no es algo que uno se ponga en la cabeza. Las coronas celestiales deben representar algo que él hace, algo que él da, como por ejemplo cuando nos corona con la salvación. De todos modos, esta es más resplandeciente e ilustre que cualquier pedazo de platino que contenga un montón de cosas brillantes.

También hay una *corona de vida* en Santiago 1.12, reservada para los que perseveran en las pruebas. Esto significa que Dios nos da el galardón de la vida eterna.

Hay una *corona de la cual gloriarse* en 1 Tesalonicenses 2.19, otorgada a los creyentes que presentan a otros a Cristo. Esto significa que Dios nos otorga gozo que dura para siempre.

La *corona incorruptible* en 1 Corintios 9.25, que se presenta a los que en el día del juicio final sean encontrados puros y libres de culpa. Nada de lo que Dios nos da perece, se echa a perder ni se desvanece.

Y en 1 Pedro 5.2–4, está la *corona de gloria*, que se reserva para líderes cristianos que han conducido a otros. Dios nos otorga gloria que nunca se disminuirá, sino que solo se incrementará.

Y mi preferida, la *corona de justicia* mencionada en 2 Timoteo 4.8 para los que están ansiosos por que regrese Jesús. Dios nos otorgará una posición firme con él que nunca cambia.

¡Prepárese para las coronas!

El tribunal de Cristo

El apóstol Pablo escribió:

> Porque es necesario que todos nosotros comparezcamos ante el tribunal de Cristo, para que cada uno reciba según lo que haya hecho mientras estaba en el cuerpo, sea bueno o sea malo (2 Corintios 5.10).

¡Epa! De repente esto ya no parece fiesta de coronación. Suena atemorizante. En especial la parte que dice «sea bueno o sea malo». Con seguridad la fiesta se estropeará en cuanto todos vean todas las cosas malas que hizo usted en la tierra. Lo desecharán mientras dicen con fastidio: «*Ahora* sé cómo era de verdad durante todos esos años en la tierra. ¡Qué desilusión!».

Solía sentir lo mismo con respecto al cielo cuando estaba en la escuela secundaria. Nunca podía entender por qué los cristianos anhelaban ir allí. Para mí, el cielo era un lugar donde no solo Dios sabría y vería todo, sino que mis amigos y mi familia también. Al pasar por las puertas de perla, me veía parada debajo de una marquesina de teatro: VEA HOY: *JONI* SIN CENSURA. Me imaginaba caminando por el pasillo y pasando junto a personas que yo respetaba, como mi maestra del noveno grado, mi entrenador de hockey y mi maestra de escuela dominical. En cada fila descubría a otros como el muchacho discapacitado del que me había burlado en la escuela y la muchacha que vivía calle abajo a la que había dado una golpiza en una pelea. Me imaginé que llegaba hasta la primera fila, me hundía en una butaca y me escondía de vergüenza mientras Dios hacía rodar la película de mi vida para que todos la pudieran ver con detenimiento. ¡Cuánta culpa y castigo!

Tiendo a pensar que el verdadero tribunal de Cristo será bastante diferente.

Solo considere 1 Corintios 4.5:

Así que, no juzguéis nada antes de tiempo, hasta que venga el Señor, el cual aclarará también lo oculto de las tinieblas, y manifestará las intenciones de los corazones; y entonces cada uno recibirá su alabanza de Dios.

Vuelva a leer eso una vez más. *Cada uno recibirá su alabanza de Dios.* Cuando Cristo ascienda a su trono y presida el tribunal, no creo que vaya a mostrar una versión sin cortes y sin censuras de su vida. En su rostro no se verá el ceño fruncido de un juez inflexible que golpea el martillo y lee en voz alta sus pecados para que queden registrados en la corte. No, eso ya sucedió en otro juicio. El juicio de la cruz. Fue en ese lugar que el padre dejó caer el martillo y pronunció a su Hijo «¡Culpable!» al convertirse él en pecado por nosotros. Quedó registrado en las cortes del cielo y luego se canceló la acusación con las palabras «Deuda saldada» escritas no con tinta roja, sino con sangre roja. De todos modos: «JAH, si mirares a los pecados, ¿quién, oh Señor, podrá mantenerse? Pero en ti hay perdón, para que seas reverenciado» (Salmos 130.3, 4).

Sus pecados no lo condenarán en el cielo. Salmos 103.10-12 lo promete:

No ha hecho con nosotros conforme a nuestras iniquidades, ni nos ha pagado conforme a nuestros pecados. Porque como la altura de los cielos sobre la tierra, engrandeció su misericordia sobre los que le temen. Cuanto está lejos el oriente del occidente, hizo alejar de nosotros nuestras rebeliones.

Si usted ha puesto su confianza en Cristo por haber cargado sus transgresiones en la cruz de él, entonces no tiene por qué temer. Él se deshizo de ellas. Las borró. El pecado ya no tiene poder para herir ni para infligir remordimiento y lamentos.

El tribunal de Cristo es diferente. No es un juicio para determinar si usted es culpable o inocente; se parece más a un estrado de jueces para confirmar su capacidad para servir a Dios.

La siguiente analogía probablemente sea demasiado sencilla para un estudiante de seminario, pero me gusta imaginar el estrado de los jueces de una convención de contratistas para construcción de viviendas donde se otorgan galardones a arquitectos, constructores, capataces y cuadrillas de construcción. El juez examina la calidad del trabajo de cada hombre. Cada uno recibe alabanza por lo que ha construido y la forma en que lo ha construido. Alabanza, no condenación. Es cierto que la alabanza expresada a algunos de los concursantes será mayor que la que reciben otros, pero cada uno recibirá su recompensa. ¿Y el premio? El juez dirá: «¡Bien hecho! Has logrado mucho con estos pocos edificios, ahora te pondremos a cargo de un gran proyecto». De esta manera, se les otorga a los arquitectos y capataces contratos más grandes y complicados. Y los constructores tienen oportunidad de arremangarse y dedicarse a las casas más nuevas y mejores en el mercado. Cada persona se va de la convención feliz, animada y con un incremento en su capacidad para servir a la industria.

Para los cristianos es un poco así. Durante el tiempo que pasamos en la tierra, tenemos oportunidad de «acumular tesoros en el cielo» y de enviar de antemano, por así decirlo, materiales de construcción para que se pueda construir algo de valor eterno. Por esto:

> Cada uno mire cómo sobreedifica. Porque nadie puede poner otro fundamento que el que está puesto, el cual es Jesucristo. Y si sobre este fundamento alguno edificare oro, plata, piedras preciosas, madera, heno, hojarasca, la obra de cada uno se hará manifiesta; porque el día la declarará,

pues por el fuego será revelada; y la obra de cada uno cuál
sea, el fuego la probará. Si permaneciere la obra de alguno
que sobreedificó, recibirá recompensa. Si la obra de alguno
se quemare, él sufrirá pérdida, si bien él mismo será salvo,
aunque así como por fuego.

1 Corintios 3.10-15

Estoy construyendo con un ojo puesto en la eternidad, y
también puede hacerlo usted. Cada día tenemos la oportunidad
de arremangar nuestras mangas espirituales y aplicar nuestras
energías espirituales hacia la construcción de algo que perdure, en
nuestras vidas y las vidas de otros. Se nos advierte que tengamos
cuidado y escojamos como materiales de construcción el oro, la
plata y las piedras preciosas; es decir, servicio brindado a partir
de un corazón puro, un motivo correcto y un ojo para la gloria de
Dios. O bien podemos escoger madera, heno u hojarasca; cosas
que se llevan a cabo a partir de un motivo impuro y un ojo que
busca nuestra propia gloria.

Presentaremos ante el tribunal de Cristo todo lo que somos
y lo que hemos hecho. Una sola mirada del Señor examinará la
calidad de lo que hemos edificado, y el servicio egoísta será consu-
mido en un relámpago de fuego. Aunque es cierto que ningún hijo
de Dios será regañado, algunos quedarán escaldados por causa
del calor; su única recompensa será su salvación eterna.

Este es un pensamiento aleccionador. No puedo evitar pensar
que al salir de allí estaré un poco chamuscada. No me interprete
mal, creo que disfrutaré del calor de la aprobación de Dios por
mi servicio en la tierra, pero el orgullo y los motivos impuros
probablemente han mancillado gran parte de lo hecho. Arderán
todas esas veces que presenté el evangelio en actitud de orgullo in-
flado. Se consumirá en llamas cualquier servicio brindado «para
quedar bien». Quedarán reducidos a carbón el comportamiento
manipulador y las mentiras disfrazadas de verdad.

Pero oiga, aun cuando muchas personas sobrevivan al tribunal por un pelo, logrando retener solo su corona de salvación, eso representa un motivo abundante para regocijo. Vea a todas las personas que confiaron en Cristo en su lecho de muerte donde apenas tuvieron tiempo para decirle sí a Jesús, ni hablar de construir algo de valor eterno. Imagínese ser rescatado de las garras del infierno a solo segundos de la muerte. Sería difícil superar un gozo tal.

Una mirada del Señor consumirá el servicio inútil. Pero iluminará el servicio que honra a Dios. Al igual que el oro y las piedras preciosas, el servicio puro fácilmente sobrevivirá a la prueba. Por *esto* seremos elogiados. Caeremos de rodillas frente al tribunal mientras resuenan las palabras de nuestro Amo en nuestro corazón:

> Bien, buen siervo y fiel; sobre poco has sido fiel, sobre mucho te pondré; entra en el gozo de tu señor... Porque al que tiene, le será dado, y tendrá más.
>
> Mateo 25.23, 29

Me muero de ganas de escuchar esas palabras. Literalmente. Quiero hacer morir toda motivación egoísta y apariencia altanera para que cuando los ojos del Señor observen mi servicio, lo que yo haya edificado pueda soportar la prueba. Quiero ser meticulosa en mi forma de construir, y comprender que cada sonrisa, oración o gramo de músculo o dinero sacrificado es una viga, un ladrillo o un tablón de oro. Deseo que todo lo que hago aquí sea una inversión eterna, una manera de edificar algo resplandeciente y bello allí. Así adquieren valor las cosas de la tierra.

Y nadie quedará excluido. Cada uno recibirá su recompensa. Cada uno de nosotros tendrá una función que cumplir en el cielo; tendremos una tarea para hacer.

ADORACIÓN QUE NUNCA RESULTE ABURRIDA

Puedo imaginarme a mis dos amigos muy machos, John y Mike, los que detestaban la idea de no tener nada para hacer en el cielo, parados boquiabiertos y con los ojos desorbitados delante del tribunal. Estando en la tierra, siempre sabían que eran hijos de Dios, pero también sabían que «aún no se ha manifestado lo que hemos de ser» (1 Juan 3.2). Pero ahora, en el cielo, son hijos de Dios en el sentido más completo de la palabra. ¿Qué poder, qué privilegio! Y Dios los ha coronado como prueba de ello.

Los imagino abrazándose, dando saltos y exclamando: «¡Bravo, ahora nos toca *hacer* algo! ¡Nos toca servir!». Se frotan las manos, se arremangan las túnicas blancas y preguntan: «Pues bien, Señor, ¿cuáles son las tareas que debemos realizar? ¡Señala hacia dónde debemos ir, ya estamos listos para partir!».

Tal vez Jesús les repita entonces sus palabras que se encuentran en Juan 4.23: «Mas la hora viene, y ahora es, cuando los verdaderos adoradores adorarán al Padre en espíritu y en verdad; porque también el Padre tales adoradores busca que le adoren». La primera tarea que se nos asigna es la alabanza. En el cielo, el servicio a Dios que reviste mayor importancia es la adoración. El cielo es un lugar de adoración eterna y afectuosa. Nuestro servicio será alabar de continuo a Dios sin interrupción.

«¿*Qué*?». Me los imagino haciendo esta pregunta.

Y si Dios no pudiera leerles los pensamientos, tal vez se atreverían a pensar: *Esto es maravilloso y estoy totalmente a favor de ello, pero ¿no se volverá un tanto tedioso después de un tiempo? ¿Acaso no se nos acabarán los coros bíblicos y cánticos de alabanza al cabo de unos milenios?*

Vuelvo a decir que yo solía sentir lo mismo con respecto al cielo. Para mí, cualquier cosa que no cambiaba tenía un alto factor de aburrimiento. Cualquier cosa, incluso unas vacaciones maravillosas en la playa, siempre tenían la posibilidad latente de ser aburridas si se prolongaban demasiado. Siempre me agradaba que las cosas buenas llegarán a su fin al cabo de un tiempo. Pero en el cielo la alabanza nunca se volverá aburrida.

En primer lugar, el único motivo por el que incluso las cosas mejores nos resultan aburridas al cabo de un tiempo es por causa de... *un tiempo*. Es decir, por causa del paso del tiempo. La eternidad no se trata de ausencia de cambio (lo cual resulta aburrido) porque la ausencia de cambio implica que el tiempo pasa mientras todo se mantiene igual. Nada de esto ocurre en el cielo. La eternidad no es un montón de milenios. Ni siquiera un billón de milenios o un trillón. En el cielo no pasa el tiempo; el tiempo *es*.

A continuación puedo escuchar a mis amigos contestar: «Sí, pero solo se puede permanecer embelesado ante la verdad, bondad, belleza y pureza del cielo hasta cierto punto. La idea de arribar a la perfección produce cierta sensación agobiante; casi preferimos más la emoción de trasladarnos hasta aquí que el hecho de arribar. ¡El cielo es tan, tan... definitivo!».

Solo se puede decir esto si se concibe la verdad, la bondad o incluso la eternidad y el cielo como algo estático y abstracto. No lo es. La verdad y la bondad, la eternidad y el cielo —sí, Dios mismo— no son estáticos, sino dinámicos. No abstractos, sino concretos. Más verdaderos que cualquier cosa que hayamos tocado o gustado en la tierra. Recuerde que estamos errados al pensar que el cielo es algo tenue, delgado y etéreo. Es la *tierra* la que se parece a la hierba que se marchita, no el cielo.

En el libro *El gran divorcio* de C. S. Lewis, hay un diálogo entre un fantasma confundido del infierno y un espíritu celestial que intenta enseñarle acerca de lo concreto de la eternidad. El espíritu celestial comienza así...

—¿Me acompañas a las montañas?

—Tendría que exigir algunas garantías... una atmósfera de libertad para inquirir...

—No... nada de atmósfera inquisitiva, porque te llevaré a la tierra no de las preguntas, sino de las respuestas, y verás el rostro de Dios.

—Ah, pero... para mí no existe la respuesta definitiva... tú mismo debes percibir que produce cierta sensación de represión la idea de lo definitivo... viajar esperanzado es mejor que llegar a destino... ¿qué cosa produce mayor destrucción del alma que el estancamiento?

—Piensas así porque hasta ahora solo has experimentado la verdad por medio del intelecto abstracto. Yo te llevaré donde puedas saborearla como la miel y quedar envuelto en su abrazo como abraza el esposo a su esposa. Tu sed será saciada.[2]

En el cielo la alabanza no será algo inerte y abstracto, como la impresión que uno tiene cuando escucha cantar a un puñado de adoradores con cara de piedra un viejo y anticuado himno en una enorme catedral. O como la sensación que se produce al cantar un coro de alabanza por centésima vez. Hasta los coros bíblicos más bellos se vuelven monótonos después de un rato y uno dice rogando: «Ya hemos cantado eso un millón de veces. ¿Podemos cantar otra cosa?». En nuestro corazón en realidad no nos importa si la canción en sí es nueva —algunos de los himnos más antiguos de la iglesia se mantienen actuales— pero nuestro corazón no puede tolerar palabras o canciones de alabanza que se hayan anquilosado con el paso del tiempo. Si en nuestra adoración no hay gozo y satisfacción, es evidente que estamos errando. Uno quiere ofrecer algo renovado que dé en el blanco del corazón de Dios.

En el cielo, la alabanza nunca será hueca ni errará al blanco. La adoración no se quedará suspendida entre nosotros en el punto

A y Dios en el punto B. Este tipo de alabanza tal vez se pueda tolerar aquí en la tierra, pero en lo que se refiere al cielo se queda colgada en el aire.

La alabanza en el cielo tendrá sustancia.

Comeremos del árbol de la vida.

Gustaremos del maná como de la miel.

Oleremos la verdad como una flor.

Nos vestiremos de justicia como luz.

Sostendremos la estrella de mañana como un cetro.

Brillaremos como las estrellas del cielo.

Entraremos al gozo del Señor.

No tienen nada de inerte ni abstracto esos verbos. Todo lo que hay en el cielo tendrá mayor sustancia de lo que soñamos jamás.

En la alabanza eterna, la emoción del viaje hasta ese lugar se equiparará con lo que podamos ver, sostener, gustar y con las vestiduras que nos pondremos cuando hayamos arribado. Para John y Mike, la emoción incluirá no solo escalar la montaña, sino disfrutar de la vista desde la cima, y hacer ambas cosas al mismo tiempo. Hemos de viajar esperanzados y arribar, por así decirlo, todo junto y en el mismo momento; ya no anhelaremos a nuestro Dios que está ausente, sino que nos regocijaremos en nuestro Dios que está presente.

POR QUÉ LO ALABAREMOS POR SIEMPRE

Además, nuestro culto a Dios nunca se acabará. Se parece a la emoción que yo solía sentir de niña cuando mi padre me leía un cuento. Para mí, el principio siempre era la parte más fascinante. Era fresco. Es porque el principio toca algo eterno que no puede ser empañado por ningún acontecimiento del tiempo. Desafortunadamente, al avanzar el relato, mi interés se iba apagando junto con mi asombro.

Excepto en el caso de un cuento de hadas. En *La batalla final* de C. S. Lewis —la conclusión de la serie *Las crónicas de Narnia*— no se terminó con el acostumbrado «y vivieron felices, y comieron perdices». En lugar de eso, en la última página, después de una cantidad de aventuras y travesías emocionantes en todos los libros previos, C. S. Lewis escribió que ahora había llegado al principio de la historia verdadera. Todos los capítulos previos de aventuras en Narnia solo habían servido de cubierta e introducción. El verdadero primer capítulo estaba a punto de empezar, una historia que nadie en la tierra había leído jamás, la cual continuaría eternamente mejorando con cada capítulo. [3]

De niña, recuerdo haber pensado, *¿Quiere decir que todo lo sucedido hasta el momento solo ha sido el prefacio de la historia verdadera? ¡Todo ese material excelente solo anunciaba una historia aun mayor!* El asombro había vuelto. Otra vez me encontraba ante el principio.

La mayoría de las personas desearían que así sucediera en la vida real. Al igual que sucede en una historia, las personas se esfuerzan capítulo tras capítulo de su vida, y la fascinación y el asombro que sentían de niños se desvanecen con el paso de los años al sucederse los eventos. Nos cansamos y nos agotamos, sin lograr realizar los sueños que nos tenían embelesados al principio. El estado que anhelamos nunca llega a concretarse. Y así, se desvanece nuestro interés.

Pero para los cristianos, todas las cosas que despiertan nuestro interés en la eternidad *sí se concretarán*. Nuestros ojos verán al Cordero. Saborearemos la pureza. Tocaremos la verdad. Nos vestiremos de justicia. Como sucede en una gran historia, el principio siempre será encantador. O lo que es todavía mejor, el fin y el principio, ya que Dios es tanto el Alfa como la Omega, el Primero y el Último, el Principio y el Fin. (Apocalipsis 21.6).

No resulta sorprendente que carne y sangre no puedan heredar el cielo. Para estar tanto en el principio como en el fin, o para tener puesta la justicia como vestiduras resplandecientes, se requiere una metamorfosis completa. Como una oruga que se vuelve mariposa o un carozo de melocotón que se convierte en árbol florido. Nuestros cuerpos terrenales nunca podrían contener el gozo o expresar la alabanza. Nuestros corazones y mentes carnales nunca podrían contener todo. La adoración celestial haría que se reventaran las costuras y romperían el odre humano. Aquí no me refiero a mudar de piel como la serpiente; me refiero a una transformación radical. Nosotros, las pequeñas orugas y los carozos de melocotón, necesitamos pasar de la muerte a la vida para que nuestros cuerpos y corazones glorificados estén preparados para ser llenos y rebosar de alabanza eufórica. Según declaró Jesús: «De cierto, de cierto te digo, que el que no naciere de nuevo, no puede ver el reino de Dios» (Juan 3.3).

No, la alabanza no será una tarea que se nos asigne o se nos ordene; será natural. Más bien una respuesta sobrenatural y efervescente de la criatura nacida de nuevo, nueva y adecuada para el cielo. El profesor E. L. Mascall lo dice de esta manera:

> No alabamos a Dios porque nos haga bien, aunque sin lugar a duda eso es cierto. Tampoco lo alabamos porque le haga bien a él, porque en realidad no es así. La alabanza es por lo tanto estrictamente eufórica en el sentido de que nos saca completamente de nosotros mismos; es pura y únicamente dirigida hacia Dios. Desvía totalmente la atención que ponemos en nosotros mismos y la concentra enteramente en él.[4]

¡No puedo esperar! Estoy harta de estar pensando en mí. A veces me siento como la mujer egocéntrica de la película *Beaches* que le dice a su amiga: «Basta de hablar sobre mí... hablemos acerca de ti. Dime, ¿qué piensas *tú* acerca de mí?». ¿Alguna vez se ha sentido así? Pues, en el cielo, olvidarse de uno mismo pasará a ser un acto reflejo; y de esta manera, nada resultará tedioso.

La alabanza sería una cosa aburrida únicamente si pudiéramos detenernos para observarnos y determinar cómo estamos, cómo sonamos o cómo nos desempeñamos; pero tal conciencia de uno mismo será algo ajeno al cielo. Nuestra corona de gloria será perdernos y a la vez encontrarnos en el Alfa y la Omega. Esto es alabanza pura. Total concentración en Dios.

Por último, como hemos de ser uno con él, y llenos de luz como él, nuestros cuerpos brillantes y luminosos no pueden evitar ser atravesados por la gloria de Dios. Al fin y al cabo, «gloria» es el reflejo del ser esencial de Dios, sea esto santidad, justicia, compasión o misericordia. Cuando él se revela en cualquiera de estas cualidades en la tierra o en el cielo, decimos que él «se glorifica». Y en el cielo, nosotros, al igual que los diamantes, emitiremos alabanza como un prisma en el que cada faceta de nuestro ser refleja su gloria shekinah. Resultará imposible *no* alabarle. Daniel 12.3 enciende la luz cuando dice: «Los entendidos resplandecerán como el resplandor del firmamento; y los que enseñan la justicia a la multitud, como las estrellas a perpetua eternidad».

¿Recuerda mi sueño en el que todo —el aire, el agua y mi cuerpo— irradiaba luz? No creo que mi sueño esté tan alejado de la verdad de lo que es el cielo. El cielo resplandecerá por causa del Cordero que es la lumbrera. *Será* tanta la luz en el cielo que «la luna se avergonzará, y el sol se confundirá, cuando Jehová de los ejércitos reine en el monte de Sion y en Jerusalén, y delante de sus ancianos sea *glorioso*» (Isaías 24.23, énfasis añadido). La gloria de Dios y su luz van de la mano. El cielo es un lugar lleno de gloria, luz y alabanza.

Mis amigos muy machos, junto con todos los demás redimidos, con felicidad trascenderán la barrera del tiempo para formar parte de esa «gran multitud, la cual nadie podía contar, de todas naciones y tribus y pueblos y lenguas, que estaban delante del trono y en la presencia del Cordero, vestidos de ropas blancas, y con palmas en las manos; y clamaban a gran voz, diciendo: La salvación pertenece a nuestro Dios que está sentado en el trono, y al Cordero (Apocalipsis 7.9, 10).

¿Quién puede encontrar palabras para describir tal adoración? ¿En qué diccionario están los sustantivos o adjetivos para transmitir «comer» vida como la fruta de un árbol o «saborear» el pan del cielo? Quiero levantar mis manos y susurrar:

> ¡Oh profundidad de las riquezas de la sabiduría y de la ciencia de Dios! ¡Cuán insondables son sus juicios, e inescrutables sus caminos!... Porque de él, y por él, y para él, son todas las cosas. A él sea la gloria por los siglos. Amén».
>
> Romanos 11.33, 36

SERVIR A DIOS AL REINAR CON ÉL

Debo hacer una confesión. Me parezco a mis amigos John y Mike más de lo que he admitido. Bastará que pase unas pocas semanas conmigo para que lo comprenda. Me encanta arremangarme aquí en la tierra y volcarme en el servicio para Dios. Soy más un *hacer* humano que un ser humano. Visitar hospitales, hacer campañas a favor de asuntos que necesitan resolución, hacer compras para la cena, viajar por el ministerio, fortalecer el vínculo matrimonial, pintar ante mi atril, escribir en mi computadora, trabajar en programas radiales, hacer consejería telefónica, ayudar en la escuela dominical, *ad infinitum*.

También soy perfeccionista. Si una pintura no está a la altura de lo que esperaba, queda de lado. Si un artículo no me satisface, termina en el cesto de basura. Si una amistad está herida, se la repara con gran cuidado. Si mi matrimonio sufre, todo lo demás se cancela y Ken pasa a ser mi prioridad. Si percibo que un discurso que doy no cae bien, me reprendo incesantemente, pensando, *¿Por qué dije eso?... ¿Por qué no dije esto?* Ha habido días en los que con un gesto de impotencia y un suspiro digo: «¿De qué sirve? ¡Otra vez he echado todo a perder!».

Gran parte de esta presión, por ser impuesta por mí, es innecesaria. Sin embargo, una parte de la misma es real y necesaria. Es porque Dios impone presión cuando sabe que he abordado el servicio a él con una actitud perezosa e indiferente.

Pero en el cielo, no habrá fracaso en el servicio. Ninguna desilusión en el hacer. Nunca lidiaremos con no cumplir con la tarea que Dios nos da para hacer, como en un matrimonio fracasado o en una misión no cumplida. Nunca nos quedaremos sin cumplir nuestras responsabilidades.

¡Y vaya si tendremos cosas para *hacer*! John y Mike estarán en la gloria, pero solo por un tiempo breve, porque estarán más ocupados de lo que alguna vez estuvieron en la tierra. Nada de estar ocioso paseando por las calles de oro. Nada de pasar el rato tañendo arpas junto al mar de cristal. Tendremos tareas que realizar. Casi no puedo contener las lágrimas al pensar en mi amigo, Cornelius, que ha estado postrado en la cama desde hace quince años, incapaz de levantar un dedo para hacer una pizca de trabajo. Puedo imaginarme a este hombre ahora en su cuerpo glorificado dejando atrás a John y a Mike al hacer frente a todo el trabajo que se perdió todos esos años en la tierra. Serviremos a Dios por medio de la adoración y el trabajo... trabajo emocionante del que nunca nos cansaremos.

Para mí, esto será el cielo. Me encanta servir a Dios. Y si hemos sido fieles en el servicio en la tierra, nuestra responsabilidad en el cielo se incrementará proporcionalmente. No, me retracto. No se incrementará proporcionalmente. Dios es demasiado generoso para hacerlo así. Nuestro servicio se incrementará de manera *completamente fuera de toda proporción*. No se requiere de un científico espacial para leer la fórmula que Jesús nos da en su parábola del cielo en Lucas 19.17: «Está bien, buen siervo; por cuanto en lo poco has sido fiel, tendrás autoridad sobre diez ciudades».

Deténgase y vuelva a leer eso. ¿Diez ciudades? ¿Como recompensa por haber sido fiel en lo poco? ¡Alto! Cuando se trata de bendecirnos, Jesús va más allá de la matemática básica y se introduce en el cálculo diferencial. Los que son fieles en unas pocas cosas menores serán puestos a cargo de cosas multitudinarias.

¿Fue fiel en su matrimonio o en una misión? ¿Aun cuando haya sido de una manera muy pequeña? Dios ya está pensando de un modo exponencial, como en su ecuación de las «diez ciudades». Él eleva, de manera generosa, su capacidad para el servicio a la enésima potencia. Cuanto mayor sea su fidelidad en esta vida, mayor será la responsabilidad que se le dará en la vida venidera.

Por favor nótese que Jesús no dice: «Por cuanto en lo poco has sido exitoso», él dice: «Por cuanto... has sido *fiel*». Dios no examina el éxito de su matrimonio ni juzga los resultados de su misión. Usted pudiera haber pasado cuarenta y cinco años en matrimonio, y de esos años cuarenta los pasó a duras penas. Quizá haya invertido veinticinco años comunicando el evangelio en el interior de Mozambique logrando apenas un puñado de convertidos que le sirvieran de prueba. En lo que se refiere al tribunal, Dios no sacará a relucir las planillas de ganancias sobre las inversiones para luego hacer un análisis de eficacia en los costos. Todos los cristianos estamos en el mismo campo de juego. El éxito no es la clave. La fidelidad sí lo es. El tema principal no es ser mejor y más grande; es ser obediente.

Cuanto más fiel haya sido, mayor será su servicio en la eternidad. ¡Aquí es donde brillarán nuestros dos amigos!

En este punto es donde nos toca servir y mantenernos más ocupados de lo que alguna vez fuimos en la tierra. Pues no solo nos toca alabarle para siempre, sino que también nos toca reinar con él para siempre. «Al que venciere, le daré que se siente conmigo en mi trono, así como yo he vencido, y me he sentado con mi Padre en su trono» (Apocalipsis 3.21). ¿Lo puede creer? Nos sentaremos con Cristo en su trono y reinaremos con él. Se nos dará un ámbito de autoridad y supervisión del reino eterno de Dios.

Nos toca reinar con él, y más.

¿Somos *más que* reyes? Sí, somos hijos y herederos. Romanos 8.17 nos eleva a una posición increíble, diciendo: «Y si hijos, también herederos; herederos de Dios y coherederos con Cristo». Imagínese, nos sentaremos con Cristo en su trono, y nos uniremos a él en la supervisión de su herencia y de la nuestra. Nosotros heredamos lo que hereda nuestro hermano mayor. Y Salmos 2.8 pareciera ser su título de propiedad: «Pídeme, y te daré por herencia las naciones, y como posesión tuya los confines de la tierra». No nos referimos a unas pocas hectáreas en el fondo de la hacienda. Nuestro ámbito de autoridad será el cielo y la tierra.

¡Nos tocará reinar sobre la tierra junto con Cristo!

GOBERNAREMOS LA TIERRA

Ojalá entendiera los detalles, pero Dios no los ha revelado en su totalidad. Se deja entrever una pista en Apocalipsis 20.6 donde somos «sacerdotes de Dios y de Cristo, y [reinaremos] con él mil años», y en Isaías 11.4 donde dice «juzgará con justicia a los pobres, y argüirá con equidad por los mansos de la tierra».

Vez tras vez, las palabras «herencia», «tierra» y «reinar» aparecen juntas. Recorra el Antiguo Testamento y verá que se repiten las referencias al Ungido de Dios mismo administrando justicia, levantando al oprimido, o gobernando con vara de hierro. Quizá no se detallen los particulares, pero hay una pista que debemos captar: nosotros reinaremos con Cristo sobre la tierra.

No queda claro si se trata de esta tierra o de lo que la Biblia llama «la nueva tierra». Pero sí sé que el plato fuerte de la creación de Dios, este planeta precioso, no será abandonado. No se lo dejará para que se vaya girando por el espacio. Dios no desperdicia las cosas; las redime, y en Romanos 8.20, 21 revela las intenciones que tiene el Señor para esta hermosa canica azul [donde vivimos]:

Porque la creación fue sujetada a vanidad, no por su propia voluntad, sino por causa del que la sujetó en esperanza; porque también *la creación misma será libertada de la esclavitud de corrupción, a la libertad gloriosa de los hijos de Dios»* [énfasis añadido].

La creación entera, al igual que nosotros, «gime a una, y a una está con dolores de parto hasta ahora» (Romanos 8.22). Percibo esto cada vez que veo esmog, un depósito de chatarra y mapaches muertos en el camino. Cuando paseo en automóvil por las montañas de la costa que quedan a corta distancia de donde vivo y me maravillo ante las rocas y los cañones salientes y recortados, tengo plena conciencia de estar metida en tierra de terremotos (el terremoto de Northridge de 1994 me produjo la sensación de esos «dolores de parto»). En esta región siempre ocurren deslizamientos de fango e incendios. Estas montañas están inquietas. También están marcadas por los inverosímiles palacios de las estrellas de cine de Malibú que han arruinado el paisaje con sus antenas parabólicas. Mi corazón anhela que estas montañas y árboles (¡y estrellas de cine!) sean liberados de su cautiverio.

Esta es la tierra que Cristo llevará a su gloriosa libertad. ¿Escucha el suspiro en el viento? ¿Nota el pesado silencio en las montañas? ¿Percibe el agitado anhelo en el mar? ¿Puede ver la angustia en los ojos de los animales? Algo se viene... algo mejor.

Si desea saber exactamente lo que es ese «algo», estudie Apocalipsis e Isaías. Hurgue en la hermenéutica. Examine la escatología. Debo confesar que nunca tuve el beneficio de asistir a un seminario, y no puedo trazar una línea teológica tan recta como quisiera, pero me satisface el solo hecho de saber que el cielo involucra la tierra, tanto vieja como nueva. Me intriga pensar que después de que regrese Cristo a buscarnos, es posible que habitemos este mismo planeta otra vez. Los caminos que recorro en mi silla de ruedas ahora bien pudieran ser los mismos que recorrerán mis pies glorificados cuando reine Cristo.

De ser así, por esas montañas de las Sierras esquiaremos Thad y yo. Y los senderos laberínticos de montaña que están detrás del Rose Bowl serán, en efecto, los que recorrerán mis pies celestiales y los de mi amigo. Eso, por supuesto, ¡si Thad, Rana u otros quieren hacer una pausa en sus emocionantes aventuras por los lugares recónditos del universo!

Las posibilidades no tienen límite, y también son estimulantes. Quizá nuestro reinado en la tierra incluirá levantar a los pobres y necesitados del Kurdistán, reforestar las montañas del Líbano, ayudar a juzgar a los impíos, o plantar árboles a lo largo del Amazonas. ¿Y qué tal si limpiamos la corrupción en las cortes y damos lecciones de la sabiduría de Dios a los jueces? ¿Y si eliminamos también los tugurios de Río de Janeiro y nos deshacemos de los desperdicios nucleares? Quizá enseñemos a las naciones cómo adorar a Dios, y también les demos una nueva definición de *paz* y les mostremos cómo convertir sus espadas en arados. ¿Les parece que hagamos un parche al agujero de ozono y que demos al Danubio Azul un color azul absoluto en lugar del color café lodoso? ¿Cortar la corrupción gubernamental, eliminar la burocracia, y mostrar a todos que la teocracia es el único gobierno que hay?

De una cosa estoy segura. No habrá refugios para personas sin hogar (¡no habrá personas sin hogar!). No habrá orfanatos ni hospitales psiquiátricos. No habrá clínicas de aborto. Tampoco hogares para ancianos.

En medio de todo esto, la resplandeciente ciudad capital del cielo, la Nueva Jerusalén, se establecerá como reluciente perla. Reyes y príncipes llegarán hasta la Ciudad Santa desde los lugares recónditos de la tierra para rendir homenaje. Esta imagen me deja sin aliento, pero se presenta clara como el cristal en Apocalipsis 21.

Me doy cuenta de que esto ocasiona más preguntas que respuestas. Por ejemplo, ¿quiénes son todas estas personas que deben ser gobernadas con vara de hierro? Después del regreso a la tierra del Señor Jesús y todos sus santos, ¿por qué siguen estando todos esos otros en la tierra? Los impíos que deben ser juzgados o los pobres que deben ser levantados, ¿por qué siguen estando presentes si el cielo ha venido a la tierra?

Los teólogos son los que siempre están abordando preguntas como estas. Algunos eruditos dicen que después de que resuciten los muertos en Cristo al volver él a la tierra, reinaremos con él sobre las personas de este planeta por espacio de mil años. Al llegar el fin de este período, el diablo incitará a una última rebelión, que dará el puntapié inicial al Armagedón. Los ejércitos de Dios vencerán, el diablo perderá, los impíos resucitarán, el Libro de la vida se abrirá, y el Día del juicio final habrá llegado. Después de la destrucción final de la vieja serpiente y sus hordas malvadas, la tierra será consumida por fuego, limpiada y renovada para que se adecue a ser morada eterna. ¿Escuchó eso?

Otros eruditos aseveran que cuando el Señor Jesús venga a la tierra como Rey de reyes, el tiempo se acabará luego de un Armagedón inmediato, la derrota de Satanás, el juicio de los muertos, y un fogoso holocausto que incinere toda la tierra y el espacio más allá. Cuando se despeje el humo, el Señor y sus santos establecerán el reino eterno en el cielo nuevo y la tierra nueva.

¡Vaya, me alegra que los teólogos estudien estas cosas! No puedo decir con certeza cómo la tierra, sea nueva o vieja, encaja en el plan celestial de Dios para todo. Me inclino por la idea de que reinaremos con Cristo en esta tierra por espacio de mil años, siendo este período una especie de vestíbulo al cielo. Pero en realidad lo único que necesito saber es que «nosotros esperamos, según sus promesas, cielos nuevos y tierra nueva, en los cuales mora la justicia» (2 Pedro 3.13). El cielo me producirá la sensación de estar en casa. Seré coheredera con Cristo... ayudaré a gobernar el cielo nuevo y la tierra nueva... y estaré más ocupada y feliz en servicio de lo que jamás imaginé posible, y usted también.

ES MÁS REAL DE LO QUE PODEMOS IMAGINARNOS

¿Sabe lo que más me emociona acerca de reinar con Cristo sobre la tierra? Es concreto. El cielo no es una especie de tierra del nunca jamás compuesta de delgadas formas fantasmales y nubes. No es un lugar donde uno pueda atravesar a las personas con el dedo y así descubrir que son vaporosos seres espirituales que no se pueden abrazar ni sostener. ¡Nada de eso!

El mero hecho de escribir las últimas páginas ha vigorizado mi entusiasmo respecto de cuánto se parece el cielo al Peñón de Gibraltar. Podremos tocar y gustar, gobernar y reinar, movernos y correr, reír y no tener jamás motivo para llorar.

Quizá unos cuantos años atrás yo suponía que el cielo era un hogar vaporoso y nebuloso para ángeles y —[¡glup!]— humanos, pero ahora no. Me entusiasma pensar en cuán sólido como roca es el cielo, y en el maravilloso hogar —aun mejor que el de la tierra— que será. Cada vez que deseo visualizar lo dinámico y definitivo que es el cielo, hojeo las páginas del libro *El gran divorcio* de C. S. Lewis, una fantasía en la que las personas no redimidas hacen una excursión de un día hasta los límites luminosos del cielo. Escuche sus palabras cuando llegan a vislumbrar el cielo:

> La luz, la hierba, los árboles eran diferentes; hecho de alguna sustancia distinta, tanto más sólida que las cosas en nuestro país...
>
> Vi que había personas que nos venían a saludar. Como eran brillantes los vi cuando aún estaban a gran distancia... la tierra se sacudía bajo sus pasos a medida que sus pies fuertes se hundían en el césped mojado. Una pequeña bruma

y una fragancia dulce surgía de donde habían aplastado la hierba y desparramado el rocío... las vestiduras no ocultaban la masiva grandiosidad de los músculos y la suavidad radiante de la piel... ninguno me dio la impresión de ser de alguna edad en particular. Uno alcanza a vislumbrar incluso en nuestro país aquello que no tiene edad: pensamiento de peso en el rostro de un bebé, y el jugueteo de la niñez en el de un hombre muy anciano. Aquí ocurría algo por el estilo.[5]

Un verdadero reino en una tierra verdadera.

Y nuestro Salvador, nuestro Rey de reyes que conduce por el camino a seguir.

¡Pero cuidado, espere hasta ver lo que hacemos más allá de nuestro planeta!

SUBA MÁS

Como ustedes ya saben, la entrada que conduce a mi casa a menudo es escena de muchos momentos inspirados por el cielo; sea oyendo el rumor del viento entre los pinos de mi vecino o inclinándome hacia atrás para ubicar la constelación de Orión en la bóveda estrellada por encima de mí. Una noche, no hace mucho, me detuve para admirar la luna llena. Su belleza quitaba el aliento, y me asombró un fenómeno inusual: ¡una enorme corona rodeaba a la luna, y su circunferencia cubría casi una cuarta parte del cielo nocturno! He aprendido lo suficiente en cuanto a observar las estrellas para entender que una corona es un círculo de resplandor causado por luz refractada en gotas de agua. Pero todo el asunto era tan *brillante* que tuve que aprender más.

Al día siguiente busqué la palabra *corona* y descubrí que se deriva del latín y que significa lo mismo «corona», que a su vez procede de un significado griego antiguo «guirnalda» o «corona de flores». Esta breve información me intrigó. Recordé cuando escribí en mi libro *El cielo* acerca de la corona de la vida, la corona incorruptible, la corona de justicia, y otras coronas. Incluso entonces, cuando escribí acerca de coronas, siempre había tenido dificultad para imaginarme diademas de oro con joyas incrustadas como las recompensas que Jesús da a sus seguidores en su tribunal. Me parecían demasiado estrambóticas y terrenales. Y ahora, me preguntaba si coronas en efecto quiere decir «halos»; como el halo brillante de luz que los artistas medievales pintaban alrededor de las cabezas de los santos y santas.

La Biblia abunda con referencias a los vestidos celestiales de los santos viéndose como luz resplandeciente. Cuando Elías y Moisés estuvieron junto a Jesús cuando él se transfiguró, se les describe como «dos hombres con ropas resplandecientes» (Lucas 24.4). La luz brillante también caracteriza la ciudad celestial en donde residen los santos: «Me llevó en el Espíritu a una montaña grande y elevada, y me mostró la ciudad santa, Jerusalén, que bajaba del cielo, procedente de Dios. *Resplandecía con la gloria de Dios, y su brillo era como el de una piedra preciosa,* semejante a una piedra de jaspe transparente» (Apocalipsis 21.10, 11, énfasis añadido).

Incluso el trono del Cordero en el centro de la nueva Jerusalén reluce de luz: «La ciudad no necesita ni sol ni luna que la alumbren, porque la gloria de Dios la ilumina, y el Cordero es su lumbrera. Las naciones caminarán a la luz de la ciudad» (Apocalipsis 21.23, 24).

En el cielo hay luz *por todas partes.* Y tal vez aquellos que se considerarán más cerca de Dios —tales como los mártires que se describen en Apocalipsis 6.9— brillarán más gloriosamente. ¿Cómo puede uno acercarse más a Dios que debajo de su altar en el centro brillante de la ciudad santa? ¿La parte más brillante de la nueva Jerusalén?

En el cielo, los que están más cerca del Señor en su trono —los que tal vez brillen más— serán los seguidores que en amor han sacrificado más por causa de Cristo. Un creyente anónimo (algunos piensan que fue un mártir africano) lo dice de esta manera:

Soy parte de la comunión de los que no se avergüenzan... He acabado y terminado con mi vida baja, andar por vista, planear en pequeño, rodillas lisas, sueños descoloridos, visiones aguadas, charla de rutina, vida barata, y metas enanas.

Ya no necesito preeminencia, prosperidad, posición, promociones, aplausos o popularidad. No tengo que tener razón, ni ser el primero, ni estar en la cumbre, ni ser reconocido, ni alabado, ni recompensado. Vivo por fe, apoyándome en su presencia, ando con paciencia, elevo oración, y obro por el poder del Espíritu Santo.

Mi rostro está firme. Mi paso es rápido. Mi meta es el cielo. Mi camino puede ser estrecho, mi senda áspera, mis compañeros pocos, pero mi Guía es confiable y mi misión es clara.

No seré comprado, ni en compromisos, ni desviado, ni descarriado, ni hecho retroceder, ni engañado, ni demorado.

No me amilanaré frente al sacrificio ni vacilaré en presencia de la adversidad. No negociaré en la mesa del enemigo, ni me detendré en el estanque de la popularidad, ni vagaré en el laberinto de la mediocridad.

No me daré por vencido, ni callaré, ni cederé hasta que se me haya afirmado, almacenado, orado, pagado y predicado por la causa de Cristo.

Soy un discípulo de Jesús. Debo dar hasta que me agote, predicar hasta que todos lo sepan, y trabajar hasta que él venga. Y cuando en efecto él venga por los suyos, no tendrá problemas en reconocerme. Mis colores serán claros.[6]

En breve, permita que su vida resplandezca con la pasión ardiente del amor sacrificial y servicio a Cristo —es la *mejor* manera de brillar para él... y acercarse más a su trono.

BUSQUE SU SENDERO

1. Mateo 6.22 dice: «El ojo es la lámpara del cuerpo. Por tanto, si tu visión es clara, todo tu ser disfrutará de la luz». Si usted hace un estudio de palabras sobre este tema, hallará indicios aleccionadores sobre cómo mantenerse en la luz.

2. Busque Salmos 101.3. ¿Cuáles son las cosas «perversas» en las cuales sus ojos tienden a detenerse? ¿Hará usted un pacto con Dios para retirar sus ojos la próxima vez que el Espíritu Santo le susurre: «¿Por qué estás mirando eso?».

UNA ORACIÓN DEL CAMINANTE

Señor Jesús, ya estoy cansado de la vida frívola y egoísta. Quiero que mi vida brille con tu justicia —tu forma de vida— a fin de que pueda estar tan cerca a ti como posiblemente pueda estarlo por toda la eternidad. No soy ningún santo con un halo, pero te digo ahora que no quiero perderme la posibilidad de aumentar el voltaje en tu gloria en el cielo. Mantén mi cara firme y mi paso rápido mientras hago del cielo —y te hago a ti— mi meta.

Capítulo 3

¿Dónde está el cielo

Y CÓMO ES?

Las sombras de la noche eran profundas. El amanecer apenas se insinuaba en el horizonte. De repente, se rompió la quietud de la noche al sacudirse la ventana de nuestra habitación por causa de dos estruendosos sacudones: «¡Bum! ¡Bum!».

Una sonrisa relajada se dibujó en mi rostro a pesar de que estaba medio dormida. Sabía que significaba que el transbordador espacial acababa de entrar a la atmósfera terrestre y los astronautas pronto aterrizarían en la base Edwards de la Fuerza Aérea situada en el borde del desierto Mojave de California.

Miré por mi ventana para observar la noche que seguía encendida con una procesión de estrellas brillantes, mensajeras de luz encendiendo fogatas de victoria por todo el cielo. Me quedé allí acostada casi envidiosa de los astronautas que esa semana habían tocado los bordes del espacio. Por un tiempo, se habían amigado con las estrellas, les habían hecho cosquillas a los pies del universo desde la atmósfera de la tierra. Bostecé una oración

antes de volver a dormir: «Pronto, Jesús, estaré allí... tanto más allá... ni los astronautas me podrán atrapar».

El universo me fascina. Si pasan algún programa que trata el tema de las estrellas o de la exploración del espacio en el canal Discovery, yo lo sintonizo. Cuando el transbordador espacial está en órbita, puede encontrarme conectada a las imágenes proporcionadas por la NASA a la televisión por cable. Acostada en la cama oro por las naciones del mundo mientras un icono del transbordador se traslada con lentitud por un mapa del planeta.

Miré CNN cuando los astronautas del *Endeavor* caminaron en el espacio para hacerle reparaciones al telescopio espacial Hubble. Debajo de sus figuras flotantes se veía la tierra como una gigantesca canica azul. Sacudí la cabeza en una expresión de mudo asombro al observar una película en vivo de nuestro planeta rotando lentamente, donde se veía que África, luego Medio Oriente, luego India gradualmente iban pasando. Lo que resultaba aun más asombroso eran las conversaciones transmitidas por radio entre el comandante del transbordador y sus compañeros de trabajo mientras manipulaban con dificultad el pesado telescopio.

—Sostén esta llave aquí y pon... oye, mira hacia atrás. Ahí está Venus detrás de ti. —Dejó escapar un silbido largo y lento—. Vaya, ¡qué bello! ¿No?

—Ten cuidado con ese tornillo, se aleja flotando. ¡Increíble! Mira eso. Allí abajo está Nueva Orleans.

—Sí, y observa, se está aproximando velozmente a la costa oeste de Florida.

Como dije, *asombroso*.

Luego se dio lugar a las llamadas de televidentes de todo el mundo que hacían preguntas. Dispararon una pregunta tras otra a los astrónomos y científicos sentados tras el escritorio de CNN. Personas comunes como yo, petrificadas ante sus televisores, preguntándose lo mismo: después de las reparaciones, ¿qué revelaría el telescopio Hubble?

Uno de los que llamaron preguntó: «Si se supone que el Hubble fotografíe los confines del universo, ¿qué descubrirán del otro lado?».

Esto es sorprendente, pensé. *Aquí estamos, millones de personas en todo el mundo, observando cómo gira la tierra frente a nuestros ojos y hablando sobre lo que hay más allá del universo.*

El astrónomo respondió:

—Las personas suponen que solo hay espacio vacío más allá del universo. Pero no es así. Hay otra dimensión que ni siquiera nos podemos imaginar.

—Sí —dije yo en voz alta en respuesta al televisor —y se llama cielo.

Otra persona dijo:

—He escuchado que se espera que este telescopio ayude a los científicos a determinar la edad del universo. ¿Cómo podrán hacer eso?

Una científica carraspeó y luego respondió:

—El telescopio Hubble podrá fotografiar las distancias entre las galaxias a medida que se expanden alejándose unas de otras. Cuando determinemos su ritmo de expansión, bastará con hacer rodar la película en sentido contrario para mostrar cuándo empezó el universo.

Me reí ante su respuesta. Hace unos pocos años Carl Sagan, el famoso astrónomo, estaba promocionando el universo como lo único que fue, es y por siempre será. No tuvo principio. No tendrá fin. Ahora eso está pasado de moda. Con el chasquido de los dedos y unas pocas imágenes del Hubble, los astrónomos se están poniendo de acuerdo en que el universo sí tuvo un principio. Así no más, queda probada la teoría de la relatividad de Einstein. Y si nuestro universo complejo y altamente organizado tuvo un principio, resulta razonable pensar que Alguien le dio comienzo. También se han puesto de acuerdo en que el universo tendrá un fin... me pregunto si a los científicos se les ocurrió hojear el libro de Apocalipsis para un anticipo.

Lo dudo. Esa no es la forma de proceder de la mayoría de ellos. Fui perdiendo interés en el programa después de que uno o dos de los que llamaron fracasaron en su intento de introducir a Dios en la conversación. Los científicos se los sacaron de encima. Los expertos prefieren buscar el conocimiento de Stephen Hawking o de otros físicos teóricos para iluminarlos en lo que respecta a información oscura y misteriosa. Prefieren volcarse hacia el mundo distante y racional del debate científico para obtener respuestas. Olvidar que los cielos contienen el hogar que sus corazones anhelan. Quedarse aferrados a lo que es monótono y objetivo, impersonal y racional. Y así, se les asignan números en el registro galáctico a las supernovas recién descubiertas, y las estrellas reciben nombres sin romanticismo alguno como M-31. Bostezo.

Apagué el televisor.

EL TIEMPO DEL FIN

Varios días más tarde, cuando los astronautas del *Endeavor* mantuvieron una conferencia de prensa, me dio gusto que relataran su experiencia romántica de mirar por encima de su hombro y ver a Venus y también observar cómo pasaba la costa oeste de Florida. Me sentía más identificada con ellos que con esos científicos carentes de imaginación.

También me identifiqué con mi padre que, en 1909, vio pasar el primer Ford Modelo T por la calle Howard dando resoplidos, y luego, unos meses después, los hermanos Wright volaban en su avión sobre el puerto de Baltimore. Me dijo que había sido demasiado para su cerebro. El mundo sencillamente estaba pasando a demasiada velocidad. Mi padre debiera haber vivido para ver este día. Porque ahora, algo más de una generación más tarde, el mundo *sí* está pasando a demasiada velocidad. Millones de galones de información se están vertiendo en nuestro cerebro de una onza mientras nos quedamos con la vista fija observando cómo pasa nuestro planeta delante de nuestros ojos.

Desearía que el profeta Daniel hubiera vivido para ver este día también. Aunque pensándolo bien, quizá sí lo vio. Tal vez vio CNN en alguna visión profética y solo pudo quedarse observando con la mirada fija de asombro. Es posible que su cerebro solo pudiera absorber hasta cierto punto, y apartó la vista justo a tiempo para escuchar que Dios decía: «Pero tú, Daniel, cierra las palabras y sella el libro hasta el tiempo del fin. Muchos correrán de aquí para allá, y la ciencia se aumentará» (Daniel 12.4).

La ciencia sobre nuestro universo nos ataca desde la diestra y la siniestra. Cada vez que captamos algo nuevo, descubrimos que es obsoleto la siguiente vez que escuchamos el titular de alguna conferencia internacional de ciencias. ¿Acaso esta proliferación de ciencia significa que hemos llegado al tiempo del fin? Me pregunto si Dios está rompiendo los sellos de algún gran libro que ha estado cerrado durante siglos, a fin de revelar, página por página, hechos acerca de los cielos que confirmen la obra de sus manos.

Los científicos solían creer que el universo estaba lleno de cometas errantes y galaxias de rotación lenta que deambulaban por el espacio sin ton ni son. Ahora la mayoría de los expertos comienza a reconocer que existe un orden poderoso en todo el universo, como también una delicada, y a la vez exacta, relación entre fuerzas, campos y materia. Algunos se atreven a decir que es «hermoso» y que es «evidencia de una mente divina», pero estos son castigados por la comunidad científica. Aun así, hay físicos moleculares, como el doctor John Templeton, que tienen el denuedo suficiente para decir por escrito: «A medida que la ciencia produce más y más datos sobre el universo, vemos que en realidad Dios se está revelando cada vez más a la indagación humana».[1]

Esta simplicidad delicada y ordenada en el universo es lo que conmueve el corazón de expertos como el doctor Templeton. Él y un puñado de otros están empezando a bajar el volumen de la cháchara del debate científico el tiempo suficiente para escuchar ese eco inquietante desde los cielos.

De esa misma canción, tan antigua y tan nueva a la vez, provienen las notas que resuenan en Salmos 19.1–4: «Los cielos cuentan la gloria de Dios, y el firmamento anuncia la obra de sus manos. Un día emite palabra a otro día, y una noche a otra noche declara sabiduría. No hay lenguaje, ni palabras, ni es oída su voz. Por toda la tierra salió su voz, y hasta el extremo del mundo sus palabras». Cuando observamos la bóveda estrellada del cielo nocturno, los científicos, junto con usted y conmigo, lo que escuchamos no es producto de nuestra imaginación. Es una melodía inquietante y cautivante. Son los cielos que declaran la gloria de Dios.

¿A QUÉ DISTANCIA ESTÁ EL CIELO?

De niña me preguntaba en qué lugar del espacio sideral vivía Dios, y cuánto tiempo se requeriría para llegar hasta allí. De haber tenido edad suficiente para leer un libro de astronomía, hubiera descubierto algunas estadísticas que me habrían dejado anonadada. Nuestro sistema solar tiene un diámetro de aproximadamente 700 minutos luz. Eso equivale a ocho miles de millones de millas. Pero la galaxia que contiene a nuestro sistema solar tiene un diámetro de 100.000 años luz. No minutos sino *años*. Ni intente hacer esos cálculos matemáticos. Nuestra galaxia es enorme. Pero he aquí el dato que nos deja helados: nuestra pequeña galaxia, que mide 100.000 años luz de ancho, solo es *una* entre miles de millones de galaxias más en el cosmos.[2]

No puedo comprender distancias tan titánicas ni la enormidad del espacio que nos deja sin aliento. Billones de estrellas y planetas, todos creados por Dios, la mayoría de los cuales el Telescopio Espacial Hubble nunca tendrá tiempo de recorrer. Pero allá está en el límite de la atmósfera terrestre haciendo justamente eso de manera obediente y sistemática: recorriendo el universo. El Hubble recientemente ha captado imágenes que se acercan al borde mismo de nuestro cosmos, ¡y creo que nos asombraría si pudiera llegar a fotografiar el borde mismo!

¿Qué hay del otro lado?

La revista *Scientific Journal* tal vez se quede estancada ante esa pregunta, pero la Biblia no. Mucho más allá del espacio intergaláctico con sus miles de millones de nebulosas y novas que giran se encuentra otra dimensión. Algunos especulan que es la quinta dimensión. Se lo podría denominar el infinito, pero dondequiera que esté y a la distancia que sea, la Biblia la llama los cielos de los cielos. «De Jehová tu Dios son los cielos, y los cielos de los cielos», dice en Deuteronomio 10.14. Los límites más remotos del espacio no son tan vacíos ni tan solitarios como pensamos, porque la parte más alta del cielo es la morada de Dios. Pareciera que este «tercer cielo», como lo llama la Biblia (2 Corintios 12.2), se extiende hasta el infinito y abarca por completo nuestro cosmos en expansión con todos sus cuerpos celestes. Es la dimensión en la que «Jehová dijo así: El cielo es mi trono, y la tierra estrado de mis pies» (Isaías 66.1).

La morada de Dios existe en el infinito. Está muy, muy lejos. Por eso es que me divierte que el apóstol Pablo escribe de manera tan informal en 2 Corintios 12.2–4:

> Conozco a un hombre en Cristo, que hace catorce años (si en el cuerpo, no lo sé; si fuera del cuerpo, no lo sé; Dios lo sabe) fue arrebatado hasta el tercer cielo. Y conozco al tal hombre... que fue arrebatado al paraíso, donde oyó palabras inefables que no le es dado al hombre expresar.

¿El tercer cielo? ¿Los cielos de los cielos? ¿Vamos, Pablo, cómo llegaste hasta allí tan rápidamente?

Pablo no fue el único en llegar al trono del cielo veloz como un rayo. Al ladrón moribundo que estaba a su lado en la cruz, Jesús dijo: «De cierto te digo que hoy estarás conmigo en el paraíso» (Lucas 23.43).

¿Hoy? Jesús, Pablo y un delincuente muerto cruzaron miles de millones de años luz en un abrir y cerrar de ojos.

¿CUÁN CERCA ESTÁ EL CIELO?

Siempre he sentido que el cielo está mucho más cerca de lo que nos han dado a entender. Al igual que cualquier niño bueno en la escuela dominical, creía que el cielo estaba hacia «arriba». En años posteriores descubrí que la Biblia lo dice con claridad: Pablo fue *arrebatado* hasta el tercer cielo... Jesús *ascendió* al cielo... el Señor nos arrebatará *en* las nubes cuando regrese... y, a la inversa, «Dios desde los cielos miró sobre los hijos de los hombres» (Salmos 53.2 énfasis añadido).

Este es el idioma que la Biblia nos invita a usar, por mucho que nos aliente usar otras palabras terrenales como «coronas» o «mares de cristal». Y tiene sentido. El cielo por cierto no puede estar hacia «abajo» porque cavaríamos un pozo hasta China.

Pero aunque la morada de Dios pueda estar a gran distancia hacia arriba, las distancias como «arriba» o «abajo» pierden su significado cuando uno comprende que el cielo —aun cuando sean los cielos de los cielos— existen más allá de nuestro espacio y tiempo. Latitud y longitud, como también direcciones y distancias se relacionan con el tiempo, y el tiempo forma parte de la cuarta dimensión. Y la cuarta dimensión solo es una pequeña parte del infinito. Allí el tiempo desaparecerá. Si se da un paso más allá del límite del espacio sideral se entra a la quinta dimensión donde las distancias descomunales que miden años luz se pasan en un abrir y cerrar de ojos para... bueno, por ejemplo, para el ladrón moribundo que al morir apareció en forma instantánea en el paraíso junto a Jesús.

De haber sido yo el ladrón moribundo, me habría quedado estupefacta al escuchar a Jesús decir: «Hoy estarás conmigo en el paraíso». ¿Hoy? ¿En este instante? ¿Como Jesús tomándome de la mano y atravesando una pared como lo hizo en el aposento alto? ¿O apareciendo en la playa para preparar el desayuno para sus amigos? ¿O estar caminando tranquilamente por el camino a Emaús y luego —con la velocidad de un rayo— llegar a Jerusalén en un instante? ¿Como ser cambiado en un abrir y cerrar de ojos?

Sí, en Apocalipsis 1.8 el Señor nos da una pista de cómo lo hace cuando se ríe del tiempo y de la distancia: «Yo soy el Alfa y la Omega, principio y fin, dice el Señor, el que es y que era y que ha de venir, el Todopoderoso». Nótese que Jesús no respeta el convencionalismo de nuestra lógica en lo que respecta a la forma que corre el tiempo; nosotros, que somos criaturas limitadas por el tiempo, quisiéramos cambiar el orden para que se leyera que Jesús *era*, es y ha de venir. Suena más cronológico. Guarda coherencia con nuestro sentido del pasado, presente y futuro. Pero Jesús es el gran «Yo Soy» que siempre vive en el presente. Es el Dios del *ahora*.

Pienso en esto cada vez que leo Apocalipsis 22 cuando Jesús dice tres veces a la iglesia que espera: «¡He aquí vengo pronto!». (A lo cual la iglesia responde tres veces, «¡Ven!»). Es interesante que él no dice: «Vendré... más o menos, se podría decir que a unos dos mil años de ahora». Jesús lo expresa en el tiempo presente como si estuviera a un pelo de distancia, dispuesto a partir el velo del tiempo y la distancia y volver a poner un pie en nuestro mundo. Es como si ya estuviera haciendo el viaje de regreso.

Por lo tanto, el reino de los cielos, sobre el cual Jesús *es* y era y siempre ha de ser Rey, es un lugar, pero más aún, una dimensión donde el tiempo y la distancia no constituyen un obstáculo. El ladrón moribundo no fue transportado al cielo a una velocidad sobrehumana cuando se murió. Más bien, se deslizó desde una dimensión a la siguiente, de una manera similar a

Jesús cuando se deslizó de una habitación a la otra, atravesando paredes o lo que fuera.

Usted no puede ser *transportado* al cielo. No puede llegar hasta allí en un cohete espacial. Ni siquiera podría llegar hasta allí en una máquina del tiempo. El viajar a miles de millones de kilómetros por hora pudiera catapultarlo en forma instantánea a los confines del universo, pero para entrar al tercer cielo se requiere algo más. Se requiere algo diferente, pues nuestra carne y nuestra sangre no pueden entrar al cielo.

Es necesario nacer de nuevo, pues de otro modo, según nos advirtió Jesús, no podremos «ver el reino de Dios» (Juan 3.3). Cuando el ladrón moribundo nació del Espíritu, recibió los «genes» espirituales, por así decirlo, de Dios mismo: Cristo que *es*, era y ha de venir. Y nosotros también los recibimos cuando nacemos del Espíritu. Nosotros, al igual que el ladrón, somos preparados para la eternidad. Por supuesto que la letra pequeñita del contrato dice que también debemos imitar al ladrón moribundo de otra manera y morir primero.

¿DÓNDE ESTÁ EL CIELO?

El cielo está cerca. Quizá más cerca de lo que nos imaginamos.

Se parece un poco a decirle a un niño nonato que está en el vientre de su madre:

—¿Te das cuenta de que estás a punto de nacer a un mundo lleno de montañas, ríos y un sol y una luna? A decir verdad, ya existes en ese mundo maravilloso ahora mismo.

—Momentito —pudiera decir el bebé nonato—. De ninguna manera. Mi mundo es el que me rodea. Es suave, cálido y oscuro. Nunca me convencerás de que, a una corta distancia, fuera de este útero existe este lugar de ríos, montañas, de sol y luna, sea lo que fuere todo eso.

¡Dulce bebé! Allí está, protegido en su pequeño mundo, desconociendo el hecho de que hay un mundo más glorioso que envuelve y engloba al suyo. Un mundo para el cual está siendo formado. Solo cuando nazca a dicho mundo podrá comprender que en todo momento su mundo cálido y oscuro estaba adentro del otro. Este otro lugar de maravillosa belleza estuvo presente en todo momento; a solo centímetros de distancia.

Aun este mundo con todos sus dolores de parto está a punto de dar un último gemido y descubrir que ha nacido como una «nueva tierra» en el cielo. En realidad, en este momento, menos de un pelo separa este mundo material del mundo espiritual que envuelve a la tierra. Y al igual que un bebé nonato, estamos siendo formados para un mundo más grande al cual estamos a punto de nacer (¡por medio de la muerte, por increíble que parezca!). Nos cuesta creer que el cielo engloba a este mundo, y por ello la Biblia debe seguir instándonos a fijar nuestros ojos «no en lo que se ve, sino en lo que no se ve» (2 Corintios 4.18). Es cuestión de «ver» usando nuestros ojos de fe.

La fe nos asegura que el cielo es *trascendente*. Va más allá de los límites de nuestra experiencia; existe separada de nuestro universo material. El cielo es también *inmanente* por el hecho de que abarca todos los cuerpos celestes, galaxias que giran y multitudes de estrellas. Si creemos que Dios es omnipresente, podemos al menos creer que lo que la Biblia en Efesios 2.6 llama «lugares celestiales» también son omnipresentes. Pues donde está Dios, está el reino de los cielos.

Como dije, el cielo está más cerca de lo que nos imaginamos aun cuando no lo podamos ver. Casi puedo ver a Dios riéndose de la inclinación que tienen las personas a fijar sus ojos solo en lo que se puede ver, cuando en Jeremías 23.23, 24 nos hace recordar: «¿Soy yo Dios de cerca solamente, dice Jehová, y no Dios desde muy lejos? ¿Se ocultará alguno, dice Jehová, en escondrijos que yo no lo vea? ¿No lleno yo, dice Jehová, el cielo y la tierra?».

Un día haremos el mismo viaje que hizo el ladrón al morir. Llegaremos al paraíso. Mientras tanto podemos decir que operamos en la esfera de nuestro Dios omnipresente y soberano. En cierta manera, existimos en el reino del cielo ahora.

Ya hemos venido al monte de Sion, a la Jerusalén celestial.

Hemos venido delante de millares de ángeles reunidos en gozo.

Hemos venido delante de Dios, el juez de todos los hombres.

Hay una parte significativa de nosotros, «la nueva criatura en Cristo», que vive en el tiempo presente; de modo muy similar a nuestro gran «Yo Soy».

Esta realidad hace que lo lejano y distante se vuelva próximo y sumamente cercano. Cuando captamos esta verdad, comprendemos que el aire que respiramos es celestial. El suelo que hollamos es sagrado. La luz de la que gozamos es divina. ¿Pudiera ser que el susurro de los árboles fuera el aleteo de ángeles? Eso raya en romanticismo, pero según dice la Biblia misma: «[Nos hemos] acercado... a la compañía de muchos millares de ángeles» (Hebreos 12.22).

Literalmente.

ÁNGELES DE LAS TINIEBLAS Y DE LA LUZ

Este año formé parte de una concentración de oración que se llevó a cabo a lo ancho y a lo largo de Canadá, que enlazó diversos públicos cristianos vía televisión satelital en vivo. Mi función era conducir a la nación en un tiempo de arrepentimiento. Acepté la responsabilidad con gran seriedad y pedí a los organizadores si era posible que visitara el auditorio la noche anterior.

Entré al enorme y tenebroso estadio cubierto en mi silla de ruedas y me detuve justo delante de la baranda del nivel de platea alta. El lugar retumbaba con el sonido de obreros que martillaban y ujieres que ensayaban. Todos sabíamos que la mañana siguiente miles de intercesores llenarían el lugar para sacudir las esferas celestiales con sus oraciones. Pero esa noche se debía realizar un tipo de trabajo diferente.

Cuando llegó el momento de hacer la prueba de sonido para mí, me acerqué en mi silla de ruedas hasta el micrófono sobre la plataforma de madera que aún estaba en construcción. «Probando, probando», dije mientras mi voz retumbaba por todo el lugar. Ujieres, técnicos y obreros seguían con sus tareas de rutina mientras el sonidista regulaba las perillas de volumen.

Mis ojos recorrieron los asientos vacíos. Eché la cabeza hacia atrás y fruncí los ojos para ver más allá de las oscuras vigas. Mientras el sonidista seguía haciendo su trabajo, empecé a orar ante el micrófono: «Señor, sabemos que este lugar ha sido escenario de todo tipo de actividades desde hockey sobre hielo hasta tráfico de drogas durante conciertos de rock. Hay muchos ángeles caídos... muchos demonios dando vueltas por aquí, puedo percibirlo».

Me detuve en mi oración y miré hacia cada nivel. Tuve una aguda conciencia de la presencia de seres espirituales. No se trataba de ángeles. Seguí orando, esta vez lo hice en voz más alta para que mi voz amplificada llegara hasta las vigas del techo. Al hacerlo, algunos de los obreros dejaron de taladrar, y la mayoría de los ujieres se sentó e inclinó la cabeza.

«Jesús, nos has dicho en tu palabra que cualquier cosa que atáremos en la tierra será atada en el cielo, y cualquier cosa que desatáremos en la tierra será desatado en el cielo. Así que, en tu nombre, pedimos que limpies este lugar de espíritus inmundos, y te pedimos que envíes ángeles poderosos con espadas desenvainadas y escudos en alto para guardar este lugar. Haz que este estadio sea una casa de oración».

Habiendo dicho eso, prácticamente todos los presentes dijeron: «¡Amén!».

Algunos escépticos rechazan esto y dicen que este tipo de oración es un lindo gesto, pero que es meramente conciliatorio. Ellos dirían: «En realidad no había demonios en ese lugar, así como tampoco había ángeles. No tomes de manera tan seria todo este asunto del mundo espiritual».

Los cristianos tenemos conocimiento de fuente más segura. Sabemos que no solo está cerca el cielo, sino que otra parte del mundo espiritual también. La «potestad del aire» está densamente poblada de seres espirituales; y aunque solo se nos da una pista en Efesios 2.2 o 6.12, donde se describen las «huestes espirituales de maldad en las regiones celestes», sabemos que son reales, poderosos y que están presentes.

Pero no son tan poderosos como los ángeles. Ojalá se pudieran abrir nuestros ojos para poder ver los mundos espirituales que nos rodean. Quizá la realidad del cielo cobraría vida para nosotros si pudiéramos quitar esta capa, que solo tiene el espesor de un delgado velo, y espiar.

En realidad, una vez le sucedió eso a alguien. El siervo del profeta Eliseo salió una mañana a dar un tranquilo paseo por la parte de arriba de una ciudad amurallada llamada Dotán. Cuando se detuvo para disfrutar del sereno amanecer, lo que vio hizo que se le helara la sangre. El sol de la mañana relucía reflejándose en innumerables escudos, flechas y puntas de lanza del enemigo. Quedó aterrorizado al ver al imponente ejército sirio que de noche había sitiado la ciudad. Con gran consternación, volvió corriendo hasta donde moraba Eliseo y le informó que el ejército enemigo estaba a punto de lanzar un ataque temprano por la mañana.

La respuesta de Eliseo fue tranquila:

> No tengas miedo, porque más son los que están con nosotros que los que están con ellos. Y oró Eliseo, y dijo: Te ruego, oh Jehová, que abras sus ojos para que vea. Entonces Jehová abrió los ojos del criado, y miró; y he aquí que el monte estaba lleno de gente de a caballo, y de carros de fuego alrededor de Eliseo.
>
> 2 Reyes 6.16, 17

Lo que se cumplió en el caso de Eliseo se cumple en el caso de cualquier creyente. Aunque en la iglesia cantamos: «Abre mis ojos a la luz / Tu verdad quiero ver, Jesús», no daríamos crédito a lo que veríamos si Dios respondiera a nuestro pedido. Nuestros ojos se nos saldrían de las órbitas al ver todas las huestes de ángeles, carrozas de fuego, arcángeles y querubines, criaturas vivientes y espíritus ministradores. De los cuales, unos pocos probablemente estén a un pelo de distancia de donde se encuentra usted en este momento.

¿CÓMO NOS RELACIONAREMOS CON LOS ÁNGELES?

Cuanto más oriento mi mente hacia el cielo, más me convenzo de la presencia de ángeles en mi vida, ya sea reconociendo su presencia en un estadio o invocándolos a rodear la cama de alguna persona que está enferma. La descripción de su trabajo ha incluido transmitir mensajes, como hicieron en el caso de las siete iglesias en el libro de Apocalipsis.

Asisten en dar respuesta a la oración, como hicieron en el caso de Daniel. Dios recibe todo el crédito y la gloria, pero los ángeles asisten de forma misteriosa en el proceso... un caso ejemplar sería el de Pedro cuando fue liberado de la cárcel de manera milagrosa.

Los ángeles transmiten algo de la presencia de Dios, y también ayudan al Señor a dar forma a la historia. Verdaderamente brillan cuando se trata de proteger o liberarnos.

Basta decir que están ocupados.

Tengo conciencia de esto cada vez que conduzco mi furgoneta equipada para minusválidos. Sus controles de timón y frenos tienen una alta sensibilidad de torsión que se adecua a los débiles músculos de mis hombros (no tiene un volante, pero ese es un asunto aparte). Cuando viajo por la autopista Ventura a una velocidad de 85 kilómetros por hora, tengo una profunda conciencia de una multitud de ángeles que rodean mi furgoneta, sentados sobre el paragolpes y asidos de la antena de la radio. Quizá Dios me haya enviado unos pocos adicionales por el hecho de que soy discapacitada, y sabe que me hace falta más protección. ¿Cuántos accidentes habré evitado por causa de esos ángeles? Cuando llegue al cielo me enteraré; y les agradeceré por todas las veces que «perdieron algunas plumas» al evitarme un accidente por poco.

Una de las mejores cosas del cielo tal vez sea llegar a conocer y tener comunión con los ángeles. Ellos aman a Dios y disfrutan de estar con nosotros. En una parábola acerca de pecadores que logran entrar al reino de los cielos, Jesús dijo: «Así os digo que hay gozo delante de los ángeles de Dios por un pecador que se arrepiente» (Lucas 15.10). Si los ángeles se gozaron tanto por nuestra conversión, cuánto más han de regocijarse por nosotros cuando lleguemos al pie del trono de Dios. Para los ángeles nosotros seremos motivo de gozo eterno. Verán cómo se completa nuestra redención de principio a fin.

Una vez vi un ángel de verdad. Eran las 2.00 a.m. de una noche oscura como boca de lobo. Yo estaba completamente despierta, recostada en la cama y esforzándome por escuchar las voces apagadas de mi familia que provenían del dormitorio que estaba directamente encima del mío. Estaban alrededor de la cama de mi sobrina de cinco años de edad, Kelly, que se estaba muriendo de cáncer. Sabíamos que su paso al cielo podía ocurrir en cualquier momento, pero no me era posible subir por la escalinata angosta para despedirme de ella junto con los demás. De repente, una brillante forma dorada que relucía pasó por la gran ventana saliente que me quedaba enfrente; no se movía de izquierda a derecha, sino de abajo hacia arriba. Grité. Luego recorrí con la vista la calle para ver si había automóviles estacionados afuera. No había nada. Un segundo después, mi hermana Jay dijo en voz alta desde la parte superior de la escalera, «¡Kelly se ha ido!».

Unos pocos de la familia bajaron para averiguar por qué había gritado. Les dije exactamente lo que había visto. Mis hermanas se dejaron caer sobre el borde de mi cama por causa del asombro. Supimos que había visto un ser espiritual de gran tamaño, probablemente enviado desde el cielo para escoltar el alma de Kelly hasta la eternidad.

También adoraremos junto con los ángeles. Ellos han tenido mucha práctica en la adoración, como también acceso al trono celestial. Lo han visto todo. Sin embargo, cuando lleguemos al cielo, será privilegio *de ellos* adorar con nosotros. Imagínese cómo sonará nuestro culto. En Apocalipsis 5.11, 12 había muchos ángeles alrededor del trono: «Su número era millones de millones, que decían a gran voz: el Cordero que fue inmolado es digno de tomar el poder, las riquezas, la sabiduría, la fortaleza, la honra, la gloria y la alabanza».

Cada vez que leo ese versículo, recuerdo una experiencia maravillosa en la Conferencia de Pastores de Moody. Se me dijo que la música sería de otro mundo. Y lo fue. Cuando salí en mi silla de ruedas a la plataforma y me estacioné cerca del doctor Joe Stowell y los otros oradores, recorrí con la vista el público compuesto de 1.800 hombres y recibí el impacto de mi vida. De alguna manera, no me había dado cuenta de que estaría entre tantos, tantos hombres.

El director musical hizo que los hombres se pusieran de pie, se extendieran por los pasillos y llenaran el escenario. Cuando levantaron los himnarios en alto y rompieron en un canto entusiasta, sentí que me golpeaba de frente una onda sonora. Un pastor sostuvo un himnario frente a mí para que pudiera cantar junto con ellos, pero solo logré cantar la mitad de la primera estrofa. Algo me obligó a detenerme, cerrar los ojos y escuchar solamente.

Nunca había estado tan completamente rodeada de sonido. Era puro y poderoso, claro y profundo, envolviéndome y

retumbando en mis huesos, y sacudiendo la silla en la que estaba
sentada. Una catarata estruendosa de bajos y barítonos perfectos,
tan apasionada que me conmovía hasta lo profundo.

A través de lágrimas intenté unirme a ellos en la segunda
estrofa, pero mi tenue voz de soprano parecía débil y frágil. Yo
era una pequeña hoja arrastrada, sin poder evitarlo, por la oleada
que se desbordaba y salpicaba con gozo, todo era gozo y música.
Fue un momento de éxtasis, tan inesperado y ungido de Dios, que
tuve que salir de mi cuerpo y dejarme llevar hacia el cielo. No
podía más que reír a través de las lágrimas y disfrutar del paseo. Si
este coro terrenal podía conmoverme tanto, ¡cuánto más cuando
nuestras voces se unieran a las de los ángeles!

Los ángeles también nos servirán en el cielo. La descripción
que se da de sus tareas en Hebreos 1.14 se extiende más allá de la
tierra. Los ángeles se nos sujetarán en la eternidad. Reinaremos
con Jesús; y si a él se le ha dado autoridad sobre todas las huestes
del cielo, entonces nosotros también reinaremos sobre los ángeles.
¿Acaso gobernaremos unas pocas legiones o muchas? ¿Qué les
ordenaremos que hagan en galaxias distantes? ¿De qué manera
nos brindarán asistencia en la tierra para ayudarnos a llevar a
cabo el gobierno del reino? No lo sé, pero resulta emocionante
imaginarlo. Y como nunca tomé el curso de orientación para la
reserva militar en la universidad ni participé del servicio militar,
me da gran gusto que voy a tener una mente glorificada para
lidiar con el asunto. La dirección estratégica nos resultará muy
fácil y podremos conseguir el apoyo de legiones angélicas, como
también indicar el camino a seguir en lo que se refiere a hacer la
obra de Dios en el cielo y en la tierra.

Una cosa más. En lo referente a ángeles caídos —demonios—
nosotros los juzgaremos. Si 1 Corintios 6.2, 3 no lo dijera bien
claro, me reiría ante la inverosimilitud de todo esto; pues dice
así: «¿O no sabéis que los santos han de juzgar al mundo? Y si el
mundo ha de ser juzgado por vosotros, ¿sois indignos de juzgar

cosas muy pequeñas? ¿O no sabéis que hemos de juzgar a los ángeles? ¿Cuánto más las cosas de esta vida?».

¡Increíble!

Un versículo como este me da ganas de resolver rápidamente las diferencias que tengo con mi esposo, Ken. Fuera de broma. Esta escritura breve pero poderosa constituye otra de esas declaraciones exponenciales que sugieren un incremento casi increíble de nuestra capacidad de servir, como también nuestra responsabilidad de gobernar. Otra vez, Dios acabará con todas las fórmulas de proporciones y nos pondrá a cargo de juzgar a los ángeles caídos. Me siento acobardada ante esta idea, porque ya bastante me cuesta en la tierra decidir quién tiene razón en una discusión amistosa o quién debiera recibir la última porción de pastel o determinar si se hizo justicia en algún caso judicial local. ¿Yo? ¿Juzgar ángeles? Otra vez dejo escapar un suspiro de alivio de saber que dispondré de toda la sabiduría de Dios; caso contrario, la tarea me intimidaría. Solo se trata de otra manera en que gobernaremos junto con Cristo en el cielo.

Francamente, la idea me intriga. Hay un par de espíritus malignos que no veo la hora de desenmascarar. En la tierra, he sido tan agredida por demonios molestos de tentación o fuerzas malignas que no cejan en su intento de hacerme trastabillar. Con esto no quiero decir que el diablo tenga la culpa de lo que hice en la tierra; acepto plena responsabilidad de mis decisiones y mis actos. Pero los demonios por cierto no me han ayudado en nada. ¡No me costaría nada darles un duro castigo!

Luego están los poderes y principados más atroces de las tinieblas que han incitado a los hombres malvados a causar estragos. Estos son los horripilantes jefes demoníacos bajo órdenes de Satanás que durante siglos han impulsado a los hombres malignos a adentrarse más en rebelión, homicidio, tortura y masacres espeluznantes. El holocausto Nazi. Los pogromos de Stalin. El genocidio camboyano. El genocidio de Ruanda. Y en especial esas fuerzas del mal que instigaron la traición y la injusticia subyacente en la crucifixión del propio Hijo de Dios, incluso los demonios que instaron a esos soldados ebrios para que golpearan y escupieran sobre la Segunda Persona de la Trinidad.

Cuando veo fotos de niños que se mueren de hambre en Corea del Norte, ancianas deambulando por entre los escombros de sus barrios en Siria, o adolescentes aterrorizados que huyen del tiroteo en sus colegios naturalmente me enojo contra las personas que hacen tales cosas. Pero cuando considero a la persona que está detrás de todo esto, no descargo mi enojo sobre Dios; me enfurezco contra el diablo y sus secuaces. El salmista se refería a los hombres malvados en Salmos 139.22, pero yo le agregaré los ángeles caídos y diré: «Los aborrezco por completo; los tengo por enemigos».

Estos demonios han estado en auge en la tierra durante demasiado tiempo. Puedo ver su marca registrada en todo lo que va desde pornografía arrojada desde la Internet hasta el humanismo que brota de los libros de estudio de la escuela primaria. Las legiones de Satanás han dejado una oscura huella en esta tierra que ha sido vaciada y denudada de sus recursos, dejando cicatrices horribles en las montañas y rastros de humo en el aire. Pero sobre todo, me duele cuando veo hombres y mujeres atrapados en las garras del espiritismo y del ocultismo; Satanás los ha cegado. Y excepto que el Soberano Señor abra los ojos de mujeres y hombres malvados por medio de nuestras oraciones y nuestro testimonio, serán aplastados y atormentados como uvas bajo su ira.

Esto me humilla delante de Dios.

Y sí, aborrezco al diablo.

Brindo un cien por ciento de apoyo virtualmente a todos los sermones predicados por Jonathan Edwards sobre los tormentos del infierno, el lugar que Dios creó para el diablo y sus secuaces. Me muero de ganas de que llegue ese día glorioso —sí, glorioso— cuando Satanás y sus legiones reciban castigo y tormento eterno por procurar la caída de la humanidad. Un día tendremos el placer de demostrar que aborrecemos «por completo», al decir de las Escrituras (Salmos 139.22), a principados, potestades y gobernadores de las tinieblas.

¿HABRÁ ENVIDIA EN EL CIELO?

Me he quedado sin palabras, de solo pensar que además de brindarnos las bendiciones de la salvación y la vida eterna, Dios pudiera recompensarnos con oportunidades tan superiores de servirle más allá de toda proporción razonable. Si pensamos que Dios nos muestra su gracia de manera generosa aquí en la tierra, ¡hay que ver lo que sucederá cuando quite todas las trabas para extender ampliamente su gloria en el cielo!

Es por eso que no puedo quitarme de la cabeza este asunto de las coronas. Me deja anonadada y me inspira el hecho de que lo que hago aquí en la tierra tendrá un efecto directo sobre cómo he de servir a Dios en el cielo. El apóstol Pedro hace eco de esto en su segunda epístola: «Porque haciendo estas cosas... os será otorgada *amplia y generosa* entrada en el reino eterno de nuestro Señor y Salvador Jesucristo» (2 Pedro 1.10, 11, énfasis añadido). Nuestra conducta presente incide sobre nuestra entrada a los cielos y sobre el grado de generosidad que tendrá nuestra bienvenida.[3]

A veces siento que estoy en las ligas menores, trabajando intensamente para asegurarme un puesto titular en las ligas mayores del cielo; porque lo que hago aquí afecta todo allí. No me refiero a ganarme la salvación, sino a obtener una recompensa. Afecta todo desde cuánto entusiasmo volcaré en adorar a Dios por la eternidad al tipo de trabajo que se me asignará en la nueva tierra. Incluso afecta la forma en que gobernaré ángeles al máximo de mi capacidad para gozo eterno y posiblemente el grado de mi apreciación por todo lo que Jesús ha hecho por mí y por otros aquí en la tierra.

Yo sé lo que usted está pensando. *Joni, si sugieres que hay grados de responsabilidad o incluso de gozo en el cielo, ¿no estás dando lugar a un poco de... envidia? ¿Acaso las personas no se pondrán celosas si otros tienen mansiones más grandes y más lujosas?*

¿Me permite que aclare una cosa? No fui yo la de la idea de que algunas personas fueran más grandes en el reino que otras; fue la Biblia. Una de las últimas cosas que dice Jesús en el capítulo final del Apocalipsis es: «He aquí yo vengo pronto, y mi galardón conmigo, para recompensar a cada uno según sea su obra» (22.12). Si usted es fiel en algunas cosas, cuidado, hay «diez ciudades» que se dirigen hacia usted. Si ha invertido un par de talentos, hete aquí que el Amo le da el doble y más de su inversión. La Palabra de Dios está repleta de declaraciones condicionales como, «Bienaventurado el varón que soporta la tentación; porque cuando haya resistido la prueba, recibirá la corona de vida, que Dios ha prometido a los que le aman» (Santiago 1.12).

En lo que respecta a la envidia, no se preocupe. No sucederá en el cielo. Recuerde, seremos transformados totalmente. La envidia será una imposibilidad. No se nos hará agua la boca ante la enorme mansión de tres pisos de otro, pensando que a nosotros solo nos toca vivir en una choza de techo de chapa. Nada de competencia ni de comparaciones en el cielo. Aun así, tiene perfecto sentido que Dios exalte a aquellos que él decida honrar. Ese es su derecho. Y lo que sea que él decida o quienquiera que escoja levantar será aceptable para mí. Me alegraré con las mujeres y los hombres piadosos que Cristo decida levantar como los pilares más célebres en su templo.

Cierta vez, después de cumplir con un compromiso como oradora, se me acercó una mujer para comunicarme cuánto había disfrutado de mi mensaje. Entusiasmada exclamó: «Eres tan maravillosa. Ojalá pudiera ser como tú... ¡obtendrás una gran recompensa en el cielo!».

Me sentí agradecida por sus elogios, pero yo lo veo de una manera diferente. Dios de ningún modo se deja impresionar por el hecho de que puedo pintar con la boca, he escrito libros, he viajado por todo el mundo o tengo buenas relaciones con Billy Graham. Cuando él ve mi nombre en las listas de éxitos de librería, no se vuelve efusivo y dice: «Vaya, ella me enorgullece, un punto más para la dama en la silla de ruedas».

No es que descarte mis pinturas ni mis libros ni los lugares emocionantes que he servido; solo siento que he recibido muchos galardones aquí en la tierra. He gozado de la recompensa de ver cómo se extiende el evangelio por causa de esta silla de ruedas y de observar cómo reciben aliento e inspiración los creyentes. Me produce puro éxtasis observar cómo Dios obra a través de mi vida, y a la vez me humilla y me honra.

Lo que sucede es que en lo que se refiere al cielo, estoy convencida de que los elogios más altos se darán —y así debiera ser— a las personas piadosas que han trabajado con lealtad pero no se les ha dado reconocimiento. Los propósitos grandiosos y gloriosos de mi sufrimiento son claros para todos, pero algunos santos queridos han sufrido sin razón aparente. Tengo una amiga cristiana llamada Dorothy que en silencio ha soportado dolores atroces durante años, dolores tan increíbles que en ocasiones casi se ha desmayado. Ha sido un suplicio, pero lo ha soportado con valentía. Anhelo ver la expiación de sus sufrimientos cuando Jesús le entregue una corona de vida con joyas adicionales reservadas para el santo que ha «resistido la prueba».

Sí, algunos serán más grandes en el reino que otros. ¡Qué pensamiento maravilloso! Me muero de ganas de ver que el Señor dé gran honor al misionero en las selvas perdidas de Brasil que pasó quince años de su vida traduciendo las Escrituras para luego trasladarse hasta otra tribu y volver a hacer lo mismo.

Deseo ver cómo el Señor recompensa ricamente a los pastores de pequeñas aldeas que predicaron con fidelidad cada domingo por la mañana a pesar del escaso número de personas que ocupaban los bancos. Mejor aun, pastores en China que siguen sufriendo persecución, y desde hace años no han visto desde sus celdas la luz del día.

Espero que el Señor exprese sumo deleite en las abuelas ancianitas en hogares de ancianos que no hicieron hincapié en sus dificultades, sino que oraron por otros, sin jactarse de ello. Adolescentes piadosos que se aferraron a su virginidad, diciendo «no» vez tras vez a la presión ejercida por sus pares, a la intimidación y a sus hormonas. Y a las mamás y papás de niños discapacitados que, en el nombre de Jesús, sirvieron a la familia con fidelidad a pesar de la rutina diaria, el aislamiento y las dificultades financieras.

Estos son los verdaderos héroes y heroínas por los cuales tendremos sumo gozo de escuchar que el Señor diga: «Bien, buen siervo y fiel». Cuando ellos reciban su galardón, con gusto me mantendré al margen, dando vítores, silbando y aplaudiendo a rabiar. Tal vez a mí me ha tocado soportar las vicisitudes de dificultades humanas, como el dolor y la parálisis, pero su fortaleza de espíritu incluso ha superado la mía ampliamente. ¿Y sabe lo que más me entusiasmará? La obediencia de estos héroes olvidados elevará el voltaje de la gloria de Dios. Él brillará con mayor intensidad por causa de ellos.

No me pondré celosa de otros cuyas vestiduras brillen más que las mías en el cielo. Ni tendrán ellos envidia de nadie, como por ejemplo las dos personas que sean escogidas para sentarse a la mano derecha o izquierda de Jesús. Tampoco usted sentirá envidia. ¿Y sabe por qué estará satisfecho con la recompensa que le dé Jesús? En primer lugar, se sentirá satisfecho con cualquier cosa que le otorgue Jesús por el simple hecho de que él es Señor. En segundo lugar, su sentido perfecto de justicia estará en un todo de acuerdo con el criterio del Señor. En tercer lugar, su capacidad de gozo estará lleno hasta rebosar. Su recompensa será su capacidad: su capacidad de gozo, servicio y adoración. Jonathan Edwards describió estas capacidades de la siguiente manera:

> Los santos se parecen a un montón de recipientes de diferentes tamaños echados a un mar de felicidad en el que todos los recipientes están llenos: de esto se trata la vida eterna, que el hombre tenga siempre su capacidad llena. Pero, en última instancia, se deja a la soberanía de Dios, es derecho de él determinar el tamaño de cada recipiente.[4]

Cuando pienso en mi recipiente, me imagino un balde de cuatro litros dentro del cual el Señor verterá su gozo hasta que se desborde a borbotones con efervescencia y burbujeo. Me reiré con gusto al ver a otros que tienen una capacidad de gozo del tamaño de una bañera enorme, un camión tanque o un silo. Al igual que yo, se llenarán hasta desbordar, ¡y todos seremos inmensamente felices!

Ya sea un frasco pequeño o un florero de gran tamaño, todos estaremos desbordándonos y derramando el gozo del Señor; e incluso los que son del tamaño de un dedal no conocerán los celos. Seremos gordos, y estaremos saciados de gozo. Constante derramamiento. Felicidad inefable en adoración y servicio. Cada uno de nosotros se sentirá plenamente satisfecho por la estación que nuestro Amo nos ha asignado en la vida eterna.

De modo que estoy fijando mis ojos en Jesús y enfocando las cosas que no se ven. Estoy ampliando la capacidad de mi corazón para Dios aquí en la tierra para asegurarme de que mi balde para gozo en el cielo sea profundo y ancho. Estoy buscando por todas partes en mi corazón para escoger los materiales de construcción más adecuados, sea esto un servicio de oro, plata, piedras preciosas o platinado. Estoy aquí en la tierra para ganarme tantas coronas como me sea posible.

Tal vez usted esté pensando: «*Epa, Joni, ¿no te parece que te estás preocupando por tus propios intereses? ¿No te parece un poco mercenario centrar tu atención en obtener galardones?*

No. Tengo la conciencia tranquila a la luz de 1 Corintios 9.24–26, que alienta a misioneros, prisioneros, adolescentes, mamás y papás, a todos los que estamos en la carrera:

> Corred de tal manera que lo obtengáis [el premio]. Todo aquel que lucha, de todo se abstiene; ellos, a la verdad, para recibir una corona corruptible, pero nosotros, una incorruptible. Así que, yo de esta manera corro, no como a la ventura.

Siempre que leo estas palabras de aliento de Jonathan Edwards corro con mayor intensidad y velocidad para obtener el premio:

> Las personas no debieran poner límites a su apetito espiritual y de gracia. No sean escasos para la siembra. Procuren las habitaciones más amplias en el reino celestial.[5]

¿Es egoísta correr con fuerza para obtener el premio? ¿Es mercenario trabajar para obtener un galardón? Ciertamente no. Las coronas celestiales no solo son recompensas por un trabajo bien hecho en la tierra; si su enfoque está puesto en Jesús, son el glorioso cumplimiento del trabajo mismo. Así como el matrimonio es la recompensa y la feliz consumación del amor, y una medalla de honor es la recompensa que se da al final de una batalla victoriosa, de la misma manera ocurrirá con las coronas del cielo. Un galardón es la cobertura de crema con cereza del placer de servir a Dios aquí en la tierra. Es el gozo de mantenerse firme en el llamado que él dio al principio.

El cielo es un gran galardón. Un regalo tras otro.

En los capítulos dos y tres de Apocalipsis, Dios revela los premios que ha reservado en el cielo para usted y para mí, sus vencedores. Mi amiga, Margaret Clarkson, intenta describir cada galardón al sugerir lo siguiente:

> Él nos dará el fruto del árbol de la vida, el maná escondido, ¡qué alimento será ese para almas que tienen hambre y sed de Dios! La piedrecita blanca, con el nombre nuevo y secreto conocido únicamente por Dios y el alma que la recibe, ¡cuán infinito debe ser el valor que él asigna a la individualidad de personalidad para conocer a cada uno de sus vencedores de manera tan personal e íntima!
>
> Las vestiduras blancas, eternamente sin mancha, ¡cuánto gozo después de una vida de suciedad y derrota! La columna en el templo de Dios por siempre erguida, ¡cuánta fortaleza después de este peregrinaje de debilidad y fracaso! Recibir la estrella de la mañana, dulce sinónimo de la propia persona del Salvador; tener escrito el santo nombre de Dios mismo y el nombre de su ciudad y el nuevo nombre del Cordero, ¡solo un Dios como el nuestro podría diseñar galardones como estos!
>
> Y solo la cabeza que llevó la corona de espinas podría modelar tales coronas de vida, justicia y gloria... ¿qué podemos hacer nosotros, sino caer delante del que está sentado sobre el trono y adorarle por los siglos de los siglos?[6]

Tengo la impresión de que cuando entremos al infinito, yo no seré la única que con piernas nuevas resucitadas caiga sobre mis rodillas glorificadas y agradecidas. Decenas de miles tendrán la misma idea. Nuestras rodillas se hincarán sobre jade y jaspe. Nuestros pies caminarán sobre oro. Nuestras manos tocarán muros de zafiros y esmeraldas. Nos sentiremos enteramente a gusto en la dorada sala del trono del Rey.

¡Momentito! ¿A gusto? ¿En una sala del trono que brilla? Una mansión hecha de cornalina y crisólito no da la sensación de ser algo muy hogareño, ni qué hablar de comodidad. Aun después de examinar estas imágenes de lo que será el cielo y de percibir la sensación que tendremos en ese «gran día de resurrección» que habrá para todos nosotros en el futuro, es posible que aún nos esté acosando una gran duda: ¿*Encajaré?* ¿*Será verdaderamente como mi hogar el cielo?*

SUBA MÁS

¿Recuerda a Clarence, aquel estrafalario ángel asignado para cuidar a George Bailey en la película de Navidad ¡*Es una vida maravillosa!*? Aunque Clarence era algo extraño, ciertamente era encantador; justo la manera en que nos imaginamos que debe ser un ángel de la guarda.

La Navidad pasada, cuando Ken y yo veíamos la película, Clarence atrajo mi interés al ministerio de los ángeles en nuestras vidas. A algunas de nosotras, cuando éramos pequeñas, incluso se nos dijo que teníamos nuestro propio ángel de la guarda (y si no prestábamos atención, ¡podíamos agotarlo!). Jesús parece hablar de esto cuando les dijo a los discípulos: «Miren que no menosprecien a uno de estos pequeños. Porque les digo que en el cielo los ángeles de ellos contemplan siempre el rostro de mi Padre celestial» (Mateo 18.10, NVI).

Me pregunté: ¿*Quiénes son estos pequeños?* ¿*Niños y niñas pequeños?* Y, ¿*qué tal en cuanto a «los ángeles de ellos»?* ¿*Son ellos rezongones agobiados, amables, como Clarence?*

Cuando le pregunté a un pastor sobre estas cosas, él se tomó tiempo para señalarme el contexto de los comentarios del Señor en Mateo 18 (NVI). En este pasaje Jesús está hablando de sus seguidores que llegan a ser *como* niños. Así que, en efecto, Jesús está diciendo: «No desprecien a otros creyentes, porque sus *ángeles* [plural] siempre ven la cara de mi Padre».

Nosotros, los seguidores de Jesús, tenemos una poderosa multitud acampada alrededor de nosotros. ¿Recuerda cuando a Jacob le fue dada la capacidad de ver su escolta angélica en Génesis 32? ¡Y estos mismos ángeles tienen el privilegio indecible, preeminente, de estar en la gloriosa presencia del Dios Todopoderoso!

Así que el seguidor de Cristo menos impresionante, más sencillo, más débil en la fe, es un hijo o hija de Dios. Y debido a esa relación, a donde quiera que él o ella vayan, una poderosa escolta les rodea por delante y por detrás; divinos emisarios de inmensa fortaleza y belleza. Y, como Jesús dijo, no debemos menospreciar a ningún otro creyente, si acaso no por otra razón que por la impresionante compañía de seres celestiales resplandecientes que les siguen.

Este no es el Clarence anciano, torpe, en piyama de encaje. Sí, puede sonar atractivo imaginarnos que Dios nos ha asignado un solo ángel de la guardia —un centinela espiritual con alas grandes— para vigilarnos. Pero, considere Salmos 91.11 (NVI): «Porque él ordenará que sus ángeles te cuiden en todos tus caminos». Así que no se imagine la pintura enmarcada en el corredor de la casa de su abuela, aquel que muestra una encantadora ángela femenina en bata vaporosa caminando protectoramente detrás de una niña.

Es una pintura hermosa, pero eso es pensar demasiado pequeño.

Las Escrituras nos dicen que los ángeles son «espíritus dedicados al servicio divino, enviados para ayudar a los que han de heredar la salvación» (Hebreos 1.14, NVI). En otras palabras, los ángeles —todos los ángeles— son enviados específicamente por Dios para servir y ayudar a los seguidores de Jesucristo. Todo lo que hacen los ángeles, en todas partes del mundo y en todo momento, es para el bien de los cristianos.

¿Quiere decir eso que nunca sufriremos daño, o dolor, o corazones partidos en este mundo temporal y quebrantado? Por supuesto que no. El Señor, por propósitos soberanos que solo él sabe, a veces permite que sus profundamente amados hijos e hijas sufran. El apóstol Santiago fue decapitado con la espada mientras estaba rodeado de ángeles (Hechos 12:2, NVI). El apóstol Pablo fue apedreado por una chusma enfurecida y dejado por muerto mientras un equipo de seguridad angélica vigilaba (Hechos 14.19, NVI). A Jesús mismo lo maltrataron, azotaron, y crucificaron cuando más de doce legiones de ángeles guerreros poderosos estaban cerca (Mateo 26.53, NVI). Y pienso que había ángeles de turno en 1967, cuando me zambullí en aguas poco profundas en la Bahía Chesapeake y me quebré el cuello.

Jesús nos dijo muy claramente: «En este mundo afrontarán aflicciones» (Juan 16.33, NVI). Nadie se escapa de eso. Pero ¿quién puede empezar a calcular todos los problemas, heridas, pasos errados, necedades, peligros, oscuridad, y ataques mortales del infierno que los ángeles han impedido que lleguen a nuestra puerta durante nuestros años en este planeta? Y, cuando llegue nuestro momento, Jesús indica que los ángeles personal y tiernamente nos llevarán a la presencia de nuestro Padre (Lucas 16.22, NVI).

Todas nuestras vidas los ángeles ayudan a llevar a cabo la voluntad de Dios en y por medio de nosotros. Pero antes de que hagamos gran alharaca por la hueste angélica que nos rodea, recuerde esto: esos ángeles no le dan a usted razón para fanfarronear. Usted ya tiene al Creador del universo como su Padre. Ya tiene al Señor del universo como su Hermano Mayor. Ya tiene el propio Espíritu de Dios como su Consejero, Ayudador y Amigo. E incluso los ángeles más altamente decorados, de más alto escaño no pueden igualar a eso. El hecho de tener una legión de ángeles de alta alcurnia sirviéndole no aumenta su posición en los ámbitos celestiales.

Usted ya es un hijo o hija del Rey.

Y eso es tan bueno como puede serlo.

Busque su sendero

1. Lea Hebreos 13.1, 2. ¿Qué dice (o implica) este pasaje en cuanto a posibles encuentros con ángeles durante el curso de nuestra vida?
2. En Lucas 22.43 leemos de un ángel que vino para animar y fortalecer a Jesús antes de que fuera a la cruz, y, sin embargo, no le libró de esa situación. ¿Qué dice esto en cuanto al consuelo de Dios en tiempos de grandes pruebas?

Una oración del caminante

Gracias, Señor, por tu constante vigilancia y cuidado en mi vida. Gracias por tu promesa de que me cuidarás «en el camino, desde ahora y para siempre» (Salmos 121.8). Nunca he tomado un camino en el que tú no hayas estado primero. Nunca he entrado en una habitación a donde tú no hayas entrado antes que yo. Nunca he encontrado una situación que tú no hayas visto de antemano en todo detalle y me hayas provisto de todo lo que necesito para salir adelante. Y cuando llegue el tiempo de dejar la tierra, me guiarás a mi hogar con tus ángeles y dejarás la luz del porche del cielo encendida para mi llegada.

SEGUNDA PARTE

¿El cielo será mi hogar?

*«¡He llegado a casa al fin! ¡Esta es mi patria real!
Pertenezco aquí. Esta es la tierra que he estado
buscando toda mi vida, aunque nunca lo sabía
hasta ahora...*

C. S. LEWIS, *La última batalla*

En la cárcel, encadenado a un guardia romano, el apóstol
Pablo pensaba en partir para el cielo; y le gustó tanto ese
pensamiento que tuvo que recordarse a sí mismo en cuanto a
sus obligaciones no terminadas en la tierra (Filipenses 1.20-26).
Exiliado en la desolada isla de Patmos, un peñasco desnudo,
inhospitalario, en el mar Egeo, el apóstol Juan vio una puerta
abierta en el cielo y oyó una voz que le decía: «Sube acá» (Apocalipsis 4.1, NVI). Y con gusto entró.

Nuestras circunstancias en la vida, incluso las dificultades,
desencantos, corazones rotos, y temporadas de soledad, nos recuerdan que en realidad no «encajamos» en el mundo de hoy. Un
eco que susurra en los recovecos de nuestra alma nos recuerda: *Sí,
pero estás avanzando hacia un lugar en donde encajarás perfectamente.* En los siguientes cuatro capítulos hablaré del hogar en el
que usted siempre ha soñado y nunca en realidad ha comprendido.

Pero lo hará.

Capítulo 4

¿Por qué no encajamos

EN LA TIERRA?

¡Oiga, señora, su maleta está allá! —gritó un malatero—. ¡Hágame el favor de quitar ese carrito del paso!

—¡Taxi! ¡Oiga, deténgase! ¡Dije, Taxi! —gritó alguien que estaba afuera.

Era un caos. Mi amiga estaba conduciendo mi silla de ruedas abriéndome paso entre la apretada multitud y las pilas de maletas en el sector de reclamo de equipaje del aeropuerto de Los Ángeles. Pasajeros airados se quejaban de valijas perdidas. Una fila de personas pasaba por los molinetes a empujones. Afuera, se escuchaban los bocinazos de los taxis. Gritaban los policías. Era el final alocado de un día aun más alocado de mal tiempo y atrasos. Logramos encontrar el carrusel de equipaje que nos correspondía, y mi amiga estacionó mi silla para retirar nuestras cosas.

Mientras esperaba en medio del pandemónium, hice lo que siempre hago. Me quedé quieta esperando. Muy quieta. Es un hecho de la vida. Por estar paralizada de los hombros hacia abajo, gran parte de mí nunca se mueve. Tengo quietud instantánea. No corro, permanezco sentada. No estoy a la carrera, espero. Incluso cuando estoy con prisa, me quedo inmóvil en mi silla de ruedas. Aunque estuviera esforzándome por cumplir con un calendario abarrotado de actividades, haciendo esto y aquello, gran parte de mí —debido a mi parálisis— permanecería siempre en quietud.

Es por esto que si usted me hubiera visto en ese aeropuerto ajetreado, habría notado mi sonrisa de satisfacción. Quizá en tiempos anteriores me habría sentido atrapada, inútil y resentida ante el hecho de no poder buscar mi propia maleta, darle un codazo al tipo que se adelantó en la fila ni llamar a mi propio taxi. Pero la fe, afinada y afilada por los años en mi silla de ruedas, ha cambiado eso. Y así fue que me quedé sentada agradeciendo a Dios por el silencio y la quietud delante de él que llevaba incorporados en mí.

También pensé en el cielo. Con ojos de fe miré más allá de la vista de tránsito amontonado, el olor de sudor, cigarrillos, emanaciones de los automóviles, y los sonidos emitidos por mis hostigados compañeros de viaje, y suavemente empecé a tararear...

El mundo no es mi hogar, soy peregrino aquí;
tesoros tengo allá en la patria celestial.
Los ángeles me invitan, al cielo quiero ir,
y no siento ya que este mundo sea mi hogar.[1]

Para mí fue un momento de fe. Fe que tenía apenas el tamaño de un grano de mostaza. Recuerde, eso es lo único que se requiere para tener certeza de lo que se espera —cumplimientos divinos futuros— y convicción de lo que no se ve, o sea, realidades divinas invisibles.

¿Qué era lo que me daba tanta certeza y convicción? Permítame que se lo vuelva a cantar: «Los ángeles me invitan, al cielo quiero ir, y no siento ya que este mundo sea mi hogar».

Suelo tararear esa tonada inquietante en otros sitios aparte del aeropuerto de Los Ángeles. A veces me asalta esa sensación de «no sentir ya que este mundo sea mi hogar» al recorrer los pasillos de la gran tienda K-Mart, al observar a las mujeres desesperadas por aprovechar las ofertas especiales. En ocasiones me sucede mientras estoy sentada con Ken mirando la cuarta repetición instantánea del tanto convertido por un equipo en el partido de fútbol del lunes por la noche. Y decididamente siento que «este mundo no es mi hogar» al estar sentada en mi automóvil viajando por la autopista Ventura que parece haberse convertido en un estacionamiento.

No piense que soy rara. Los cristianos han tenido el mismo sentir durante siglos. Malcolm Muggeridge, un periodista británico que pasó la mayor parte de sus años luchando contra el cristianismo, finalmente sucumbió a Cristo cuando tenía más de setenta años. El mundo intelectual siempre había sido un hogar para él, pero ahora, en los sagrados corredores de la vida universitaria, se encontró diciendo:

> Tenía una sensación, en ocasiones sumamente vívida, de ser un forastero en una tierra extraña; un visitante, no un nativo... una persona desplazada de su lugar... Me sorprendió descubrir que dicha sensación me daba gran sentido de satisfacción, casi de éxtasis... Pudieran pasar días o semanas o meses. ¿Volvería alguna vez... la sensación de estar perdido? Hago un esfuerzo auditivo por ver si logro escucharla, como música lejana; también con los ojos intento verla, una luz de gran brillo a la distancia. ¿Es que se ha ido para siempre? Y luego, ¡ah! ¡Qué alivio! Es como escapar de un abrazo somnoliento, cerrar silenciosamente la puerta tras de uno, alejarse en puntas de pie en la luz agrisada del amanecer... volver a ser un extraño. He llegado a comprender que el único y mayor desastre que puede acontecernos es llegar a sentirnos demasiado en casa aquí en la tierra. Mientras seamos extranjeros, no podremos olvidarnos de nuestra patria verdadera.[2]

Sus palabras bien pudieran haber sido mías al pasear ayer en silla de ruedas por el centro de compras Thousand Oaks. Me sentía forastera en una tierra extraña entre la sala de videojuegos en el segundo piso y el complejo de cines de la planta baja que estaba dando la película más reciente de *Star Wars*. En realidad, sentí que era una forastera bendecida. Una persona desplazada, pero satisfecha. Todos parecían estar absortos en el desfile de modas que había en el patio central, pero yo estaba pensando: *¿Acaso ningún otro de los presentes se da cuenta de que la vida es más que los nuevos diseños del otoño?*

Eso es lo que sienten los forasteros y las personas desplazadas pero satisfechas. Ellos sienten que el cielo es el *hogar*. Ese es el lugar donde nos corresponde estar. «Todos tenemos un instinto buscador del hogar, un "detector del hogar", y dicho detector no suena por la tierra», dice Peter Kreeft.[3]

No me sentía como en casa en el centro de compras. No pertenecía allí. Su mundo me pareció trillado y común. Debo aclarar que no era que las personas me parecieran banales o aburridas; en todo caso, mi corazón se compadecía de los jóvenes que estaban holgazaneando en la sala de juegos de video y las damas mirando el desfile de modas. Lo que me preocupaba era el «mundo» en el que estaban enfrascados: el atractivo que ejercían sobre ellos los carteles de promoción de una zapatería en los que unos niños de aspecto desaseado gritaban «¡Exige lo que te mereces!». La atracción morbosa de juegos ruidosos de video que decapitan las cabezas y cercenan los brazos de los personajes de caricatura que pierden, y en todas partes, enormes descuentos si uno abre una cuenta a crédito y se compra tres pares de lo que sea. Sentí especial compasión de una muchachita adolescente que llevaba puesto pantalones de mezclilla y una camisa estampada escocesa que miraba con envidia la figura demacrada de un maniquí femenino que la miraba a través de ojos sin vida. Con eso queda todo dicho.

No pude evitar ver algo más allá de este mundo; no se diferenciaba mucho del momento de fe que había vivido en el aeropuerto de Los Ángeles. ¿Cómo es esto? Porque la fe tiene dos lados. No solo verifica que el cielo existe, dando contundente y rápida realidad a aquello que no alcanzamos a ver, sino que también hace que miremos de manera diferente las cosas visibles que están aquí en la tierra. A través de los ojos de la fe, el cielo se convierte en un hogar sólido como la roca, y el mundo concreto en el que vivimos pierde sustancia e importancia. Cuando miramos la vida a través de ojos de fe, las cosas que nos rodean ya no poseen el brillo del entusiasmo. Todo desde los relojes Rolex hasta el último episodio de la telenovela, desde las últimas creaciones de moda de Chanel hasta el último capítulo de *This Is Us*, a los más reciente debates en el Congreso.

Como la fe hace que las cosas invisibles sean reales, y las cosas visibles no reales, la insatisfacción terrenal se convierte en el camino que conduce a la satisfacción celestial. Un lugar, el cielo, pasa a ser el hogar en lugar del otro, la tierra.

EXTRANJEROS, FORASTEROS E INADAPTADOS

La fe hace otra cosa. Cuanto más se parece el cielo al hogar, más siente usted que es extranjero y forastero en la tierra (1 Pedro 2.11). Quizá algunas personas valoren los automóviles Porsche de primera línea, pero eso revela que «solo piensan en lo terrenal. Mas nuestra ciudadanía está en los cielos» (Filipenses 3.19, 20). Aquí no me estoy refiriendo a un esnobismo espiritual, y no tengo nada en contra de los autos Lexus o de los tejidos de St. John's. Solo es un asunto del enfoque: «Porque donde esté vuestro tesoro, allí estará también vuestro corazón» (Mateo 6.21).

Por favor no vaya a pensar que el automóvil que manejo es un montón de chatarra, ni que me visto con ropa que me pasa mi hermana, que detesto ir al centro de compras y que jamás enciendo el televisor. Me gustan las cosas bonitas. No olvide que pasé el primer capítulo describiendo todos los momentos presentes y recuerdos del pasado que, para mí, enriquecen tanto a la tierra. Yo soy la que disfruta de las cosas buenas de la tierra, como por ejemplo un rico bistec con todo lo que lo acompaña, una noche romántica con mi esposo, la caída de agua «Bridal Veil» [Velo de novia] en el parque nacional Yosemite, y la sensación de la seda cruda sobre mi cara. No tienen nada de trillado, banal ni aburrido estos placeres. Es más, si se me pudiera confiar con esto, estoy segura de que mi conciencia estaría encantada de permitir que me pusiera un bello traje de «Jones of New York». (Lo más probable es que se me subiría a la cabeza, motivo por el cual algunas de mis amigas cristianas pueden usar estas prendas con gracia mientras que yo no).

Esta sensación de ser extranjera o forastera en la tierra tiene aun mayor relación con la canción que le mencioné. El eco inquietante. El anhelo y la añoranza que sentí esa calurosa tarde junto al trigal de Kansas, y muchas veces más desde aquel entonces. El autor de Hebreos 11.14–16 decididamente estaba pensando en mí cuando dijo:

> Porque los que esto dicen, claramente dan a entender que buscan una patria; pues si hubiesen estado pensando en aquella de donde salieron, ciertamente tenían tiempo de volver. Pero anhelaban una mejor, esto es, celestial.

Me parezco un poco a un refugiado que anhela su patria mejor llamada el cielo. Mi corazón está en cuasiexilio. A decir verdad, 1 Reyes 11.14–22 solo es una historia breve, pero me siento totalmente identificada con ella. Al parecer Hadad, un adversario de Salomón, había huido a Egipto con algunos de la familia de su padre. Allí encontró gran favor delante del faraón, se casó con un miembro de la familia del rey, y crió a su hijo en el palacion real. Luego las cosas cambiaron:

> Y oyendo Hadad en Egipto que David había dormido con sus padres, y que era muerto Joab general del ejército, Hadad dijo a Faraón: «Déjame ir a mi tierra».
> Faraón le respondió: «¿Por qué? ¿Qué te falta conmigo, que procuras irte a tu tierra?». El respondió: «Nada; con todo, te ruego que me dejes ir».

Esa es la parte con la que me identifico. La tierra puede estar cargada de recuerdos pasados y momentos presentes como ocurrió en el caso de Hadad, pero tengo un sentir cercano al de él: «Déjame ir a mi tierra». Siempre son los exiliados los que recuerdan su patria. Los israelitas, cautivos en tierra extraña, recordaban su patria verdadera al lamentarse en Salmos 137.1: «Junto a los ríos de Babilonia, allí nos sentábamos, y aun llorábamos, acordándonos de Sion». Al igual que Hadad, del mismo modo que los israelitas, llevo dentro de mi corazón exiliado una añoranza por mi patria celestial, el verdadero hogar de mi alma.

Una persona que se siente en casa «encaja» en su hábitat, como un pez en el agua, un ave en el cielo, o una lombriz en la tierra. Pero nosotros no «encajamos» aquí. No es nuestro hábitat. No existe armonía, no hay un sentir que nuestro entorno sea el «apropiado». ¿Recuerda mis experiencias en el aeropuerto de Los Ángeles y el centro de compras Thousand Oaks? No era que el ajetreo y el bullicio de ese mundo me ofendieran; solo que no cuadraba, no resonaba con la paz y la quietud en mi corazón, una paz que como eco decía: «No perteneces aquí».[4]

Sentirse como exiliado no es más que sentir la realidad.

Oh, Señor,
Vivo aquí como pez en un recipiente con agua,

solo la cantidad suficiente para mantenerme
con vida,
pero en el cielo nadaré en el océano.
Aquí tengo dentro de mí un poquito de aire
para poder seguir respirando,
pero allí dispondré de vientos dulces y frescos.
Aquí tengo un rayo de sol para iluminar mi oscuridad,
un rayo cálido para impedir que me congele;
allá viviré en la luz y el calor para siempre.

UNA ORACIÓN PURITANA[5]

¿POR QUÉ NO ENCAJAMOS?

Como cristianos, usted y yo no hemos sido creados para este mundo.

Bueno, en cierto sentido sí. Nuestras manos, pies, ojos y oídos nos equipan para experiencias físicas en este planeta compuesto de agua y tierra. Nuestros oídos procesan ruido, nuestros ojos registran lo que se ve, nuestra nariz detecta olores, y nuestro estómago digiere alimentos. Pero también somos espíritu. Esto produce una tensión increíble. Cierta vez uno de mis amigos dijo: «Por la fe comprendemos que no somos seres físicos viviendo una experiencia espiritual, sino seres espirituales viviendo una experiencia física». Peter Kreeft escribe acerca de esta tensión y aquí he tomado prestado algunas de sus ideas...

Como seres espirituales, usted y yo no fuimos hechos para este mundo porque la tierra es temporal. Dentro de nosotros hay algo que definitivamente *no* es temporal. Por eso nos retorcemos y nos quejamos contra las limitaciones del tiempo. El reloj, para nosotros, es un adversario. Nos aferramos a cada momento celestial —ya sea mirando a los ojos tiernos y la dulce sonrisa de la persona que amamos o saboreando la perspectiva de algún placer glorioso— a cada momento como este para tratar de contener el avance del tiempo. Pero no lo podemos hacer. Nos gustaría pensar que estos momentos son eternos, pero no lo son. El tiempo los arrebata de nuestras manos.

Es aquí donde la tensión *verdaderamente* se pone en marcha. Pues en cierto sentido, según escribe Sheldon Vanauken: «Deseábamos saber, saborear, hundirnos —en el centro mismo de la experiencia— poseerlo en su totalidad. Pero nunca había tiempo suficiente... El tiempo es nuestro ambiente natural. Vivimos en el tiempo como vivimos en el aire que respiramos. Y nos encanta el aire... Qué extraño que no nos agrade el tiempo. Echa a perder nuestros momentos más agradables...».[6] No puedo explicar la tensión de mejor manera que esa. El tiempo es nuestro ambiente natural, y, sin embargo, el tiempo *no* es nuestro ambiente natural.

No son solo los cristianos los que dan coces contra las huellas del tiempo. Las personas que no creen en Dios consideran que el tiempo es su adversario. Para ellos, el tictac del segundero suena como el acoso de un enemigo. Cada minuto los acerca más a la muerte. Y todos, sean ricos o pobres, intentan aferrarse a la manecilla que marca la hora con el fin de moverla hacia atrás. «Aminore la marcha y viva» es un eslogan que aparece en todas partes desde los carteles de las autopistas hasta los libros sobre la salud. Pero no podemos aminorar la marcha del tiempo. La crema antiarrugas no lo logrará. Bombear su cerebro y su físico con vitaminas E y A no lo logrará. Tampoco podrá detener la marcha del tiempo al congelar su cuerpo en una cámara de hidrógeno helado. Las personas sinceras estarían de acuerdo con C. S. Lewis cuando dice: «El tiempo mismo es otro nombre que se le da a la muerte».[7]

Toda la humanidad percibe esto, pues, «ha puesto eternidad en el corazón de ellos, sin que alcance el hombre a entender la obra que ha hecho Dios desde el principio hasta el fin» (Eclesiastés 3.11). Es cierto, las personas en general no alcanzan a entender a Dios, ni qué hablar de este asunto de la eternidad sin tiempo. No saben cómo tratar con este tema excepto comprar el más reciente *best seller* de Nueva Era de Shirley MacLaine o aplicarse más «Oil of Olay». Su único recurso verdadero contra el hostigamiento del tiempo es su memoria. «En este mundo la memoria es nuestro único dique contra las olas del tiempo», dice Peter Kreeft.[8]

AÑORANZA DE OTRO TIEMPO

Yo sé lo que significa aferrarse a recuerdos, como si fueran ladrillos, y levantar un dique contra el tiempo. Cuando quedé paralizada en 1967 —siendo una cristiana novata para quien este asunto de la eternidad todavía era algo nuevo— el cielo de ningún modo era mi hogar. Era menor mi interés en un cuerpo glorificado que mi interés en retroceder el tiempo a los días en que mi cuerpo funcionaba. El tiempo también era un enemigo porque hacía crecer cada vez más la distancia entre el pasado cuando yo estaba de pie y el presente en mi silla de ruedas. La única forma de aminorar la marcha de las semanas y los meses era zambullirme en mis recuerdos.

No era mucho lo que podía hacer aparte de escuchar la radio o discos. Acostada sobre el armazón Stryker en la unidad de cuidados intensivos sintonizaba a Diana Ross llorando por un amor perdido o Glen Campbell cantando suavemente acerca de un viejo amor recorriendo las sendas de sus recuerdos. Los Beatles también eran muy populares en esa época. Me contenía para no llorar cuando cantaban del ayer cuando los problemas parecían estar tan lejanos.

Luego estaba Joni Mitchell. La música folclórica todavía se mantenía hacia fines de la década del sesenta, y encontré refugio en sus canciones agitadas sobre el pasado. Su música invocaba una nostalgia más poderosa y fundamental que estar sufriendo por causa de un amor perdido o por un ayer libre de problemas. Esto se percibe en su himno lema de los años sesenta que escribió para una generación perdida y dedicada a la búsqueda. Esta generación se presentó en masa para encontrarse bajo el calor y la lluvia en las laderas de las colinas de una granja en Nueva York. Escuche el dolor y el anhelo inquietante en su canción llamada «Woodstock":

¿Puedo andar a tu lado?
He venido para alejarme del esmog
y siento que soy un piñón
dentro de algo que gira sin cesar.

Tal vez es por la época del año
o quizá sea el tiempo del hombre,
pero no sé quién soy,
aunque en la vida se aprende.

Somos polvo dorado de estrellas,
engañados por el diablo y su oferta,
y todos debemos volver
de una vez a la huerta.
Todos debemos volver
a ser semejanza de Dios.[9]

Joni Mitchell y miles como ella están en la búsqueda de algo de valor incalculable que han perdido, algo a lo que deben volver. Quizá lo confundan con la nostalgia por los años sesenta o cincuenta; tal vez lo confundan con un recuerdo de la infancia, un amor perdido o un ayer cuando los problemas parecían estar lejanos, pero es mucho más que eso. Es una nostalgia no de la inocencia de la juventud, sino de la inocencia de la humanidad. «Todos debemos volver a la huerta», gime un mundo perdido, porque fue en el Edén que perdimos no solo nuestra juventud, sino nuestra identidad.

Quizá no nos demos cuenta de ello, pero toda la humanidad está exiliada de la dicha de la presencia íntima de «Dios que se paseaba en el huerto, al aire del día» (Génesis 3). Pero por estar «muerta en sus delitos y pecados» (Efesios 2.1), la humanidad no comprende que esto es lo que añora. La mayoría de las personas no comprende que caminar con Dios es sentirse en casa.

Lo gracioso es que estoy convencida de que si las personas pudieran volver al huerto, si Joni Mitchell pudiera regresar al momento de la creación del mundo, no bastaría. Estaría parada allí en medio de un ambiente perfecto sintiéndose totalmente incómoda, sin comprender que la satisfacción solo puede encontrarse al dar un paso más allá del borde del tiempo mismo entrando a la mente de Dios. Pues nuestra nostalgia por el Edén no es solo una añoranza de otro tiempo, sino de otro *tipo* de tiempo. Incluso los que no creen sienten el jalón. Incluso los que no tienen la esperanza puesta en el cielo igualmente lidian con este enigma desconcertante de la «eternidad» implantada en su corazón.

La mayoría de las personas tiene el asunto al revés.

A diferencia de los que no creen en Dios, nuestro camino no vuelve al Jardín del Edén, sino que sigue avanzando. Uno nunca debiera mirar hacia atrás en el camino de la esperanza. En Génesis, Dios envió al serafín con la espada de fuego a fin de impedir que Adán y Eva regresaran al Edén después de producida la caída.

Como escribe Peter Kreeft:

> El camino hacia Dios está por delante, «al este del Edén», atravesando el mundo del tiempo y de la historia, luchas, sufrimiento y muerte. Al haber sido expulsados por la puerta este del Edén, viajamos a través y alrededor del mundo, de oeste a este, eternamente en pos del sol naciente (¡el Hijo naciente!) y lo encontramos de pie frente a la puerta oeste... diciendo «Yo soy la puerta».[10]

NUESTRA IDENTIDAD VERDADERA

Nuestra juventud perdida y nuestra identidad perdida no serán recuperadas en la inocencia del Edén. Dios nos concibió antes del Edén, «antes de la fundación del mundo» (Efesios 1.4). Solo en el cielo —el lugar de nacimiento de nuestra identidad— descubriremos quiénes somos en verdad. En realidad, no se tratará tanto de descubrirlo, sino de recibirlo. Esto se simboliza de manera hermosa en Apocalipsis 2.17: «Al que venciere, daré a comer del maná escondido, y le daré una piedrecita blanca, y en la piedrecita escrito un nombre nuevo, el cual ninguno conoce sino aquel que lo recibe».

¿Se dio cuenta de esa parte que habla acerca de nuestro nombre nuevo? George MacDonald explica la conexión entre nuestro nombre nuevo y nuestra verdadera identidad de la siguiente manera: «El nombre que le asigne Dios a un hombre deberá ser la expresión en una palabra mística, una palabra de ese idioma que todos que han vencido entienden, de su propia idea de dicho hombre, o sea el que tenía en mente cuando comenzó a formar a ese hijo, y el que mantuvo en su pensamiento a lo largo de todo el proceso de creación que hizo falta para concretar la idea. Comunicar el nombre equivale a sellar el éxito».[11]

Nuestra verdadera identidad será revelada en el nombre nuevo que nos dé Dios. Y el nombre es un secreto entre Dios y usted. ¡Piense en eso, amigo! En el cielo no solo encontrará lo que se perdió de manera irrecuperable, sino que cuando lo reciba —su nombre nuevo, su verdadera identidad— usted será mil veces más usted mismo que la suma total de todos esos matices, gestos y sutilezas interiores que definían su «yo» terrenal. En la tierra quizá piense que floreció plenamente, pero el cielo revelará que apenas alcanzó a ser pimpollo.

Y lo que es más, en el cielo no se parecerá a nadie. El hecho de que ningún otro tenga su nombre muestra cuán completamente singular es usted para Dios. Le toca el corazón de una manera que ningún otro puede. Lo complace como ningún otro. Este es un sello real de su amor individual hacia usted.

Esto no debiera sorprendernos. Dios no ha excavado un gigantesco campo celestial de juego de pelota llamado cielo en el cual pueda caber toda su familia. El Paraíso no es una comuna general para una suma global de santos. Dios ha decidido salvar a ciertos individuos, y usted tiene un lugar específico preparado para usted en el cielo —en el corazón de Dios— en el que cabe usted y solo usted. En el cielo usted lo reflejará a él como la faceta de un diamante, y las personas le dirán a usted: «Me *encanta* ver esa parte de Dios en ti... a decir verdad, ¡de todos los que están aquí eres el que mejor deja ver ese rasgo de él!».

Todos los demás recibirán también su verdadera identidad. También reflejarán a Dios de maneras únicas y completas; de modo que usted probablemente dirá a ese amigo: «Pues bien, me *encanta* tu manera de reflejarlo a él!». Y los dos juntos, como también todos los demás santos, alabarán a Dios que es el «todo en todos» con tal variedad y belleza.

C. H. Spurgeon sugirió que este es el motivo por el que las personas redimidas ascenderán a un número mayor que los granos de arena en la playa o las gotas de rocío en la tierra.[12] Se requerirá un número sinfín de santos para reflejar plenamente las facetas infinitas del amor de Dios. Todos son necesarios en el cielo. ¿Pudiera ser que sin usted, algún maravilloso matiz del amor de Dios no pudiera reflejarse de no estar usted presente en el cielo?

Unidos en perfecta alabanza y amor, descubriremos final y plenamente quiénes somos, dónde pertenecemos, y cuál fue el destino que Dios nos asignó... y dispondremos de toda la eternidad para ser y hacer eso mismo. Durante siglos, los teólogos han intentado describir esta escena; creo que Jonathan Edwards hace un buen trabajo cuando escribe: «Y así comerán y beberán en abundancia, y nadarán en el océano de amor, y serán eternamente envueltos en las infinitamente brillantes e infinitamente suaves y dulces haces de amor divino; recibiendo dicha luz por la eternidad, estando eternamente llenos de ella, y eternamente rodeados por ella, y eternamente reflejándola hacia su fuente de origen».[13]

Sí reconocerá a los seres que ama. En la tierra usted solo los reconocía a medias. Pero en el cielo, descubrirá cosas ricas y maravillosas acerca de la verdadera identidad de su esposo, esposa, hija, hijo, hermano, hermana o amigos especiales, cosas que solo se insinuaron en la tierra. Y más aun, los *conocerá* como nunca los conoció en la tierra. Al fin y al cabo, no seremos menos inteligentes en el cielo; seremos más inteligentes. Mi esposo, Ken, será mil veces más «Ken» de lo que jamás fue en carne y hueso. Usted le exclamará a su ser querido: «¡Vaya, conque *esto* es lo que amé en ti durante tanto tiempo!» porque lo verá como Dios tenía pensado desde el principio.

Hasta que estemos allí, haciendo lo que Dios tuvo pensado para nosotros desde el principio, seremos la oruga que se retuerce para liberarse del capullo, para respirar el aire celestial. Tendremos una sensación muy parecida a la de Moisés envuelto en un capullo allá en el lado oculto de un desierto que exclamó: «Forastero soy en tierra ajena» (Éxodo 2.22). Y así como Moisés, en el desierto, se estaba convirtiendo en el líder que a la larga habría de ser, somos peregrinos, en el presente, convirtiéndonos en lo que habremos de ser en el más allá.

Y así seguimos avanzando los peregrinos por este mundo de tiempo y muerte, buscando eternamente al Hijo. No nos volvemos para atrás, sino «olvidando ciertamente lo que queda atrás, y extendiéndo[nos] a lo que está delante, pro[seguimos] a la meta, al premio del supremo llamamiento de Dios en Cristo Jesús» (Filipenses 3.13, 14).

La humanidad en general se niega a seguir este curso. En su afán ansioso de encajar, las personas toman el sextante del mundo e intentan ubicar su posición actual usando todas las coordenadas equivocadas: recuerdos de la infancia, un antiguo romance, días libres de preocupaciones, canciones, poder, religión, riquezas o Woodstock. Pero la humanidad aún no ha logrado reconocer que fue creada «a la imagen de Dios». Solo los creyentes que comprenden que las coordenadas se cruzan en la eternidad pueden cantar «El mundo no es mi hogar».

NUESTRO LUGAR EN EL TIEMPO

Joni Mitchell no logrará regresar al huerto. Sería mejor que cantara del Hijo de Dios en su búsqueda no solo de identidad, sino de otro tiempo. Jesús es el único que se ha sentido cómodo con su identidad, sintiéndose cómodo también en el contexto del tiempo o fuera de él.

En determinado momento Jesús podía estar conversando con amigos en el camino a Emaús; al momento siguiente podía ignorar todas las horas requeridas para viajar a Jerusalén y aparecer allí de repente. Podía materializarse una mañana en una playa, luego encender un fuego y preparar el desayuno para sus amigos. En cierto momento podía comerse un pescado y al momento siguiente atravesar un muro. Las paredes de piedra y las puertas cerradas en el Aposento Alto no eran una barrera para él. Tiempo, espacio y por ende distancia, para él, eran pan comido. Esto es *muy* interesante porque su capacidad de desplazarse entrando y saliendo de diversas dimensiones nos da una pista respecto del lugar que ocupa el tiempo en el cielo. No creo que el cielo vaya a destruir el tiempo, sino que más bien lo abarcará.

Permítame que lo explique usando un principio que aprendí en geometría en la escuela secundaria. Si se desplaza un punto a través de tiempo y espacio, se traza una línea: la primera dimensión. Si se toma dicha línea y se la desplaza lateralmente a través de tiempo y espacio, se obtiene un plano: la segunda dimensión.

Si se desplaza un plano a través de tiempo y espacio, se obtiene un cubo o algún otro poliedro: un cubo es la tercera dimensión y se compone de una pila de planos.

Usted y yo, que somos figuras tridimensionales, nos movemos a través de tiempo y espacio: pudiéramos considerarlo una cuarta dimensión. Cada nueva dimensión abarca las previas, y algo más. Esto significa que la eternidad —se la pudiera considerar la quinta dimensión— abarcará todos los elementos interesantes de las otras dimensiones, incluyendo el tiempo.

Oiga, si ha entendido eso, ha obtenido una calificación alta en geometría. También ha entendido que el tiempo no se detendrá en el cielo, sino que quedará englobado. La eternidad abarcará el tiempo de manera que pierda su diferenciación, algo así como lo que les sucede a las claras de huevo cuando se las mezcla con crema. O más concretamente, como cuando se mezcla un huevo en un océano de crema. Así es como abarca todo la eternidad.

¿Por qué es tan importante este asunto del tiempo? Peter Kreeft explica: «Dios se enamoró de nosotros que somos criaturas del tiempo, nosotros que somos ráfagas de viento que pasan, nosotros que somos huéspedes de paso, y nos invitó a pasar al santuario del Amo de la casa para siempre... todos nosotros, junto con la plenitud del tiempo. ¿Cómo atrevernos a negarle el deseo de su corazón? También es el deseo de nuestro corazón».[14] Tiene razón. Hay algo dentro de mí que el tiempo ayuda a definir, y no estoy del todo segura de que lo que quiero es negarlo, sino más bien descubrir todo su tesoro escondido.

Jesús, cuya naturaleza es a la vez divina y humana, presentó una especie de fórmula para nuestra naturaleza y destino. La forma en la que nuestro Señor resucitado tenía la capacidad de desplazarse a través de tiempo y espacio es una receta para nuestra futura experiencia celestial. Jesús representa a la perfección las cosas físicas atrapadas en el tiempo y a la vez las cosas espirituales que existen fuera del tiempo. Nosotros que somos ráfagas de viento algún día nos sentiremos tan cómodos como Jesús en lo que se refiere a vivir con una naturaleza física y espiritual a la vez.

Téngame un poco de paciencia al tratar un asunto más que tiene que ver con tiempo, geometría y dimensiones, y quizá ambos nos saquemos una calificación alta. Toda esta cuestión de la tercera, cuarta y quinta dimensión demuestra cuán *interesante* será el cielo.

Permítame que se lo muestre formulándole una pregunta: ¿cuánto tiempo lograría captar su interés el acto de mirar fijo un punto en un papel? Si puede decir cinco segundos, estoy impresionada. ¿Pero qué sucedería si apoyara una lapicera en dicho punto y dibujara una línea para crear una figura esquemática bidimensional? Eso resulta un poco más interesante, pero ciertamente no tan inquietante como observar una escultura tridimensional de dicha figura, ¿verdad? Si fuera una buena escultura, pudiera captar su atención durante largo rato.

Ahora, avance un paso más. Porque una escultura dista de ser tan fascinante como un ser humano de verdad que se mueve a través de tiempo y espacio en la cuarta dimensión. En efecto, se pudiera dedicar una vida entera a llegar a conocer a esta persona fascinante. Es un hecho que cada dimensión resulta más interesante que la anterior.

Ahora traslade esta pequeña fórmula hasta la quinta dimensión: el cielo. Todas las cosas asombrosas de las dimensiones previas estarán presentes en el cielo, junto con un montón de cosas más. Esto significa que el cielo será *sumamente* interesante. Resultará irresistible, deslumbrante, apasionante y al menos diez columnas más de adjetivos. ¡Nos parece que *la tierra* es fascinante con todo su color, gloria y esplendor! El exótico pavo real, los hexágonos perfectos en las colmenas, el color aguamarina de una laguna tropical, el orangután que nos hizo reír, y los inspiradores picos nevados de los Alpes forman todos parte de la cuarta dimensión. Y —redoble de tambores— ¡está por revelarse la quinta! Nuestra breve lección sobre dimensiones prueba que el cielo superará ampliamente toda la belleza combinada de la tierra. ¿Puede entender ahora por qué Pablo dice: «Cosas que ojo no vio, ni oído oyó, ni han subido en corazón de hombre, son las que Dios ha preparado para los que le aman» (1 Corintios 2.9)?

Quién sabe qué maravillas habrá en la quinta dimensión, y probablemente en muchas otras dimensiones. En la eternidad todo es solo un principio. Sin fronteras. Sin límites. A. W. Tozer dijo: «Cuán completa satisfacción produce volvernos de nuestras limitaciones a un Dios que no tiene ninguna. En su corazón hay años eternos. Para él, el tiempo no pasa, permanece; y los que están en Cristo comparten con él todas las riquezas de un tiempo sin límites y sin fin».[15]

Nuestro peregrinaje al cielo no es un viaje hacia el fin del tiempo, sino hacia otro tipo de tiempo. Y viajeros del tiempo seremos hasta que lleguemos... al principio.

DESCUBRAMOS REALIDADES QUE NO SE VEN

Este pequeño planeta polvoriento sigue girando a través del tiempo y del espacio profundo y oscuro, sin saber que en todo momento está nadando en el océano de la eternidad rodeado de una multitud de realidades divinas y cumplimientos divinos que no se ven. Pero nosotros nos damos cuenta de ello porque al ser peregrinos «por fe andamos, no por vista» (2 Corintios 5.7). Por fe vivimos en un plano diferente, en otra dimensión, a un nivel más elevado que el de la tierra. Por fe al mundo sólido como la roca se le agota la sustancia y la importancia, y vemos un significado celestial subyacente a *todo*.

Las personas que carecen de fe observan el frente de la cordillera de las Rocallosas y suponen, de forma mecánica, que una placa tectónica empujó para un lado y para otro, provocando un terremoto y un desplazamiento en la corteza terrestre y luego —voilá— apareció Pikes Peak. Pero los peregrinos que se dirigen hacia el cielo se dan cuenta de que «porque en él fueron creadas todas las cosas, las que hay en los cielos y las que hay en la tierra, visibles e invisibles; sean tronos, sean dominios, sean principados, sean potestades; todo fue creado por medio de él y para él» (Colosenses 1.16). Él ha creado cosas invisibles que son tan reales —no, *más* reales— que las montañas Rocallosas. ¡Con razón alabamos a nuestro Creador!

Las personas que carecen de fe observan un hermoso árbol de cerezas, se encogen de hombros, y suponen que cayó una semilla, se derramó la lluvia, brotaron raíces, creció un almácigo, y pronto se convertirá en leña para el fuego de alguno. Ellos piensan que Dios simplemente le dio cuerda a la naturaleza como si fuera un reloj para luego permitir que siguiera su camino al ritmo del tictac. Las personas que tienen una fe inspirada por el cielo observan el mismo árbol y se maravillan de que literalmente «todas las cosas en él subsisten» (Colosenses 1.17). Eso significa *todas* las cosas. Ahora. Este instante. Incluso pimpollos, corteza, ramas. Elizabeth Barrett Browning escribió una vez:

La tierra está repleta de cielo,
y cada zarza común por Dios arde
pero solo el que ve se quita el calzado,
los demás se sientan a su alrededor y cortan moras.[16]

Los que tienen una perspectiva terrenal presuponen que las olas del mar están formadas simplemente de H_2O, pero los que tienen un punto de vista celestial creen que Dios es el que sostiene en su lugar cada protón en la tabla periódica de los elementos, pues él es «quien sustenta todas las cosas con la palabra de su poder» (Hebreos 1.3). Deje que esa idea cale. Si Dios retirara su mandato, las montañas, los océanos y los árboles no caerían en caos, ¡sencillamente harían puf y desaparecerían! La creación de Dios no es estática e inerte; es dinámica y en este mismo instante está en el proceso de ser sustentada con la palabra de su poder.

Y en lo que se refiere a la maravilla del cuerpo humano, los que no tienen fe alegan que hemos surgido de una baba hasta llegar a la condición de *homo erectus*, y suponen que los humanos respiran por su propio poder. Pero los peregrinos que tienen el corazón puesto en el cielo tienen otro modo de ver las cosas, «Porque en él vivimos, y nos movemos, y somos» (Hechos 17.28). En el cielo seremos más humanos de lo que nuestra especie apenas alcanzó a insinuar aquí. Seremos más hombre o mujer de lo que alcanzó a susurrar nuestro sexo.

La fe a la que me he estado refiriendo imparte propósito divino a todas las cosas —absolutamente todas las cosas— que nos rodean. Esto me sucede cada martes, miércoles y jueves por la mañana cuando mi amiga artista, Patti, me ayuda a levantarme de la cama. Antes de meterme a la furgoneta y de que ella me despache a mi trabajo, hacemos una pausa delante de la puerta abierta del garaje y nos tomamos unos minutos para observar el día. Miramos los pinos blancos del señor Aquilevech que vive del otro lado de la calle. Por lo general hay un cuervo malhumorado posado en las ramas. Nos encanta que la parte superior de los cedros que cubren la pared del costado de mi casa sean tan puntiagudas. Admiramos cómo los arbustos del señor Hollander están empezando a cambiar de color verde plateado a dorado.

El otro día Patti hizo un comentario acerca de la flor de un hibisco, recordándonos que «¡Dios imaginó ese color! Quizá solo por la diversión de hacerlo». Los peregrinos ven que se deleita en darnos placer. Los viajeros celestiales ven a Dios en todo; ven que cada zarza que pasan en el desierto de la tierra es una zarza que arde con el fuego de Dios. Y con una fe tal, de verdad es posible agradarle (Hebreos 11.6).

¡El cielo en lo alto es de un azul más suave,
un verde más dulce la tierra circundante!
Hay algo de vida en cada tonalidad,
que los ojos sin Cristo no han visto jamás:

Trinos más alegres de las aves desbordan,
belleza más intensa las flores destellan,
desde que sé lo que ahora sé,
que suyo soy, y mío es él.[17]

Madame Guyon, una mujer de la nobleza del siglo diecisiete, escribió las palabras que aparecen a continuación desde un calabozo francés, en el que no había una flor, un árbol de cedro, dulce tierra verde ni un cielo de azul más suave que pudieran alentarla:

[El cristiano de mentalidad celestial] tiene un andar guiado por una fe simple y pura... y cuando este viajero mira a través de sus propios ojos, ve las cosas como si estuviera mirando a través de los ojos de Dios. Ve su propia vida, ve las circunstancias que le rodean, ve a otros creyentes, ve amigos y enemigos, ve principados y potestades, ve la totalidad del curso del esplendor de la historia misma a través de los ojos de Dios... y su contenido.[18]

¿UNA MENTALIDAD DEMASIADO CELESTIAL?

No vaya a pensar que una mentalidad tan celestial hace que nosotros los peregrinos no sirvamos para nada en la tierra. No lo desprecie como si se tratara de mirar al mundo a través de gafas de color rosa que solo me dejan ver castillos en el cielo. Los viajeros que piensan más sobre el mundo por venir por lo general son los que están haciendo el mayor bien en este mundo actual.

La persona cuya mente solo está puesta en las cosas terrenales es la que menos hace en bien de la tierra. C. S. Lewis amplía este pensamiento diciendo: «Apunte al cielo y obtendrá también la tierra. Apunte a la tierra y no obtendrá ninguno de los dos».[19]

Cuando un cristiano se da cuenta de que su ciudadanía está en el cielo, comienza a comportarse como un ciudadano responsable de la tierra. Invierte de manera sabia en sus relaciones con otros porque sabe que son eternas. Sus conversaciones, metas y motivos se vuelven puros y sinceros porque comprende que tendrán relación con la recompensa eterna. Da con generosidad su tiempo, dinero y talento porque está acumulando tesoros para la eternidad. Extiende las buenas nuevas de Cristo porque anhela que sus amigos y vecinos llenen las filas del cielo. Todo esto no solo le sirve al peregrino en el cielo, sino en la tierra también; pues les sirve a todos los que lo rodean.

Hace algunas semanas fui al salón de belleza para que me cortaran el cabello. Mi secretaria, Francie, me estaba esperando frente al salón para ayudarme a bajar de la furgoneta y acomodarme frente al espejo en el puesto de la peluquera. Mientras la estilista me ponía la capa plástica, observé las otras mujeres que estaban a mi alrededor. Había mujeres sentadas debajo de secadores de cabello leyendo absortas revistas *Vogue*. Unas pocas mujeres conversaban con su manicura sobre las más nuevas tonalidades de esmalte rojo para uñas. Secadores manuales gemían tapando a Neil Diamond en la radio. Miré hacia ambos lados: una pelirroja en pantalones de mezclilla mascaba ruidosamente un chicle mientras cortaba los mechones de la mujer a mi derecha, mientras que una mujer asiática de baja estatura y largo cabello negro trabajaba a mi izquierda.

¿Qué hace un peregrino en un lugar común y corriente como este? (Al menos común y corriente para el sur de California). Los viajeros tratan de encontrar las realidades divinas invisibles que están a su alrededor. Intenté ponerme en el lugar de estas mujeres, tratando de encontrar sus «realidades»: divorcio, dietas, crianza de los hijos, postulación para el consejo escolar, lucha contra el alcoholismo y planificación de la siguiente fiesta. Unas pocas de tipo profesional en sus trajes importantes que venían para que le hicieran un rápido arreglo de una uña se enfrentaban a «realidades» diferentes: ascensos, compensaciones y estrés ejecutivo.

Como la fe me ayudaba a percibir a cada mujer como preciosa delante de él, sabía que Dios tenía sus propias realidades divinas en mente para cada mujer. Yo podía orar: «Venga tu reino. Hágase tu voluntad, como en el cielo, así también en este salón de belleza».

Así que, mientras estaba sentada con mi cabello empapado, intercedí de a ratos por cada persona, poniendo en marcha la obra poderosa de Dios en la vida de ellas. Todo por causa de la fe. De esta manera los peregrinos comunes hacen algo de utilidad en este mundo.

Y no solo por medio de la oración. Al trasladarme en mi silla de ruedas a otro lugar para esperar que mi cabello se fijara, noté que una niñita estaba sentada dos sillas más allá, meciendo sus piernas y hojeando una revista hecha jirones. Le pregunté qué estaba leyendo y me enteré que era la hija de diez años de la mujer asiática. En pocos minutos entablamos una conversación, contándole yo una historia bíblica, y ella, explicándome los juegos que le gustaba jugar con su mejor amiga. Le dije a la niña que me agradaba su sonrisa, su modo de ser amistoso, y la manera en que había pasado por alto mi silla de ruedas y me había mirado a los ojos. También le hablé de Jesús. Por espacio de esos veinte minutos supe que yo era una persona de mentalidad celestial que le hacía a esta niña un verdadero y duradero bien terrenal.

Mi esposo, Ken, vive de esta manera. Ha estado desarrollando una relación con dos jóvenes empleados iraníes que atienden la estación de servicio de Shell que está cerca de casa. La mayoría de las personas llega al lugar, llena rápidamente el tanque y se va, pero Ken mantiene los ojos abiertos atento a las realidades divinas invisibles que están obrando en las vidas de estos dos hombres. Estamos convencidos de que el tiempo, la oración, la amistad y una Biblia en idioma farsi obrarán una diferencia. Él es una persona de mentalidad celestial que está buscando maneras de hacer bien a la tierra.

Además de esto, los peregrinos luchan. La encarnizada guerra espiritual se libraba de manera intensa y ardua a principios de este año cuando Ken y yo ayudamos a supervisar el baile de la escuela secundaria pública donde él enseña. Las primeras horas de la fiesta resultaron ser un buen momento para hacer contacto con los estudiantes, admirar sus trajes de esmoquin, y desearles que les fuera bien en la universidad. Pero después de la cena, se apagaron las luces, subió el volumen de la música y el salón de baile se convirtió en una salvaje discoteca. Ken debió ir a supervisar los baños; yo intenté conversar con la persona que estaba sentada conmigo a la mesa, pero nos cansamos de gritarnos el uno al otro. A través de la oscuridad y el ruido ensordecedor alcancé a ver a una estudiante del último año en un brevísimo vestido blanco con lentejuelas sentada sobre la rodilla de su novio. Decidí orar por ella. Mientras la miraba fijamente, elevando una oración en silencio, se me ocurrió que aunque el salón se sacudía, mi oración era más poderosa que los parlantes Bose de 600 amp. que colgaban en ángulo sobre la pista de baile. Una simple intercesión estaba sacudiendo y enviando repercusiones por todo el cielo, a la vez que dispersaba algunos demonios.

Así viven los ciudadanos del cielo mientras residen temporalmente en la tierra. El cielo nos dice que cada persona, lugar y cosa tiene un propósito. Es por esto que «no desmayamos... no mirando nosotros las cosas que se ven, sino las que no se ven; pues las cosas que se ven son temporales, pero las que no se ven son eternas» (2 Corintios 4.16, 18).

Añoranzas del cielo

Nosotros los peregrinos caminamos por la cuerda floja entre la tierra y el cielo, sintiéndonos atrapados en el tiempo, aunque late en nuestro corazón la eternidad. Nuestra insatisfecha sensación de exilio no será resuelta ni corregida mientras estemos aquí en la tierra. Nuestro dolor y nuestras añoranzas se aseguran de que nunca estemos a gusto, pero eso es bueno: es para nuestro bien que no se desarrolle en nosotros una sensación de comodidad en un mundo destinado a deteriorarse.

Y así nos retorcemos de vergüenza y dolor, sabiendo que no encajamos del todo; «gemimos, deseando ser revestidos de aquella nuestra habitación celestial» (2 Corintios 5.2). Pero, ¡qué bendición son esos gemidos! ¡Qué dulce sentir esa añoranza por el cielo! ¡Qué glorioso anhelo llena mi corazón hasta desbordar!

Un momento, Joni, quizá piense usted. No siento que añoro el cielo. Raramente gimo y anhelo estar allí... Deseo hacerlo, pero no sé por dónde empezar. No es que me absorban las cosas de la tierra; es solo que el cielo todavía no me da la sensación de ser mi hogar. Además, no siento una verdadera carga de oración por mujeres en salones de belleza, por muchachas en bailes escolares, ni por muchachos en estaciones de servicio.

Si ese es su caso, que no cunda el pánico. Si para usted el cielo sigue siendo una casa de cristal en alguna calle de oro en lugar de ser un hogar cálido y amoroso, no afloje. Si le resulta difícil lograr producir una añoranza por mansiones celestiales, si no le interesa este asunto del peregrinaje, entonces quizá no debamos seguir centrando nuestra atención en el cielo como un lugar.

Es mucho más que eso... mucho, mucho más.

SUBA MÁS

No lejos de la hacienda en donde me crié había una cantera llamada Sylvan Dell.

Al montar nuestros caballos por el camino de herradura cerca de la cantera, nos cuidábamos de mantenernos en el camino. Eso era porque el terreno —a no menos de seis metros del camino— caía en acantilado vertical al fondo de un profundo abismo.

Sylvan Dell era un lugar ajetreado, casi frenético, lleno de ruido, martillazos, y nubes de polvo. Palas a vapor y camiones que despedían gases de diesel arrastraban y llevaban enormes rocas que llegaban a ser losas para las nuevas urbanizaciones que estaban brotando cerca de la hacienda. La cantera era una colmena de movimiento y ruido, produciendo no solo losas de piedra, sino también exquisitos cristales de cuarzo.

Mientras cabalgábamos por el camino de herradura, podíamos ver brillantes fragmentos de cuarzo esparcidos por todas partes. Si cabalgábamos al anochecer, las diminutas piedras resplandecían y centelleaban al sol que se ponía. Cuando yo era pequeña, me imaginaba que estábamos cabalgando sobre diamantes. A mis ojos, parecían como si hubiera miles de gemas esparcidas al descuido por el suelo.

Ahora que soy adulta y estoy casada, tengo un diamante real en mi anillo de bodas. Y cuando me lo saco para limpiarlo, ocasionalmente pienso en aquellos fragmentos resplandecientes en nuestro antiguo camino de herradura. Pero mi diamante no acumula polvo ni descuido. De hecho, con regularidad cuido de esa piedrita, restregándola y limpiándola con pasta dental para mantenerla limpia.

¿Por qué la trato tan fielmente? Porque quiero que brille. No quiero que el polvo y la suciedad disminuyan u opaquen el fuego multicolor del corazón de esa piedra cuidadosamente tallada.

Los diamantes, duros como son, pueden aguantar cualquier cantidad de restregamiento. Y la verdad es que, nosotros también. Somos joyas que Dios piensa que pueden recibir un buen restregamiento. En Zacarías 13.9 (NVI) dice: «La refinaré como se refina la plata, la probaré como se prueba el oro».

Dios usa nuestro sufrimiento, por supuesto, como parte de ese proceso de tallado, de limpieza, refinador, en esta vida. No estoy glorificando las adversidades o el dolor que se requiere para ser una joya en la corona de Dios, sino que estoy glorificando al Dios que se refleja en la superficie de cualquier sonrisa que aflora batallando arduamente por entre el dolor y los problemas.

Y, ¿qué sucede conforme nos preparamos nosotros mismos para la corona celestial, confiando y obedeciendo a Dios en esta temporada de pérdida, desencanto y dolor? Vaya a saberlo, ¡nos convertimos en joyas relucientes a pesar de nosotros mismos! Todo debido a que escogemos confiar en el Joyero Maestro. Con herramientas de precisión, él restriega y limpia cualquier suciedad: cualquier actitud díscola, amargada, egoísta, o resentimiento, y continúan tallándonos y refinándonos conforme nos «levantamos y resplandecemos, porque... la gloria del SEÑOR brilla sobre nosotros» (véase Isaías 60.1, NVI).

Usted no tiene que aguantar medio siglo de dolor y parálisis como yo. Usted tiene que batallar con su propio conjunto de tentaciones, actitudes, y hábitos obstinados de la carne. Y Artesano como lo es, Dios sabe cuáles herramientas precisas usar en su vida para tallar, limpiar, y refinar el diamante que es su alma eterna. Muy francamente, el dolor y cincelado no terminará hasta que nosotros, como un diamante, reflejemos la luz más hermosa que este mundo jamás ha visto. El apóstol Pablo lo llamó: «Cristo en ustedes, la esperanza de gloria» (Colosenses 1.27, NVI).

La antigua cantera ahora es un lago, que llena un manantial subterráneo, y nuestro antiguo sendero de herradura está tupido de matorrales y hierbas. Es un lugar pacífico estos días. Los pájaros revolotean entre las ramas de los robles y nogales, y el viento susurra entre las hojas. Cuando Ken y yo visitamos el lugar hace unos años, para mí fue como una tajada del cielo, simplemente sentir la serenidad. Me recordó 1 Reyes 6.7 (NVI): «En la construcción del templo solo se emplearon piedras de cantera ya labradas, así que durante las obras no se oyó el ruido de martillos ni de piquetas, ni de ninguna otra herramienta». Cuando Salomón estaba construyendo el templo, Dios quería que fuera un cuadro del cielo. Así que, le dijo a Salomón que las piedras para el templo debían ser labradas en la cantera. Todo el cincelado y martilleo fue hecho en el sitio de trabajo, y no en el lugar del templo.

El mundo es el sitio de trabajo de Dios. La tierra es su cantera, y no siempre es pacífica y agradable. Estamos siendo minados y refinados de la cantera de piedra de este planeta, un lugar ruidoso, con polvo, martilleo, sudor, lágrimas, cincelado y dolor. Seamos sinceros: *duele* ser tallado. Pero Dios está labrándolo y ajustándolo a usted para el cielo. Usted es una piedra viva que está siendo construida en un templo santo, una «casa espiritual» tal como dice 1 Pedro 2.5.

Amigo y amiga, usted no es un guijarro ordinario sin propósito. Usted es una piedra viva para edificar el reino. Zacarías 9.16 dice: «En aquel día el SEÑOR su Dios salvará a su pueblo..., y en la tierra del SEÑOR brillarán como las joyas de una corona».

Pronto el polvo, suciedad y ruido quedarán atrás. Dios bajará el telón, y algo tan grandioso y glorioso sucederá al fin del mundo que será suficiente para todas nuestras heridas.

Así que aguante un poco más del martilleo, herida y desencanto. Ríndase al cincel.

Y alístese para brillar.

«Los sabios resplandecerán con el brillo de la bóveda celeste; los que instruyen a las multitudes en el camino de la justicia brillarán como las estrellas por toda la eternidad» (Daniel 12.3, NVI).

Busque su sendero

1. Efesios 2.10 dice: «Porque somos hechura de Dios, creados en Cristo Jesús para buenas obras». Otra traducción (NTV) dice que somos su «obra maestra». ¿Que pudiera eso implicar en cuanto a la opresión, tirones, empujes, y presiones de las circunstancias en que usted se halla?
2. En 2 Corintios 4.7 Pablo dice que somos vasos de barro conteniendo un tesoro radiante, sin precio: ¡Jesús mismo! ¿Qué consuelo debe darnos eso cuando nos sentimos comunes, ordinarios, e incluso rotos?

Una oración del caminante

Señor Jesús, necesito persuasión gentil hoy. Por favor, reasegúrame —por tu Espíritu Santo que mora en mí— que mis peores dolores terrenales un día parecerán como mero fastidio. Quiero imaginarme a mí mismo como césped celestial, totalmente asombrado en la montaña de gozo y placeres eternos acumulados por mi respuesta fiel a los sufrimientos terrenales. No quiero tener remordimientos ni lamentos: «¿Por qué, ay, por qué no confié más en Dios?». Persuade a mi alma, impulsa a mi corazón, y convence por completo a mi espíritu que confiar en ti en todas estas pruebas vale la pena.

Capítulo 5

El cielo capta el deseo

DE NUESTRO CORAZÓN

Permita por un momento que su imaginación se desboque. Jesús se ha ido a preparar un lugar para nosotros, y se supone que cada uno de nosotros tenga una mansión —sin necesidad de preocuparse por un anticipo o un préstamo hipotecario, gracias a Dios— en una avenida de oro con vista a hectáreas de campos y flores. ¡Asombroso!

O quizá para usted no sea «asombroso».

Tal vez, «Vaya… qué agradable».

Cuando se trata de una casa de cristal en una calle de oro, quizá se sienta tentado a lanzar una piedra contra el vidrio, de puro atrevido, por ver si se raja la placa de vidrio celestial. O es posible que sencillamente se sienta torpe e incómodo en la resplandeciente y dorada sala del trono de Dios. En realidad, sigue atascado en un enredo de imágenes terrenales cada vez que se imagina el cielo. Se ve sentado en la fiesta de las Bodas del Cordero donde, se supone, no hay necesidad de aire acondicionado ni de calefacción central en el salón del banquete. ¿Pero dónde se pone un límite en lo que se refiere a deshacerse de los artefactos de la tierra al elaborar una imagen del cielo? Si el banquete ha de comerse de forma decente, seguramente hemos de necesitar cuchillos y tenedores. Cuencos y cacerolas donde poder cocinar los alimentos. Debe haber batidoras en algún lugar de la escenografía. ¿Y quién lava los platos? ¿Las personas que están en el infierno?[1]

Puedo entender si estas imágenes no lo llevan a anhelar su morada celestial. No es que esté absorbido por las cosas de la tierra; lo que sucede es que no *siente* que el cielo sea su hogar. Sin embargo, las imágenes pintadas en la Biblia representan algo diseñado para captarle el corazón, poseerle el alma y producir una poderosa añoranza que le produzca el deseo de apurarse a quitarle el cerrojo a la puerta de adelante de esa mansión suya. ¿No le parece que sería agradable sentir esa nostalgia por el cielo?

Tómese un minuto para considerar un tiempo en el que verdaderamente sintió añoranza. No por el cielo, sino por su hogar terrenal. ¿Recuerda el dolor? ¿La sensación de ser un forastero en el entorno donde le tocaba estar?

Vaya si lo recuerdo. Sentí como que me arrancaban las entrañas. Lloré cuando era una niña y tuve que quedarme en lo de mi tía Dorothy mientras a mi madre la operaban de la vesícula. Luego fue el campamento de la iglesia. Me sentía desdichada. Y ese Día de acción de gracias cuando recién me había mudado a California (por supuesto, todo el que se muda a California al principio se siente como un inadaptado).

Mi más reciente experiencia de añoranza ocurrió en Bucarest, Rumania. Ocurrió en medio de la noche, y supe que era una extranjera en cuanto entré en mi silla de ruedas al vestíbulo del hotel que olía a humedad. Una solitaria bombilla de luz proyectaba largas sombras sobre sofás y lámparas polvorientas que eran reliquias de los años cincuenta. Las prostitutas se ocultaban en un rincón oscuro fumando cigarrillos. Desde algún lugar detrás del mostrador, una radio transmitía a Elvis Presley gimiendo «I Wanna Be Your Teddy Bear» [Quiero ser tu osito de peluche]. Había agujeros de bala en la pared de hormigón. Polillas y gases de combustión se filtraban por la puerta abierta, y alguien le gritaba a un vecino que estaba unas casas más allá.

Estaba cansada, hambrienta y sucia. No había rampas para mi silla de ruedas. No cabía en el baño. No me sentí en casa en el restaurante donde servían carne dura que nadaba en aceite y ajo. Todo lo que caracterizaba al lugar —el idioma, la cultura y especialmente la almohada sobre mi colchón— hacían que añorara a Calabasas, California. Fue horrible. Sé que usted ha sentido lo mismo.

¿Por qué Calabasas tenía cautivado mi corazón? ¿Sería por las rampas en las aceras o las bajadas de los cordones? ¿Estaciones de radio que pasaban mejores selecciones que los éxitos de Elvis? ¿Restaurantes superiores? ¿Por qué siento que encajo en California mientras que en Rumania no? Porque el hogar está donde está nuestro corazón.

Por un momento debemos elevar esta verdad poderosa por encima de los cuadritos bordados donde solemos leer esta frase. Porque si «el hogar está donde está nuestro corazón», entonces nuestro hogar debe ser más que el domicilio donde vivimos. Cuando nos ataca un sentimiento de nostalgia, es posible que el corazón sienta que quiere su propio colchón y almohada, pero esto no explica ese dolor que nos revuelve las entrañas. Lo que da forma a un hogar no es el lugar, sino quien vive en él. Nos sentimos en casa cuando el corazón está acurrucado junto al ser que amamos.

Pero a veces, cuando uno menos lo espera, incluso las personas que conforman el hogar no bastan. A veces estando acurrucados en nuestra propia almohada con nuestra propia manta, teniendo cerca la voz de la persona amada, nos asalta otro tipo de nostalgia, de naturaleza más profunda.

AÚN NO ESTAMOS SATISFECHOS

Ramas fragantes de pino y la suavidad de la nieve que cae. Té con sabor a canela y velas con aroma de vainilla. Era el hogar de 1957 en su mejor momento. En especial con la visita de Nochebuena del tío George y la tía Kitty que, al inclinarse para darme un gran abrazo, permitió que hundiera mi nariz en su estola de zorro perfumada con la fragancia Evening in Paris. Juntos, con el resto de la familia en la sala iluminada de velas, sentados en el sofá escuchábamos por la radio la música de Navidad de Bing Crosby. Era un tiempo de calma. Estábamos en el hogar.

De repente y sin aviso, me atacó la nostalgia. ¡Caramba!, allí estaba yo en la más abrigada de las casas acomodada en el sofá entre las personas que quería, y aun así me cubría un manto de nostalgia, una añoranza por un tipo de hogar más grande. Al principio no lo entendí, pero estaba en medio de otro de esos anhelos celestiales. Quizá era invierno y me encontraba a gran distancia de ese trigal de Kansas que habíamos visitado el verano anterior, pero era lo mismo.

A la mañana siguiente, ese anhelo sensible se alejó ante la presencia de cosas más triviales, y me convertí en la persona que era habitualmente. Era el día de Navidad. Archivé mi fascinación por el anhelo extraño y me zambullí de cabeza en mi pila de regalos. Arranqué el papel de uno de los regalos y pregunté: «¿Hay más?». Y luego otro regalo, mientras preguntaba: «¿Cuántos quedan?». Y después de abrir el regalo final, gimoteé: «¿Eso es todo?». ¿Qué era lo que buscaba? ¿Por qué no estaba satisfecha?

A lo largo del día, supe que tenía la libertad de jugar con mis juguetes, pero ocasionalmente dejaba mis regalos, subía a mi habitación y me apoyaba en el antepecho de la ventana para mirar afuera. ¿Qué era lo que me producía añoranza? ¿Qué era lo que quería?

¿QUÉ QUEREMOS?

En lo que se refiere al cielo, todos somos niños que abrimos miles de regalos hermosos de Navidad, preguntando después de cada regalo: «¿Eso es todo?».

A decir verdad, en lo que respecta al cielo, por qué no prepara una lista de Navidad: todos los mejores gozos, regalos y presentes que se imagina que el cielo pueda ofrecer. Formule a su corazón la pregunta: ¿qué es lo que quieres? La lista no tiene restricciones. Todo es posible. ¿Sería belleza o riqueza? ¿Fama? ¿Conducir un automóvil Ferrari?

Ahora imagine que recibe todo. ¿Cuánto tiempo piensa que tardaría en volverse inquieto? En cuánto tiempo diría: «¿Eso es todo?».

Hagamos otra lista más profunda. Pláticas interminables con Beethoven sobre escritura musical o largas conversaciones con Mary Cassatt sobre impresionismo francés. Programar estrategias de jugadas de fútbol con Bill Belichick. ¿Y qué de un cuerpo en buen estado y saludable para todos los que tienen alguna discapacidad? ¿Correr? ¿Bailar? ¿Cocinar con Julia Child? ¿Tocar la guitarra con Eric Clapton? ¿Una buena conciencia, libertad, paz mental? Quizá pasen unos cuantos miles de años más antes de que estas cosas lo aburran, pero a la larga incluso estas llegarían a ser monótonas.

Peggy Lee estaba al tanto de algo allá por los años setenta cuando nos cantó formulando la siguiente pregunta: «¿Será que eso es todo, mi amigo? Entonces sigamos bailando, bebamos y hagamos una fiesta, si no hay más... que eso».[2] La canción me asustaba en aquel entonces, y me sigue asustando ahora. ¿Será que no hay *nada* que en última instancia logre satisfacer nuestro corazón? Peter Kreeft sugiere:

¿Puede imaginarse algún cielo que a la larga no llegara a ser un aburrimiento? Si no, ¿significará eso que todas las cosas buenas deben acabarse, incluso el cielo? Al cabo de ochenta o noventa años la mayoría de las personas está lista para morir; ¿sentiremos lo mismo al cabo de ochenta o noventa siglos del cielo?... Si no queremos aburrimiento en el cielo, ¿qué es lo que queremos? Si el cielo es real, cuál es el deseo real que satisface? Queremos un cielo que no tenga muerte ni aburrimiento. Pero no podemos imaginarnos un cielo tal. ¿Cómo hemos de desear algo que no nos podemos imaginar?[3]

No nos es posible producir imágenes del cielo en nuestra mente porque nuestros deseos llegan a mayor profundidad de lo que puede imaginar nuestra mente.

Menos mal que nuestro corazón siempre está un paso adelante de nuestra mente y nuestro cuerpo. Proverbios 4.23 no está errado cuando dice que el corazón va a mayor profundidad que la mente: «Sobre toda cosa guardada, guarda tu corazón; porque de él mana la vida». Es verdad que también dice que el corazón es desesperadamente malvado, pero que aun así demuestra que es la cuna de pasiones profundas. Cosas importantes suceden en el corazón. De él «fluyen los asuntos de la vida» (Proverbios 4.23). Es posible que tengamos un pie aquí y otro en el más allá, pero nuestro corazón con frecuencia es la parte de nosotros que hala y tironea ese pie metido en el barro de la tierra diciendo: «¡Déjate de imágenes terrenales de una vez! Mira, al fin y al cabo aquí está tu otro pie. Aquí arriba está lo que añoras».

¿De veras? ¿Tiene nuestro corazón la respuesta?

¿Tiene nuestro corazón algo para decir en respuesta a este eco inquietante?

¿Podemos tener la seguridad de que nuestro corazón *verdaderamente* sepa lo que quiere?

Cuando las personas se acercaban a Jesús con alguna necesidad, resulta curioso que a menudo respondía: «¿Qué quieres?».

Siempre me ha parecido que esto era algo extraño para decir, ya que, en primer lugar, él podía leerles la mente, y en segundo lugar, su necesidad con frecuencia resultaba obvia; como por ejemplo Bartimeo, el mendigo ciego. Pero Jesús tiene sus motivos para formular esa pregunta. Él nos insta a explorar la lista de cosas que desea nuestro corazón porque sabe que deseamos algo más profundo en lugar de solo satisfacer unas pocas necesidades superficiales.

Y en lo que respecta al cielo, sabe que deseamos algo más fundamental que el placer, la prosperidad o el poder. Nuestro corazón piensa que está desesperado por volver al huerto o, de no ser allí, entonces algún lugar donde nuestra inocencia e identidad estén recluidos. C. S. Lewis dice:

> Nuestra nostalgia de toda la vida, nuestro anhelo de ser reunidos con algo en el universo del cual ahora nos sentimos aislados, de estar del lado de adentro de alguna puerta que siempre hemos visto del lado de afuera, no es un mero capricho neurótico, sino la más genuina indicación de nuestra situación verdadera... que finalmente se nos convoque a entrar sería a la vez una gloria y un honor y también la cura de aquel antiguo dolor.[4]

LA CURA DE AQUEL ANTIGUO DOLOR

En lo que se refiere a intentar curar aquel antiguo dolor, el corazón humano tiene abundante experiencia. Es impaciente y enloquecedor, prueba esto y tiene escarceos con aquello, esperando lograr un sentido de realización, poseer algo que nos proporcione inocencia, identidad y... el cielo. Sin embargo, nuestro pobre corazón lastimado en realidad no es tanto que desee aprehender el cielo, sino ser aprehendido por él. No es que desee tanto el placer, pues el placer puede agotarse. Luego de experimentarlo, se acaba. Nuestro corazón quiere algo glorioso que perdure. ¿Para siempre? De ser posible, sí.

Lo que el corazón desea es éxtasis.

Éxtasis es esa euforia maravillosa en la que nos olvidamos completamente de nosotros mismos, y a la vez nos encontramos. El diccionario lo describe como un estado del alma enteramente embargado de alegría, que provoca que uno se salga de sus límites, y una nota de pie explica que en el griego éxtasis significa estar «fuera de uno mismo». Pero una experiencia poderosa como esta no puede ser definida por un diccionario. Para apreciar su significado, el éxtasis se debe experimentar.

Es un deleite embelesado. Gozo intenso. Pasión pura. Cuando del cielo se trata, queremos que algo grandioso y maravilloso que está fuera de nosotros nos domine y nos atrape. Queremos que nos arrastre y nos envuelva un gozo que se entreteje por cada nervio y fibra. Un gozo que detenga el tiempo. Deseamos perder toda noción del tiempo y, por lo tanto, la desilusión. De la misma manera que Elías en su carroza, queremos ser secuestrados y transportados.

Esto es lo que desea nuestro corazón. Esto sería el cielo sin aburrimiento.

Estoy convencida de que el éxtasis del cielo no ha de encontrarse en los corredores de un hábitat sagrado oculto detrás de una galaxia donde las aves pían, los órganos tocan con un intenso trémolo y los ángeles saltan de nube en nube. Una imagen terrenal como esa fracasa. Ni siquiera es un símbolo bíblico; es una imagen almibarada y superficial.

No, cuando permito que se haga cargo mi corazón inspirado por el Espíritu, el cuadro es diferente. Anoche experimenté un anticipo del cielo cuando salí en mi silla de ruedas al jardín del fondo para observar la luna llena. Resplandecía perfectamente redonda y de un color blanco pálido a través de una cortina translúcida de nubes altas y delgadas. Unas estrellas azules espolvoreadas por el cielo espiaban a través de la bruma, y algún vecino tocaba una melodía de Chopin en un piano. Me acarició una brisa cálida. Una poesía medio olvidada me vino a la mente mientras me esforzaba por ver las estrellas. «Eran pequeñas mirillas en un gran muro negro por donde se filtraban las luces festivas del cielo».

Por espacio de un breve segundo estuve en éxtasis. Mi corazón quedó embargado de gozo y luego... se pasó. Cuando nos topamos con éxtasis, nuestro corazón sabe sin lugar a duda que *esto* es lo que buscábamos. Es una gloriosa curación de ese antiguo dolor, aunque solo sea por un breve momento. Los amantes que hablan acerca de estar «enamorados» lo sienten con mayor frecuencia. Se topan con el amor, se pierden en él, y luego los supera algo gloriosamente mayor que los domina. Y es extático.

Usted sabe cómo es. Sabe la sensación que produce. Su corazón se siente desfallecer y su respiración se vuelve entrecortada de solo imaginarse los ojos suaves y la tierna sonrisa de la persona amada. El solo hecho de estar juntos en la misma habitación le causa emoción. Lo acosa a preguntas solo para escuchar el sonido de su voz. ¿Y la idea de un beso? ¿Un abrazo? Casi se derrite de solo pensarlo.

Este tipo de amor, el amor romántico, para muchas personas es lo que más se aproximará a la curación de ese dolor. El problema es que la mayoría de las personas se olvida que el amor romántico (*eros*), al igual que todos los otros tipos de amor —*storgé, filio, ágape*— tiene como objetivo apuntarnos hacia un gozo mayor y más satisfactorio que cautiva. Las personas valoran la gloria que ven en su amante, y se olvidan que la gloria no está *en* el ser que aman, sino que más bien brilla *a través de* él o ella. La mayoría de las personas son ciegas al llegar a este punto. No comprenden que toda la gloria viene desde más allá de la persona que valoran, como una luz que se refleja en un espejo. Cometen el error de idolatrar a la persona que los ha cautivado, en lugar de leer las señales que nos apuntan susurrando: «No soy yo... Fíjate en mis ojos... solo estoy para hacerte recordar algo, otra persona. Rápido, ¿a quién te recuerdo? He aquí una pista: estoy hecha a la imagen de Dios».

La mayoría de las personas nunca acepta esta insinuación amplia y gloriosa. Se olvidan que el alma humana fue creada para disfrutar de algún objeto nunca otorgado, sino que solo se ha aludido a él. Se olvidan y por esto colocan en las manos de la persona que aman la increíble carga de hacer que su copa de gozo siempre esté rebosando; amontonan sobre los hombros del ser amado el peso de mantener el éxtasis que solo Dios puede llevar. ¿El resultado? Se sienten amargamente destruidos cuando el romance se desvanece y la persona que adoran no logra ser Dios, quedándose corta en su intento de mantenerlos embelesados. Y así, pasan al amante siguiente. Y al siguiente dios. Y el que sigue.[5]

Con los cristianos pasa algo diferente. Se nos persuade legítimamente en 1 Pedro 1.22 y 4.8 y en otras partes también que debemos amarnos «unos a otros entrañablemente, de corazón». Y por motivos buenos. En primer lugar, los cristianos captan la insinuación, reconocen las señales y comprenden que la persona amada está sellada con la imagen de Dios. Contamos con el «detector de hogar», los instrumentos de vuelo que nos ayudan a ver que los puntos convergentes en la eternidad *no* se cruzan en el rostro del ser amado, sino que lo atraviesan para encontrarse en el rostro de Dios. Amarse uno a otro entrañablemente equivale a reconocer que la gloria divina que vemos en los ojos de otro *sí* es un reflejo del más allá. Esto hace que el amor cristiano sea aun más dulce y cada amigo es una invitación abierta a ver a Jesús en esa persona. Tal como dice la canción:

> *A Jesús veo en tus ojos, y me hace amarlo;*
> *a Jesús siento en tu toque, y que él me cuida sé;*
> *a Jesús oigo en tu voz, y me hace escuchar.*[6]

Además, el amor que se tienen los cristianos dura mucho más que cualquier romance. Dura más allá de la vida.

En segundo lugar, tenemos incorporado un sistema de advertencia que hace sonar una alarma si empezamos a idolatrar a la persona que amamos. Dice de manera estridente: «¡Coordenadas erradas! ¡Los puntos no convergen en el rostro de él, sino en el de Dios! ¡Vuelve al carril apropiado!». Dios quiere que aprendamos que el amor humano es un cartel indicador que nos señala el camino hacia el amor divino. Debemos aprender hacia dónde debiera estar enfocado nuestro amor, y no ser como un cachorro que mueve la cola y le olfatea el dedo cuando usted intenta señalarle en qué lugar está su comida. Los cristianos pueden y deben leer los carteles como corresponde. La persona que amamos es un regalo de Dios y, como tal, nos señala hacia el dador que es el único que puede proporcionarnos una copa rebosante de gozo, y por qué no, éxtasis ocasional. Este sistema de advertencia mantiene el enfoque correcto y la frescura constante del amor, ya sea que vaya dirigido a nuestro esposo, nuestra esposa o nuestro amigo.

El tercer punto y también el más importante: cuando nosotros los cristianos nos amamos entrañablemente, alcanzamos a vislumbrar esa faceta en particular del amor de Dios que está siendo cortado, afinado y formado en la vida del ser que amamos entrañablemente. Saboreamos un anticipo de su verdadera identidad reservada en el cielo; inhalamos la fragancia de la persona celestial que se está formando en ellos. Vemos algún aspecto particular del cielo en ellos, nos regocijamos, y Dios recibe gloria: el espejo le devuelve el reflejo de su imagen y, otra vez, se nos recuerda que un día en la eternidad él por cierto será «todo y en todos».

C. S. Lewis estaba íntimamente familiarizado con la forma en que los humanos reflejamos una gloria más elevada, más celestial, cuando escribió: «Recuerde que la persona más aburrida y menos interesante a la que usted le dirija la palabra pudiera un día ser una criatura que, si usted la viera ahora, le sobrevendría una fuerte tentación de adorar».[7]

Para mí, esta es una de esas realidades divinas invisibles. Cuando miro a los ojos de un hermano en Cristo al que amo o de una hermana a la que estimo, casi alcanzo a ver justo detrás de sus pupilas al ser espiritual que es. Tampoco puedo evitar ver su futura realización divina: «Cristo en vosotros, la esperanza de gloria» (Colosenses 1.27). Así que, ¿sabe lo que hago? En mi mente, saco mi pincel, mezclo algunos tonos color piel, y les pinto el rostro. Escojo cierto color para los ojos, o le doy un ángulo a mi pincel para darle inclinación a la mejilla. Con frecuencia quedo tan absorta en el rostro que me olvido de lo que se está diciendo. Es interesante que no elijo las manos ni el cuerpo. El rostro es el lugar donde la materia es domada por la mente; es allí donde los ojos revelan la lámpara que está encendida en el alma. ¡Y por cierto que es bella esa persona! ¡Solo la tengo que pintar! Escucho el eco celestial en su voz, la inquietud en sus ojos, y solo tengo que retratarlo. Como dije en el primer capítulo, los pintores son los que con más frecuencia intentan captar el eco de la música celestial. Y cuando alcanzo a ver esa mirada eterna en los ojos de alguna persona, voy directo a ese atril de arte en mi imaginación.

Dentro de nuestro corazón encontramos una sombra del cielo, especialmente al amar «unos a otros entrañablemente», pues el amor es desear el cielo de manera inconsciente. Ahora sabemos lo que queremos. Conocemos la respuesta al anhelo de nuestro corazón.

EN EL CORAZÓN DE DIOS

Lo que sí encuentra en su corazón y lo que ve reflejado en las personas que ama es Dios. Él y solo él proporciona la sanidad de ese antiguo dolor. Por eso es que el cielo debe ser más que un lugar.

Mucho, mucho más.

Debe ser una Persona.

Si necesita que se lo convenza un poco más, hágase esta prueba que siglos atrás San Agustín tomó a sus alumnos. Imagínese que se le apareciera Dios y le dijera: «¿Quieres el cielo? Haré un trato contigo. Te daré cualquier cosa que pidas. Nada será pecado, nada estará prohibido; y nada te será imposible. Nunca te aburrirás y nunca morirás. Solo que... nunca verás mi rostro».[8]

¡Brrrr! ¿Siente ese frío en el alma? Su corazón y mente retroceden al unísono ante esta idea. Su deseo primordial es que desea a Dios más que cualquier otra cosa en el mundo. Como dijo San Agustín: «Nos has creado para ti, por lo tanto, nuestro corazón permanece inquieto hasta poder descansar en ti».[9]

Sí, el hogar de su corazón está en el corazón de Dios. Él ha puesto dentro de usted un anhelo por él, un deseo de conocerlo y de comprender cómo es él. Cada alma siente el vacío hasta que logra conectarse con su creador.

> *Cual mareas en una media luna de playa,*
> *cuando la luna es nueva y delgada,*
> *en nuestro corazón las fuertes añoranzas*
> *brotan y surgen en oleadas,*
> *vienen del místico océano,*
> *cuya orilla ninguno ha hollado...*
> *Algunos lo llamamos añoranza,*
> *y otros lo llamamos Dios.*[10]

Quizá en la tierra se busquen placeres y tesoros sin poder hallarlos, pero solo Dios viene con la garantía de que él *sí* será hallado. «Me buscaréis y me hallaréis, porque me buscaréis de todo vuestro corazón. Y seré hallado por vosotros, dice Jehová, y haré volver vuestra cautividad» (Jeremías 29.13, 14). ¡Bravo! ¡Ya no habrá más exilio! ¡Ya no seremos forasteros en tierra extraña! Dios nos asegura: «Seré hallado por vosotros».

Más específicamente, él será hallado en Jesucristo. Dios ilumina nuestro corazón y nuestra mente cuando con sinceridad buscamos la verdad y esta revela a Jesús, la imagen fotográfica del Padre que habita en luz inaccesible. Jesús es la fuente del eco inquietante y de la canción celestial. Jesús es Dios con rostro humano. Él es real y no abstracto. Nos invita a hacer lo que no podemos con lo incomprensible, nos invita a beber y comer de él, y a «[gustar y ver] que es bueno Jehová» (Salmos 34.8).

Toda mi vida jadeante
quería beber de clara fuente,
buscaba apagar el ardor
de la sed en mi interior.

¡Aleluya! ¡Lo he hallado,
aquel que mi alma ha anhelado!
Jesús mi anhelo satisface:
ahora soy salvo por su sangre.[11]

W. Tozer escribió: «Que el alma pueda conocer a Dios en una tierna experiencia personal, mientras que permanece infinitamente elevado por encima de los ojos curiosos de la razón, constituye una paradoja muy bien descrita como "Tinieblas para el intelecto, pero luz radiante para el corazón"».[12] Jesús es luz de sol para nuestro corazón. No solo para nuestra lógica, sino para nuestro corazón. Gloria a Dios, *sabemos* cuál es la respuesta al anhelo de nuestro corazón. ¡Es Jesús!

Los discípulos de Jesús, al principio, no estaban tan seguros de que este hombre que estaba entre ellos pudiera cumplir sus más profundos anhelos, así que «Felipe le dijo: Señor, muéstranos el Padre, y nos basta. Jesús le dijo: ¿Tanto tiempo hace que estoy con vosotros, y no me has conocido, Felipe? El que me ha visto a mí, ha visto al Padre» (Juan 14.8, 9).

Nuestros anhelos son satisfechos en él, pues el Hijo es «el resplandor de su gloria, y la imagen misma de su sustancia» (Hebreos 1.3). Podemos conocer a Dios —Padre nuestro que está en los cielos— si conocemos a Jesús. Y conocerlo a él, como desearíamos conocer a un amante, es éxtasis. Su invitación «entra en el gozo de tu Señor» (Mateo 25.21), es como subirse a una balsa y ser transportado sin poder impedirlo por una correntada que se desborda y salpica de gozo. Nótese, por favor, que el gozo del Señor no entra en nosotros, sino nosotros en él. Somos abarcados por algo más imponente y grandioso que nosotros mismos, un «enamoramiento» celestial en el que nada hacemos excepto reír y gozar del paseo. Jesús sonríe, extiende su mano y nos da la bienvenida a su balsa con la invitación: «El que pierde su vida por causa de mí, la hallará» (Mateo 10.39).

Cuando se entra en el gozo de Señor, el éxtasis se desborda convirtiéndose no solo en risa, sino también en canción. Una canción, al igual que la poesía, es más un lenguaje del corazón que la simple prosa. Es por ello que los antiguos autores de himnos, que estaban extasiados respecto de Dios *siempre* cantaban acerca del cielo. Estoy segura que Charles Wesley estaba embelesado cuando escribió la cuarta estrofa de «Solo excelso amor divino":

Cumple ahora tu promesa,
danos purificación;
en ti, bien asegurados,
veamos plena salvación.
Llévanos de gloria en gloria
a la celestial mansión;
y ante ti allí postrados
te rindamos devoción.[13]

Me han corrido lágrimas por las mejillas en la iglesia al cantar ese último verso: el cielo es un lugar, y también una Persona en la cual estoy perdida en asombro, amor y alabanza. Mi corazón insiste que cante cuando el cielo me corre por las venas.

CARA A CARA

¿Recuerda cuando le dije que los amantes siempre centran su atención en el rostro de la persona que adoran? ¿Y que en ese rostro encuentran éxtasis, aunque sea pasajero? He aquí una prueba sorpresa para todos los románticos: *¿En el rostro de quién se encuentra éxtasis duradero?* Obtenga una insinuación amplia y gloriosa de 27.4, 8:

«Una cosa he demandado a Jehová,
    ésta buscaré;
que esté yo en la casa de Jehová
    todos los días de mi vida,
para contemplar la hermosura de Jehová,
    y para inquirir en su templo...

Mi corazón ha dicho de ti: Buscad mi rostro.
Tu rostro buscaré, oh Jehová».

Y si necesita otro recordatorio, preste atención a Salmos 105.4: «Buscad a Jehová y su poder; buscad siempre su rostro». Los puntos de la eternidad convergen en el rostro de nuestro Salvador. No es de sorprenderse que no solo quiera pintar en mi mente los rostros de los amigos que quiero, sino también el rostro de Jesús.

Ya que obtuvo la respuesta a esa pregunta, la siguiente es fácil: *¿Cuáles son las coordenadas correctas para enfocar su fe?* La fe a la que me he estado refiriendo hasta ahora solo es la lente, las gafas mediante las cuales se «[alumbran] los ojos de [mi] entendimiento» (Efesios 1.18). La fe que he estado describiendo solo es una manera de ver y, por lo tanto, creer algo. Pero esta no es la totalidad de la historia.

Las coordenadas correctas en las que se deben enfocar los ojos del entendimiento están en Hebreos 12.1, 2: «Corramos con paciencia la carrera que tenemos por delante, puestos los ojos en Jesús, el autor y consumador de la fe». Jesús es la *realidad divina invisible*. Todo alcanzará su futuro cumplimiento divino en él. «Porque todas las promesas de Dios son en él Sí, y en él Amén», dice 2 Corintios 1.20. Esto significa *todas* las promesas. El autor y consumador ha concebido cada propósito divino y ha planificado que su cumplimiento forme parte de la maravilla del cielo, «para que en todo tenga la preeminencia» (Colosenses 1.18).

Todo lo que hay desde la montaña Pikes Peak hasta el jardín del fondo de mi casa bañado en el resplandor de una luna llena, todo lo que haya de belleza aquí no es más que una sombra de algo vastamente más bello allí, y «sabemos que toda la creación gime a una, y a una está con dolores de parto hasta ahora» (Romanos 8.22). La creación está gimiendo, anhelando que se la vista con la belleza según la intención original de su diseñador.

No solo este polvoriento planeta alcanzará realización, sino, Dios mediante, también la adolescente del vestido blanco con lentejuelas. Los muchachos iraníes de la estación de servicio. Y la niña asiática del salón de belleza, pues «nosotros mismos, que tenemos las primicias del Espíritu, nosotros también gemimos dentro de nosotros mismos, esperando la adopción» (Romanos 8.23). Dios nos dará mucho más que la inocencia que buscábamos a tientas allá en el huerto; él nos ha imputado su justicia. Se alude a nuestra futura realización divina en 1 Juan 3.2, «seremos semejantes a él, porque le veremos tal como él es». Completamente.

Ir en pos del cielo equivale a ir en pos de él. Ir en pos de él es encontrar el cielo.

Es así de simple. Si de todo corazón sigue a Jesús, no puede evitar tener una mentalidad celestial y suspirar con Salmos 73.25: «¿A quién tengo yo en los cielos sino a ti? Y fuera de ti nada deseo en la tierra». Sin embargo, algunos dirán: «Momentito, hay muchas cosas más en la tierra que deseo. Además, ya conozco a Jesús, soy salvo —lo he sido desde hace quince años— pero aún no me han cautivado las glorias celestiales en lo alto. Todavía no añoro el cielo».

PONGA EL CORAZÓN EN LAS COSAS DE ARRIBA

Hay una solución. Quizá requiera un esfuerzo, exigirá compromiso, pero se puede resolver: «Si, pues, habéis resucitado con Cristo, buscad las cosas de arriba, donde está Cristo sentado a la diestra de Dios» (Colosenses 3.1).

Este versículo es un mandato. Quizá pensemos que este mandato no es tan necesario como otros mandatos en las Escrituras, pero lo es. Si se considera que el primero y principal mandamiento es amar al Señor con *todo el corazón y con toda la mente*, (Mateo 22.37), se entiende que debemos dedicar *la totalidad de nuestro ser* (a eso se refiere cuando dice «corazón y mente») a las cosas de arriba.

Mi corazón es el lugar donde se asienta todo tipo de apetitos y afectos. ¿Acaso no ocurre lo mismo con el suyo? Nuestro corazón tiene hambre, no de comida, sino de toda una gama de coordenadas erradas. A veces el hambre en nuestro corazón nos mete en dificultades, y desearíamos poder controlar los apetitos. Sin embargo, se sorprendería de saber quién pone en nosotros estos deseos:

«Y te acordarás de todo el camino por donde te ha traído Jehová tu Dios estos cuarenta años en el desierto, para afligirte, para probarte, para saber lo que había en tu corazón, si habías de guardar o no sus mandamientos. Y te afligió, *y te hizo tener hambre*, y te sustentó con maná, comida que no conocías tú, ni tus padres la habían conocido, para hacerte saber que no solo de pan vivirá el hombre, mas de todo lo que sale de la boca de Jehová vivirá el hombre»

DEUTERONOMIO 8.2, 3, énfasis añadido

El Señor es quien nos hace tener hambre. Él es el que ha puesto dentro de nuestro corazón esas añoranzas. Al principio, esto parece raro. ¿Acaso no sabe Dios que el «hambre» con frecuencia nos mete en dificultades?

Dios tiene razones para poner en nosotros un corazón de apetitos tan grandes. Lo hace a fin de probarnos y humillarnos, para ver qué es lo que hay en lo más íntimo de nuestro ser, para comprobar si hemos de seguirle o no. De acuerdo con Deuteronomio, él pone ante nuestra vista una amplia gama de cosas que *pudieran* causar que nos descarriláramos, pero su propósito nunca es tentar, solo probarnos para ver si apuntamos a las coordenadas que corresponden. ¿Sucumbirá usted al hermoso rostro del esposo de su mejor amiga o escogerá el cielo? ¿Codiciará ese tercer carretel de pesca Penn International 50W o deseará el cielo? ¿Cargará al máximo sus cuatro tarjetas de crédito para poder comprar nuevo empapelado, alfombrado y muebles o invertirá en el cielo?

Tener hambre equivale a ser humano, pero saciarse con Dios es enviar a su corazón al cielo por adelantado. Aliméntese de él en su corazón, y de un jalón sacará ese pie del barro de la tierra y se acercará un paso más a la eternidad.

Reconozco que es una lucha constante buscar las cosas de arriba. Siempre y siempre queremos más. Y donde sea que hallemos nuestra ciudadanía, ya sea en el cielo o en la tierra, se revela en las cosas que deseamos con pasión. Si deseamos las cosas monótonas y sensuales de la tierra, nuestras almas reflejan esa monotonía; si nuestros deseos se elevan para encontrar realización en lo exaltado, lo noble, lo puro y lo digno de alabanza, recién entonces encontraremos satisfacción rica y placentera.

Los grandes en el reino de los cielos serán sencillamente los que buscaron a Cristo y lo amaron más. Los grandes serán aquellos que, habiendo recibido una advertencia del detector del hogar del corazón que les indicaba «¡Te has desviado del curso trazado!», simplemente volvieron a encarrilarse.

Así quiero vivir. Cuando leo «Deléitate asimismo en Jehová, y él te concederá las peticiones de tu corazón» (Salmos 37.4), quiero centrar mi atención en Jesús, no en la lista de deseos de mi corazón. Sí, me doy cuenta de que al controlar los apetitos de mi corazón se acrecentará mi soledad en la tierra, pero estoy convencida de que estoy destinada a gozar de placer sin límite al nivel más profundo en el cielo. También sé que ahora no hay nada que alcance a satisfacer el nivel de expectativas de mi corazón anhelante y que este silencioso pero pulsante dolor me impulsa a anticiparme las glorias celestiales arriba.

Para mí, el verdadero contentamiento en la tierra significa pedir menos de esta vida porque habrá más en la venidera. El contentamiento piadoso es gran ganancia. Ganancia celestial. Como Dios ha creado los apetitos de su corazón, tiene lógica que él debe ser la consumación de esa hambre. Sí, el cielo galvanizará su corazón si enfoca su fe no en un lugar de mansiones resplandecientes, sino en una persona, Jesús, que convierte al cielo en el hogar.

PONGA SU MENTE EN LAS COSAS DE ARRIBA

Colosenses 3.1 es en realidad un mandato doble. No solo debemos poner nuestro corazón en las cosas de arriba donde está sentado Cristo, sino también poner nuestra mente en las cosas de arriba. Eso es difícil. Nuestro corazón contiene una sombra del cielo, pero nuestra mente no. Lo puedo probar.

Por ejemplo la semana pasada. Después del estudio bíblico, algunas de las muchachas se quedaron y empezaron a hablar mientras bebíamos café. Se pensaría que nos quedamos platicando acerca del aliento dado por el apóstol diciéndonos que pusiéramos nuestro corazón y nuestra mente en las cosas de arriba, ¿verdad? Equivocado. En lugar de eso, conversamos sobre las ventajas del nuevo tubo vertical de dentífrico prolijo y de uso fácil con tapa conveniente que se abre de un golpecito o girando para facilitar el uso y la limpieza. Hablamos sobre la venta especial en May Company, sobre si Excedrin PM solo es una treta de mercadeo para conseguir que más personas tomen somníferos y sobre los informes más recientes acerca de las cosas que está haciendo la Primera Dama.

No es que haya nada malo ni inmoral en estos pensamientos, pero no es de sorprenderse que Dios le haya dicho a Isaías: «Porque mis pensamientos no son vuestros pensamientos, ni vuestros caminos mis caminos... Como son más altos los cielos que la tierra, así son mis caminos más altos que vuestros caminos, y mis pensamientos más que vuestros pensamientos» (Isaías 55.8, 9). Por algún motivo, no creo que Dios se quede levantado de noche preguntándose por qué no estandarizan los tomacorrientes a nivel mundial.

Los pensamientos de Dios son más altos que los nuestros. Y es necesario achicar la brecha. Es necesario que mis pensamientos se eleven a los cielos donde está sentado Cristo. Esto significa más que solo pensar lindos pensamientos de niña exploradora que sean limpios y reverentes. «Poned la mira en las cosas de arriba» significa eso justamente: pensar en las cosas de arriba.

Esto me golpeó hace poco cuando, durante una visita a Italia, exploramos la Basílica de Roma. Al frente de la enorme y oscura catedral, reluciente en mármol italiano, mosaicos y estatuas, no estaba el altar que yo esperaba ver. En lugar de él, había un gran trono. Estaba formado de madera dorada oscura y rodeada de nubes y rayos dorados. El sol entraba a raudales por las ventanas en lo alto, cubriendo toda el área en tonos cálidos y bellos. Suena extravagante, pero en realidad, resultaba bastante inspirador. Fue una sorpresa agradable, a pesar de ser una representación pobre del trono de gloria verdadero en el cielo.

Después de regresar a casa, una noche, estando acostada en mi cama, me puse a pensar en el trono en la basílica. No se parecía para nada al trono descrito en Daniel 7.9: «Se sentó un Anciano de días... su trono llama de fuego, y... millares de millares le servían». Traté de imaginarme el trono verdadero y se convirtió en un maravilloso ejercicio en el acto de poner la mira en las cosas de arriba. La imagen terrenal de un trono envuelto en llamas, a mi parecer, sonaba un poco como *La guerra de las galaxias*, así que centré mi atención en el versículo de Salmos 22.3 que dice: «Él está sentado en el trono de nuestras alabanzas».

Decidí *pensar* justamente en eso: un trono hecho de las alabanzas de las personas. Cada junta y pata representaba «Eres digno» o «Eres santo» o «Tu nombre es maravilloso» y muchas más. Me imaginé el deleite de Dios al reclinarse sobre tales alabanzas. No se trata de un deleite común y corriente, sino de risa cargada de gozo, pues «El que mora en los cielos se *reirá*» (Salmos 2.4, énfasis añadido). Cuando me quise dar cuenta, yo también me estaba riendo con el corazón alegre, habiendo sido elevada con Cristo a los lugares celestiales; luego, cayendo postrada y alabándole por haberme concedido acceso al santuario y también el honor de construirle un trono de alabanza.

¿Acaso todo esto es de una mentalidad demasiado celestial? De ninguna manera. Cuando mi mente escudriña las Escrituras, como también sus símbolos del cielo, la fe tiene algo sobre lo cual puede crecer. Ese rato de contemplación me ayudó a sacar más mi pie del lodo de la tierra, haciendo que mi corazón se volviera más liviano y mi mente más pura.

Poner nuestra mira en Cristo significa no solo contemplar lo divino en el cielo, sino lo divino en la tierra. Piense en Jesús y solo en él. Contemple Filipenses 4.8 y piense en «todo lo que es verdadero, todo lo honesto, todo lo justo, todo lo puro, todo lo amable, todo lo que es de buen nombre» acerca de Cristo. Imagínese a Jesús bendiciendo a los niños y exprésele en oración cuán amable y bondadoso siente usted que es él, cuánta ternura expresa él al tomar un bebé de brazos de su madre, mecerlo suavemente y darle un beso en la mejilla. Imagínelo acariciando la cabeza de un muchachito o tomando entre sus manos el rostro de una niña para bendecirla. Cuánta nobleza, cuánta belleza tiene Jesús. Imagínelo extendiéndose para sanar el dolor sangrante de la mujer con hemorragia. Cuánta ternura, cuánta compasión tiene Jesús. Imagínelo endureciendo el rostro ante los farsantes religiosos y haciendo frente al pecado. Cuán santo y asombroso es Jesús. Y cuánto cambia usted después de dedicarse a tales reflexiones.

Es aquí donde verdaderamente se edifica el amor entre usted y Dios. Porque recuerde, él también está pensando en usted. Salmos 139.17, 18 dice: «Cuán preciosos me son, oh Dios, tus pensamientos! ¡Cuán grande es la suma de ellos! Si los enumero, se multiplican más que la arena». El Hijo pone a nuestra disposición los pensamientos del Padre al rebajarse para hacerse comprensible para nuestros cerebros de mosquito. En la Biblia, Jesús nos ha dado sus pensamientos y tenemos la «mente de Cristo» (1 Corintios 2.16) cuando nos aferramos a él y a sus ideas. Entonces, y solo entonces podemos ser atraídos por el cielo.

EL CIELO Y DIOS... DIOS Y EL CIELO

Pensar acerca del cielo es pensar acerca de Jesús. Ir en pos del cielo con el corazón equivale a ir en pos de él.

No estoy haciendo uso de licencia poética. No estoy haciendo interpretaciones perezosas de la Biblia. El cielo y Dios están estrechamente ligados, y al ir en pos de uno se va en pos del otro. Mateo 23.22 dice: «El que jura por el cielo, jura por el trono de

Dios, y por aquel que está sentado en él». Si jura por el cielo, está jurando por Dios. El cielo es el lugar donde Dios *tanto está* que es posible referirse a uno y prácticamente estar refiriéndose a ambos.

Cuando las Escrituras se refieren al reino de los cielos, significa el reino de Dios. John MacArthur explica:

> Simplemente se trata de otra manera de expresar a Dios. En el período entre el Antiguo y el Nuevo Testamento, los judíos nunca usaron el nombre de Dios... porque pensaban que era demasiado sagrado para pasar a través de sus labios. Una de las cosas con las que reemplazaban el nombre de Dios era el cielo. En lugar de decir, «Adoro a Dios», decían, «Adoro al cielo». En lugar de decir, «Invoca el nombre de Dios», decían, «Invoca el nombre del cielo». Entrar al reino de los cielos equivale a entrar al reino de Dios.[14]

El Rey del cielo quiere que veamos este estrecho vínculo entre el lugar y la persona. Cuando nuestro corazón se funde con el de Dios y cuando nuestra mente está pensando en él, el lugar y la persona ya no parecen estar separados. «Juntamente con él nos resucitó, y asimismo nos hizo sentar en los lugares celestiales con Cristo Jesús» (Efesios 2.6). ¡Asombroso! Cuando comprendemos nuestra posición en Cristo, empezamos a entender nuestra posición en los lugares celestiales. *Ya estamos sentados* con Cristo en los lugares celestiales. No me estoy refiriendo a proyección astral ni a nada misterioso. En realidad, no estamos, aún, en el lugar que es el cielo propiamente dicho, pero *sí estamos* en los lugares celestiales por el hecho de vivir en una esfera bajo el gobierno de Dios y la bendición de su Espíritu. Estamos bajo el dominio del Rey del cielo, y eso nos coloca en su esfera. El Rey ha venido como también su reino. El Rey está entre nosotros, y su reino dentro de nosotros. Todos los carteles indicadores señalan hacia allí *y* hacia aquí. Todos los carteles nos conducen a él porque todos los carteles vienen de él.

Use aquí sus ojos de fe. Aquí está otra de esas realidades divinas invisibles. «Os habéis acercado al monte de Sion, a la ciudad del Dios vivo, Jerusalén la celestial, a la compañía de muchos millares de ángeles, a la congregación de los primogénitos que están inscritos en los cielos» (Hebreos 12.22, 23). ¿Por qué están todos los verbos en el tiempo presente? Pues, como dije en un capítulo anterior, *quizá* esté relacionado con el tipo diferente de tiempo en el que existe el cielo, o la siguiente y nueva dimensión de mansiones y calles de oro. Lo más probable es que Dios solo quiera poner en marcha su mente y hacer latir su corazón mediante una emoción de tiempo presente, una expectativa del cielo que está a la vuelta de la esquina. ¿Acaso no se supone que sientan eso por su patria los extranjeros que están en tierra extraña?

Viva en el tiempo presente del cielo y podrá así percibir la fragancia celestial de la persona que llegará a ser. Su vida tendrá intensidad y profundidad. Se sentará cerca del examen propio, comprendiendo que por sus palabras y acciones le está haciendo un mundo de bien a la tierra. Su fe inspirada por el cielo le dará gozo y paz, sin desfiles ni bulla.

Más que nada, empezará a sentirse en casa. Empezará a ver al «Padre nuestro que estás en los cielos» no como el incomprensible, sino como lo ve Jesús: *Abba*, Padre. Papi.

El hogar es donde está Papi.

VAMOS A CASA

Me gusta la tierra, pero mi corazón late por el cielo.

Calabasas, California, es agradable, pero palidece a la luz de los lugares celestiales. El hogar es bastante bueno aquí, pero mis instintos hogareños a menudo me llevan a sacar una silla a la galería al frente de mi mansión para hacerme sombra con la mano mientras mis ojos recorren «una tierra que se extiende lejos» (Isaías 33.17). Tengo una gloriosa añoranza por el cielo, un dolor penetrante y desgarrador. Soy una forastera en tierra extraña, una persona desplazada con un dolor ferviente y apasionado que es tan pero tan satisfactorio. Los gemidos son una bendición. ¡Qué regocijo sentir añoranza del cielo porque «el deseo cumplido regocija el alma» (Proverbios 13.19)!

Nunca se simbolizó esto de manera más clara que en uno de nuestros recientes retiros de Ministerios JYA que ayudé a dirigir para familias de niños discapacitados. Al cabo de una semana de excursiones en silla de ruedas, estudios bíblicos, artes y manualidades, escuché mientras se pasaba el micrófono de una familia a otra, cada una contando con lágrimas en los ojos lo maravilloso que había sido el tiempo que pasaron. Algunas hablaron de haber conocido amigos nuevos. Otras, de los juegos, la música y las excursiones. Unas pocas expresaron cuánto desearían que la semana pudiera extenderse mucho más.

Luego el pequeño Jeff, pelirrojo y pecoso, levantó la mano. Tenía Síndrome Down y se había ganado los corazones de muchos adultos que estaban presentes en el retiro. Las personas habían sido cautivadas por su sonrisa encantadora y espíritu alegre. Todos se inclinaron hacia adelante para escuchar sus palabras. Jeff tomó el micrófono y se expresó de manera buena y breve cuando gritó: «¡Vamos a casa!». Sonrió, hizo una reverencia y devolvió el micrófono. Todas las familias se rieron a carcajadas.

Su madre me dijo después que, aunque Jeff se había metido de lleno en las festividades de la semana, había extrañado a su padre que estaba en casa.

Me identifico con Jeff. Las cosas buenas de este mundo son bastante placenteras, pero *¿de veras* desearíamos que siguiera existiendo tal como está? No lo creo. Las cosas agradables de esta vida son meros presagios de cosas aun mayores y más gloriosas que aún han de venir. Dios no desearía que cometiéramos el error de pensar que este mundo es una morada permanente. Fue C. S. Lewis que escribió: «Nuestro Padre nos refresca en el viaje con algunas posadas agradables, pero no nos animará a confundirlas por el hogar celestial que nos espera».[15] Estoy de acuerdo con él y con Jeff. Es una buena vida, pero aguardo con expectativa ir a mi hogar.

Extraño mi hogar.

Extraño a Dios.

SUBA MÁS

Cuanto más años tengo, más precioso se siente cada momento. Es lo mismo con las amistades. En estos últimos años, ellas añaden a mi vida mucha riqueza enviada del cielo. Como mi amiga Care Tuk. Ella ha estado trabajando como voluntaria con Joni y Amigos, a toda vela, por muchas décadas.

Apenas recientemente, sin embargo, ella ha tenido que reducir el paso un ápice.

Care ha tenido que soportar más de noventa cirugías. Cáncer, huesos rotos, y mucho dolor le hará eso a una. Pero usted no lo sabrá si está con ella. El hecho es que no puedo captar lo suficiente la perspectiva feliz de esta asombrosa mujer. Como ella dice a menudo: «Está bien *tener* dolor, pero, por favor, ¡no *seas* un dolor!».

Con todas las cirugías de Care, ella tiene en su cuerpo toda una colección de placas, tornillos, y varillas que mantienen las cosas en su lugar. (¡Debería ver sus radiografías!). Para mantener su enfoque brillante, animado, de la vida, sin embargo, ella llama a toda esa ferretería invisible su «bling interno».

El hecho más importante en cuanto a Care Tuk es que ella es una firme creyente que se aferra firmemente a la gracia de Jesucristo con todo su corazón, alma y mente. ¿Su lema? Simplemente pregúntenselo, y ella con gusto se lo dirá: «Los que viven para el mañana mueren deseando. Los que viven para el ayer mueren desalentados. Pero los que viven para el hoy no tienen lamentaciones, porque están viviendo ese mismo momento».

Allí hay riqueza enviada del cielo. ¡Valorar los momentos! Hablamos de días, semanas, o temporadas especiales en nuestras vidas. Pero cuando se piensa en eso, todo nuestro tiempo en la tierra en realidad es nada más que una sucesión de momentos; incontables instantáneas diminutas que, combinadas, producen una película de nuestro peregrinaje. Sí, Dios está con nosotros por los días y años de nuestras vidas, y estamos agradecidos por eso. Pero él también está con nosotros momento tras momento. Y los momentos con él tienen el propósito de que sean saboreados.

Me gusta especialmente las palabras de Care Tuk en cuanto a «nada de qué lamentarse». ¿Qué quiere decir vivir sin lamentos? En 2 Corintios 7.10 Pablo escribe: «La tristeza que proviene de Dios produce el arrepentimiento que lleva a la salvación, de la cual no hay que arrepentirse».

Esta es mi comprensión presente de ese versículo. Ser salvada quiere decir que una se da cuenta de su bajo estado ante un Dios santo. Una *es* nada y no *tiene* nada aparte de su gracia poderosa. De eso es de lo que trata la tristeza que proviene de Dios. Y cuando una se da cuenta de cuán «baja» es, las expectativas mundanales no pueden evitar que se las reduzca. Sí, una puede soportar adversidad; sí, puede experimentar corazón roto y dolor, tal como mi amiga Care Tuk ha tenido que soportar. *Pero un espíritu humilde le hará a una esperar y exigir menos de la vida.* ¿Por qué? Porque una sabe que más —tanto mucho más— viene en la vida venidera. Una entiende y acepta que estos «setenta», con todo su brillo, resplandor, y glamour, no es la única vida aquí. Para el humilde que sufre, la salvación le deja absolutamente sin nada de qué arrepentirse en cuanto al mundo. ¡Nada! C-E-R-O.

Si yo adoptara la actitud de Care Tuk (y lo hago), lo diría de esta manera: «Preferiría un millón de veces estar confinada a esta silla de ruedas conociendo a Jesús que libre y de pie sin él».

Mirando hacia atrás, a cincuenta años de parálisis, cincuenta años en una silla de ruedas, no tengo nada de que arrepentirme, amigo mío. Absolutamente nada. *Todo* lo demás, todo lo demás que este mundo tiene para ofrecer *palidece* —se desvanece a menos que nada— en comparación a la compañía diaria con el Hijo de Dios y la perspectiva de estar en el Hogar con él para siempre.

Cuando una se ve a sí misma entre los más pequeños, los últimos, los más diminutos y los perdidos, Dios llega a serlo todo. Cuando una suelta las riendas de todas sus ganancias, boletines de prensa, y trofeos de bambalinas de este mundo, una se halla una misma atraída más cerca al Señor Jesús por los más pequeños de los gozos. En otras palabras, disfrutamos de los momentos, los momentos preciosos, que el Señor del tiempo deja caer como joyas selectas.

Una hora de escuchar a Bach le recuerda a una la majestad de Dios.

Sentada frente a la fogata de leña de cerezo en una noche fría le recuerda a una la santidad flamígera del Señor y el cálido abrazo de su amor.

Descansando bajo un árbol en un ventoso día de otoño, observando las hojas volar en el viento, le recuerda a una que el cuerpo de una puede estar desbaratándose, pero que una nueva temporada de vida interminable, indestructible, se acerca. Una no tiene nada de qué arrepentirse en cuanto a este mundo porque toda la esperanza está en el venidero, que, de paso, le ayuda a una a vivir mejor la vida aquí en la tierra.

Simplemente pregúntenselo a mi amiga Care Tuk. Su vida es más rica, más plena, más profunda, y más significativa; sí, incluso después de docenas y docenas de dolorosas cirugías. En 1 Corintios 3.21-23 (NVI) lo dice muy bien: «...todo es de ustedes... el universo, o la vida, o la muerte, o lo presente o lo por venir; todo es de ustedes, y ustedes son de Cristo, y Cristo es de Dios».

Una actitud sobria en cuanto a esta tierra conduce al arrepentimiento, lo que a su vez conduce a la salvación.

Y nada de qué arrepentirse.

BUSQUE SU SENDERO

1. ¿Significa añorar el cielo que una no valora ni aprecia la vida, la familia, y el lugar que Dios le ha dado en la tierra? Describa el balance que el apóstol Pablo logró en su declaración en Filipenses 1.19-26.
2. Lea de nuevo las incomparables palabras de Juan 14.1-4. ¿Qué significa que el Hijo de Dios está ahora misma preparando —proveyendo, alistando, poniéndolos toques finales de amor— un lugar especialmente para usted?

UNA ORACIÓN DEL CAMINANTE

Señor Dios, tú podrías haberme llevado al cielo de inmediato cuando creí en ti por primera vez, pero sabiamente escogiste que yo quedara de este lado de la eternidad, atravesando penosamente y con esfuerzo mis pruebas. Me doy cuenta, Amado Señor, de que tengo solo esta oportunidad para ser preparada para toda la eternidad. Así que ayúdame a ser tu sembradora fiel, esparciendo buena semilla, labrando el barbecho, y diciendo palabras de ánimo y salvación a mi familia y amigos... hasta que vengas o me llames. Tu sierva, tu hija.

Capítulo 6

El cielo:

EL HOGAR DEL AMOR

Cuando se está enamorado cuesta esperar.

Esto es tan cierto ahora como lo era hace dos mil años. Pregúnteselo a Judith, una joven doncella judía que vivía en las colinas más allá de Jerusalén, y a Natanael que se crió en la ciudad.

Para Judith, el romance comenzó mucho tiempo antes de comprometerse con Natanael. Solo era una niña extrayendo agua de un pozo en las afueras del muro de la ciudad de Jerusalén cuando se conocieron, y las sonrisas que se cruzaron captaron las miradas de los padres de ambos. Los años pasaron, su amistad creció, y no pasó mucho tiempo hasta que tanto la familia de Judith como la de Natanael estaban contemplando felizmente un casamiento. Los padres tomaron la decisión, mientras que Judith y Natanael ofrecieron su consentimiento en forma voluntaria. Esa era la costumbre. Era la manera judía.

Las campanas de bodas comenzaron a tañer para los dos cuando Natanael dio el primer paso. Una mañana, salió de su hogar en Jerusalén y viajó a la aldea de Judith para hablar con su padre respecto de un compromiso. Al acercarse a la casa de ella, a Natanael le sudaban las palmas de las manos... ¡la tradición judía asignaba mayor importancia al compromiso que al casamiento mismo!

Sabía que debía tratar dos cosas relacionadas con el establecimiento de un pacto de esponsales. Primeramente, pediría al padre de Judith la mano de su hija en matrimonio. Luego negociaría el precio para asegurar su esposa, una dote que mostrara a la familia de Judith que él, Natanael, contaba con los medios necesarios para poder cuidar de ella como correspondía. Él amaba tanto a Judith que estaba dispuesto a comprometerse con una suma importante... su padre y él ya lo habían hablado, y ambos habían convenido que Judith bien valía lo que les costara.

Esa mañana, Natanael no fue decepcionado. Al padre de Judith le daba gusto entregar la mano de su hija en matrimonio y se acordó una dote. Natanael con alegría pagó por su nueva esposa y se selló el contrato de esponsales. Esa tarde, en una ceremonia formal, la novia y el novio confirmaron su pacto bebiendo juntos de una copa de vino. Era un símbolo hermoso de su pacto de matrimonio, y la familia de Judith desparramó abrazos, besos y lágrimas por todas partes. Natanael y Judith en ese momento quedaron oficialmente casados, una unión que no podía ser disuelta excepto por divorcio. Sin embargo, pasaría mucho tiempo antes de que en realidad convivieran.

Natanael, henchido de feliz expectativa, se disculpó avanzada esa tarde y regresó a la casa de su padre. Al ver Judith partir a su novio, se dio cuenta de que a ambos les aguardaba mucho trabajo por delante para prepararse. Natanael estaba regresando a la casa de su padre para preparar un lugar donde podrían vivir. Ella sabía que estaría construyendo un agradable y amplio agregado al hogar donde vivirían bajo el mismo techo de la familia de Natanael. Lo más probable es que pasara todo un año antes de que su novio regresara a buscar a Judith y llevarla a su propia casa. ¡Ella a duras penas podía esperar!

Pasaron semanas y meses con lentitud para la novia en espera, pero Judith sabía que él sería fiel a su promesa. Se mantuvo ocupada juntando elementos para su nuevo hogar, aprendiendo todo lo que pudiera acerca de ser una buena esposa, y soñando con sus damas de honor sobre cómo sería la vida de casada. Sin embargo, en sus momentos privados, cuando estaba sola en su cuarto, suspiraba por Natanael. La separación entre ellos parecía eterna.

Una mañana se despertó Judith y se dio cuenta de que ya había pasado casi un año. Sabía que Natanael vendría a buscarla en cualquier momento. También sabía que él y sus acompañantes vendrían a buscarla de noche. Esa era otra costumbre. ¿Qué noche? No tenía idea de cuándo ocurriría, y eso lo tornaba aun más emocionante. Judith les hizo saber a sus damas de honor que debían estar preparadas en cualquier momento.

Una noche después de cenar, mientras estaba apoyada en el antepecho de la ventana, Judith escuchó una voz apenas perceptible a la distancia: «¡Viene el novio! ¡Allá viene!». ¡Había llegado el momento! Se levantó rápidamente y corrió a su habitación para buscar las cosas que había embalado, con la esperanza de que sus amigas en la aldea también hubieran escuchado el grito. Mientras tanto, Natanael estaba marchando hacia la aldea con sus amigos en una procesión con antorchas. A medida que más transeúntes iban reconociendo a la partida nupcial, se unían a la llamada a la celebración y comunicaban las buenas noticias a voces, pasando la palabra de una cuadra a la otra. ¡El novio estaba en camino!

Las damas de honor se enteraron de la advertencia y corrieron a la casa de Judith para ayudarla a ponerse sus vestiduras nupciales. En cuestión de momentos, la procesión iluminada con antorchas se detuvo al frente de su casa. Judith espió por su ventana. Las lámparas de aceite despedían destellos de luz mientras colgaban de la punta de largos palos de madera que sostenían en alto. Sus damas de honor escucharon risas y canciones abajo en la calle y comenzaron a cantar su propia canción. Ella le echó una mirada a su espejo de metal lustrado antes de que ella y su familia y amigas salieran corriendo para encontrarse con Natanael y sus acompañantes.

Cuando la novia en su vestido de boda salió por la puerta a la calle, la partida nupcial dio gritos de júbilo. Entre canciones y risas, Natanael tomó la mano de Judith y juntos, con el resto de la partida, caminaron a la luz de las antorchas de regreso a la casa del padre de Natanael, donde ya estaban esperando los invitados al casamiento. Al llegar a la casa, Judith y Natanael saludaron a los invitados y dieron la bienvenida a todos al banquete de la boda. Finalmente había llegado el momento de consumar su matrimonio, así que, después de disculparse, pasaron a la cámara nupcial. Mientras que los testigos del novio y las damas de honor aguardaban afuera, Natanael tomó la mano de su amada, y entraron solos a la cámara. En la intimidad de la habitación, la tomó en sus brazos, la besó y, después de un rato, se acostó con ella en su cama, cumpliendo el pacto que habían hecho el año anterior. Para ellos dos fue éxtasis, y el largo período de espera solo hizo que sus relaciones amorosas fueran más dulces y placenteras.

Después de un rato, Natanael salió de la cámara nupcial, y anunció la consumación de su matrimonio a los otros miembros de la partida nupcial que estaban esperando. La palabra se extendió como reguero de pólvora a los otros invitados a la mesa del banquete, y allí comenzó el festejo y la celebración de verdad: hubo danzas, música y risas por toda la calle donde vivía Natanael. Pero, durante todo este tiempo, Judith permaneció oculta en la cámara nupcial. Esta, también, era una costumbre judía que recibía el nombre de «días de escondite». Pero al finalizar el séptimo día de la fiesta de bodas, el novio hizo salir a la novia de la cámara sin el velo. «Por favor saluden a la esposa del novio», anunciaron los amigos de Natanael, y todos aplaudieron a rabiar al nuevo matrimonio.

Ambos habían anhelado este momento durante toda su vida y, de allí en más, Natanael y Judith vivieron felices para siempre.[1]

¡HE AQUÍ EL NOVIO!

Quité el polvo de esta historia que describe la antigua costumbre judía de los esponsales, no con la intención de dar una lección de historia, sino una de índole espiritual. El romance entre Judith y Natanael está cargado de símbolos gloriosos para usted y para mí mientras esperamos el cielo. Símbolos que explican por qué anhelo y en realidad *extraño* a mi Salvador.

Juan 3.29 me dice que «El que tiene la esposa, es el esposo» y, a diferencia de la situación en matrimonios modernos, yo le pertenezco. Mi vida está escondida con Cristo en Dios (Colosenses 3.3), y la persona que soy no aparecerá hasta que aparezca él (1 Juan 3.2). Mi vida está envuelta en aquel que me redimió. Me redimió en *amor*. De modo que, es natural que suspire por él y sienta añoranza de estar con él, en especial cuando sé en qué lugar está y lo que está haciendo: «En la casa de mi Padre muchas moradas hay; si así no fuera, yo os lo hubiera dicho; voy, pues, a preparar lugar para vosotros. Y si me fuere y os preparare lugar, vendré otra vez, y os tomaré a mí mismo, para que donde yo estoy, vosotros también estéis» (Juan 14.2, 3).

Estas son las palabras de un amante. El que ama mi alma. Quizá en alguna época el significado de este versículo escapaba a mi entendimiento, pero cuando se lo ubica en el contexto de él como novio y yo como novia, me provoca a preparar mi ajuar y alistarme a partir.

Mi amor por el cielo se energiza porque sé lo que siente él por mí: «El amor de Jehová estará en ti... como el gozo del esposo con la esposa, así se gozará contigo el Dios tuyo» (Isaías 62.4, 5). Reflexione sobre eso durante un momento. Él se *goza* con usted, y no diga esa palabra como un santo de yeso en un tono monótono de voz. Es una situación para dar saltos, apretar los puños, echar la cabeza hacia atrás y gritar con fuerza, «¡Se goza!». Jesús rebosa de sincero amor por usted cuando dice en Cantares 2.14: «Muéstrame tu rostro, hazme oír tu voz; porque dulce es la voz tuya, y hermoso tu aspecto». Este es un Dios enamorado.

No es un asunto de palabras dulces. No. Él dio su vida en calidad de dote, y la cruz me muestra que él y su padre acordaron un precio exorbitante. Cada vez que bebo de la copa del vino de comunión, recuerdo el pacto entre mi novio y yo. Y le he prometido que beberé de esa copa en memoria de él hasta el día en el que él venga.

Hasta que él venga. Esa es la parte difícil.

Cuesta tanto esperar. Resulta aun más difícil cuando se está enamorado.

Como Judith en nuestra historia, a veces me encuentro apoyada en el borde del antepecho de la ventana del tiempo, preguntándome: ¿cuándo, por favor, cuándo regresará? Me lleva a preguntarme sobre el resto de los símbolos del matrimonio entre Judith y Natanael: ¿será que los gritos en las calles representan la voz de arcángel anunciando la llegada de Cristo, el novio (1 Tesalonicenses 4.16)? ¿La llegada repentina de la partida nupcial significa que él nos sorprenderá y se presentará como ladrón en la noche (Mateo 24.42–44 y 1 Tesalonicenses 5.2)? Jesús nos da una pista en Apocalipsis 16.15 cuando dice: «He aquí, yo vengo como ladrón. Bienaventurado el que vela».

¿Y qué de la novia y los acompañantes del novio que esperan en la calle? ¿Simbolizará esto que el Señor nos arrebatará de nuestros hogares para encontrarse con nosotros en las nubes? Porque «los muertos en Cristo resucitarán primero. Luego nosotros los que vivimos, los que hayamos quedado, seremos arrebatados juntamente con ellos en las nubes para recibir al Señor en el aire» (1 Tesalonicenses 4.16, 17). Hay quienes dicen que la Fiesta de la boda del Cordero se celebrará durante los siete años de tribulación

y que, así como el novio presentó a su novia al cabo de los siete
«días de escondite», de la misma manera, después de los siete
años de tribulación, Cristo regresará con su novia para aplastar
a sus enemigos y establecer su hogar en la tierra. ¿Será este el
significado subyacente a estos símbolos?

No lo sé. Y no es necesario que lo sepa. Mi responsabilidad
como prometida es estar preparada y esperar.

ESTÉ PREPARADA... LA NOVIA
PURA Y SIN MANCHA

Quiero ver el rostro de mi Salvador.

Quizá no se dé cuenta de ello, pero usted también desea verlo.
Queremos ver. Encontramos que nos resulta difícil descansar con
comodidad en una relación —con Dios, con cualquiera— cuando
no vemos el rostro de la persona adorada. Es por esto que en mi
cabeza pinto los rostros de los amigos que quiero profundamente,
en especial cuando estoy alejada de ellos. La esencia de quiénes
son está en los ojos, la boca, la sonrisa. La cara es el punto focal
de la personalidad.

En lo que se refiere a novias y novios, se presenta intimidad
plena entre un hombre y una mujer cuando están cara a cara. Y
cuando la Biblia habla de anhelar a Dios, se refiere a querer ver
su rostro. El salmista le ruega a Dios: «Haz resplandecer tu rostro
sobre tu siervo» (Salmos 67.1), y «No escondas tu rostro de mí»
(Salmos 69.17). Finalmente, «Veré tu rostro en justicia; estaré
satisfecho cuando despierte a tu semejanza» (Salmos 17.15).

Mirar a los ojos de Dios es encontrar amor, aceptación y
satisfacción.

Pues, sí y no.

Sigue habiendo un grueso escudo entre Dios y nosotros. No
podemos ver lo que anhela nuestro corazón porque como dice
1 Timoteo 6.16 [refiriéndose a Dios]: «Habita en luz inaccesible;

a quien ninguno de los hombres ha visto ni puede ver». Cuando Moisés le insistió a Dios para que le permitiera ver su rostro, con gusto hubiera usado una gruesa hoja de vidrio recubierta de una pantalla contra rayos ultravioleta para darle una rápida mirada a Dios espiando entre los dedos. Pero, no. A Moisés solo se le permitió ver las espaldas de Dios, porque el Señor le advirtió: «No se verá mi rostro» (Éxodo 33.23). Dios no dijo esto porque no hubiera nada para que Moisés viera; lo dijo porque sabía que su luz lo mataría. Nadie puede ver a Dios y sobrevivir. El resplandor glorioso de Dios hubiera apagado a Moisés en un nanosegundo.

Aun cuando Isaías «vio» al Señor sentado sobre un trono alto y sublime, no contempló el rostro de Dios. Solo alcanzó a vislumbrar la periferia del resplandor de Dios. La visión hizo que Isaías se sintiera tan profundamente desesperado por su pecado que gritó: «¡Ay de mí! que soy muerto; porque [soy] hombre inmundo de labios» (Isaías 6.5).

El problema es el pecado. El pecado constituye más que un grueso escudo entre Dios y nosotros, y nuestro montón de iniquidades no desaparecerán porque lo reconozcamos. Por mucho que confesemos nuestros pecados esto no nos ayudará a ver a Dios. Eso es al revés. No tenemos noción alguna de la naturaleza atroz de nuestro pecado hasta que alcanzamos a vislumbrar por primera vez el resplandor de Dios, y en ese momento se nos escapan las palabras: «¡Ay de mí!». Cuanto más se acercaba el apóstol Pablo a Dios, más exclamaba: «Yo soy el primero entre los pecadores» (1 Timoteo 1.15). Solía pensar que esta declaración de Pablo era una expresión pomposa y teatral, pero ya no pienso así. Es el clamor del santo que se ha vuelto sensible al pecado.

Nuestro anhelo de ver a Dios es un anhelo, lo sepamos o no, de que nuestros pecados queden expuestos y sean limpiados por Dios mismo. De la misma manera que la culpa hará que un niño se oculte avergonzado del rostro de su papá, nuestro deseo más profundo es llegar a ser limpios, ser libres, ser transparentes delante del Padre. Y esto no ocurrirá hasta que veamos su rostro.[2] Esta es una paradoja viviente. Deseamos ver el rostro de Dios, pero a la vez sentimos vergüenza de ver el rostro de Dios. Somos limpios de nuestro pecado, pero a la vez seguimos siendo impuros. Somos justificados ante Dios, pero aún nos quedan kilómetros de santificación antes de dormir. Estamos en la familia de Dios, pero todavía no hemos llegado al hogar. Nuestros ojos han sido abiertos, pero solo podemos ver por espejo, oscuramente. ¡Es frustrante!

En parte esta es la razón por la que resulta tan difícil lograr formar sentimientos fuertes con respecto al cielo. ¿Usted y yo vamos al cielo para una boda? ¿Nuestra boda? «Su esposa se ha preparado. Y a ella se le ha concedido que se vista de lino fino, limpio y resplandeciente» (Apocalipsis 19.7, 8). El lino fino representa las acciones justas de los santos. ¡Acciones justas! Miramos hacia abajo y vemos manchas que cubren todo el vestido de novia, que, de paso, se le están abriendo las costuras, le faltan algunas perlas y algunos botones. No es de sorprenderse que nos encojamos de miedo al ver a nuestro novio.

Una cosa es tener sensaciones raras respecto de una boda celestial, pero yo en realidad sentí esto en mi casamiento terrenal.

En la mañana del gran día, mis amigas me acostaron en un sofá en la sala de la novia de la iglesia para vestirme. Se esforzaban y resoplaban moviendo mi cuerpo paralizado para un lado y para otro, para meterme en el vestido enorme y pesado. Cuando volví a mi silla, un ujier nos hizo saber que los invitados estaban sentados, y que era hora de ponernos en fila. Llegamos hasta las puertas de vidrio de la iglesia, estas se abrieron, y el sonido del órgano nos dio piel de gallina.

Justo antes de la marcha nupcial, le eché una mirada a mi vestido. Sin querer había pasado la rueda encima del ruedo. Había dejado una huella engrasada. Mi ramo de margaritas estaban descentradas en mi falda, ya que mi mano paralizada no lo podía sostener. Por mucho que me fajara el cuerpo, no había manera de darle una forma perfecta. El vestido no me calzaba bien. El mismo caía sobre una fina malla metálica que cubría las ruedas, pero aun así caía de manera despareja y sin gracia. Mi silla estaba adornada lo más posible, pero igual seguía siendo esa cosa gris, grandota y torpe, con cinturones, cambios y rodamientos que siempre había sido. Yo no era la novia de las fotos ideales que se ven en las revistas.

Mi última dama de honor comenzó su caminata por el pasillo, y yo acerqué mi silla un poco más hasta el último banco para alcanzar a ver a Ken que estaba al frente. Lo vi esperando firme, y se veía alto y elegante en su traje de etiqueta. Él estaba extendiendo el cuello para mirar por el pasillo. Me estaba buscando a mí. Sentí que me ruborizaba y el corazón comenzaba a latirme. De repente, todo cambió. Había visto a mi amado. Mi aspecto ya carecía de importancia. Lo único que importaba era llegar al frente de la iglesia para estar con él. *Pudiera* haberme sentido fea e indigna, excepto que el amor en el rostro de Ken hizo que todo eso desapareciera. Yo era una novia pura y perfecta. Eso es lo que vio él, y eso es lo que produjo un cambio en mí.

Años más tarde, alrededor de nuestro décimo aniversario, le pregunté:

—¿Qué pensabas el día de nuestra boda?

Su respuesta me encantó. Dijo:

—Me desperté muy temprano esa mañana, emocionado porque te vería en tu vestido de novia. Y a pesar de que sabía que habría cientos de personas en la iglesia, supe que solo te vería a ti. A decir verdad, nunca olvidaré esa maravillosa sensación cuando te vi avanzar por el pasillo en tu silla de ruedas. Te veías tan bella.

—¿Quieres decir que no pensaste mucho en mi silla de ruedas? ¿En mi parálisis?

Pensó durante un minuto, luego sacudió la cabeza.

—No. En serio, solo se me ocurrió pensar que estabas preciosa. Nuestra entrada al cielo quizá se parezca un poco a esto. Una mirada de Dios nos cambiará. Y la tierra es solo el ensayo.

Es cierto, actualmente nos vemos cubiertos de manchas, y nos encogemos de miedo, pensando: *Él nunca verá en mí nada hermoso.* Pero aun así, añoramos verlo. Y así, al igual que Judith en el relato, vivimos en esperanza. Dios *sí* nos encontrará y *no* permanecerá siempre apartado de nuestra vista. Nuestro novio desea que lo anhelemos y nos mantengamos a la expectativa mientras estamos «aguardando la esperanza bienaventurada», (Tito 2.13). «Y todo aquel que tiene esta esperanza en él, se purifica a sí mismo, así como él es puro» (1 Juan 3.3).

Se llama «estar preparado», lo digo para todos los santos en sus vestidos de novia ajados, y nos enseña que:

> …renunciando a la impiedad y a los deseos mundanos, viva-
> mos en este siglo sobria, justa y piadosamente, aguardando
> la esperanza bienaventurada y la manifestación gloriosa de
> nuestro gran Dios y Salvador Jesucristo, quien se dio a sí
> mismo por nosotros para redimirnos de toda iniquidad y
> purificar para sí un pueblo propio, celoso de buenas obras.
>
> Tito 2.12–14

Un día vendrá a buscarnos y nos mirará a los ojos. Nosotros le sostendremos la mirada. Y todas las manchas del pecado serán purificadas y removidas de nosotros mediante una sola mirada penetrante de esos ojos. Será mejor de lo que hayamos soñado, más de lo que hayamos anhelado.

> *Aquí, Señor, te veo cara a cara,*
> *aquí podría tocar cosas no vistas;*
> *aquí a la gracia eterna me aferraría,*
> *y todo mi cansancio en ti apoyaría.*[3]

AGUARDEMOS AL NOVIO

Quizá estemos apartados de nuestro Salvador, pero ese no es motivo para pasarnos el tiempo sentados hasta que él regrese. Jesús explica lo que las novias debieran hacer mientras esperan la llegada del novio:

> Entonces el reino de los cielos será semejante a diez vírgenes que tomando sus lámparas, salieron a recibir al esposo. Cinco de ellas eran prudentes y cinco insensatas. Las insensatas, tomando sus lámparas, no tomaron consigo aceite; mas las prudentes tomaron aceite en sus vasijas, juntamente con sus lámparas. Y tardándose el esposo, cabecearon todas y se durmieron. Y a la medianoche se oyó un clamor: ¡Aquí viene el esposo; salid a recibirle! Entonces todas aquellas vírgenes se levantaron, y arreglaron sus lámparas. Y las insensatas dijeron a las prudentes: Dadnos de vuestro aceite; porque nuestras lámparas se apagan. Mas las prudentes respondieron diciendo: Para que no nos falte a nosotras y a vosotras, id más bien a los que venden, y comprad para vosotras mismas. Pero mientras ellas iban a comprar, vino el esposo; y las que estaban preparadas entraron con él a las bodas; y se cerró la puerta. Después vinieron también las otras vírgenes, diciendo: ¡Señor, señor, ábrenos! Mas él, respondiendo, dijo: De cierto os digo, que no os conozco. Velad, pues, porque no sabéis el día ni la hora en que el Hijo del Hombre ha de venir.
>
> Mateo 25.1–13

Las vírgenes insensatas son las que piensan que el compromiso solo es una gran póliza de seguro que les garantiza acceso al casamiento sin necesidad de mover un dedo. Las vírgenes prudentes comprenden que el compromiso conlleva grandes responsabilidades. Reconocen que están casadas aun cuando estén separadas del novio, y por lo tanto se comportan como si estuvieran casadas. Velan. Trabajan. Permanecen despiertas. Perciben el reino de los cielos como «una perla preciosa» (Mateo 13.46), como el tesoro en el campo que —*rápidamente*— debe ser comprado y arado. No se quedan sentadas sobre las manos. Vuelcan su corazón en el pacto de matrimonio. En resumen, actúan como si las amaran y estuvieran enamoradas.

Antes de que se apure a suponer que esto significa *hacer* algo, recuerde que significa *ser* alguien. Esperar es una ocupación del corazón. Esperar en el Señor es amarlo con afecto vehemente. Con deleite apasionado. Esperar en él es fijar sus ojos en esos puntos convergentes en la eternidad: Jesús.

El novio nos invita a conocerlo de esta manera tan íntima. Jesús destaca el punto acerca de esta intimidad de manera más dramática en Juan 6.53–57:

«Jesús les dijo: De cierto, de cierto os digo: Si no coméis la carne del Hijo del Hombre, y bebéis su sangre, no tenéis vida en vosotros... Porque mi carne es verdadera comida, y mi sangre es verdadera bebida. El que come mi carne y bebe mi sangre, en mí permanece, y yo en él. Como me envió el Padre viviente, y yo vivo por el Padre, asimismo el que me come, él también vivirá por mí».

¡No es de sorprenderse que un lenguaje tal haya hecho dispersar a los discípulos! Pero recuerde, él está hablando de intimidad espiritual.

Ahora bien, no soy de saltar y declarar que soy una virgen prudente. Pero, gracias a Dios, he recibido un poco de ayuda en este asunto de la intimidad espiritual: mi silla de ruedas. Quedo agotada después de un día de estar sentada en mi silla, de modo que por lo general debo acostarme a eso de las 7.30 de la noche. Al estar en la cama paralizada, tengo tiempo de sobra para aguardar a Jesús, para enfocar los ojos de mi corazón en esas coordenadas espirituales. Mi dormitorio es un lugar tranquilo de iluminación suave. Nada de música. Nada de TV. El reloj hace tictac. Si afuera hay una brisa, tintinean unas campanillas. Nuestro perro, Scrappy, quizá se acomode en el borde de la cama y ronque suavemente. Es un lugar en el que no puedo *hacer* nada... solo puedo *ser*. Y escojo ser la virgen prudente y verter mi amor en el contrato de matrimonio.

Dirijo mi corazón hacia el cielo, quizá cantándole al Señor una canción solo para su placer. Tal vez esta...

Por la gracia del Señor
gózome en su gran amor.
El Espíritu en mí
testifica que es así.

¡Oh, qué paz, perfecta paz!
No me perderé jamás;
pues por su infinito amor
suyo soy y mío es él.

En la lucha terrenal
me protegerá del mal,
pues su brazo fuerte y fiel
me conserva para él.

El estar con él aquí
es el cielo para mí,
y muy grato es sentir
«Suyo soy y mío es él».[4]

Al cabo de aproximadamente una hora, Ken viene desde la sala para ver cómo estoy. A veces se preocupa de que estoy sola, o tal vez debiera decir, *escojo* estar sola. Pero no es necesario que se preocupe. Me encuentra gloriándome de buena gana en mis debilidades y gloriándome en mi enfermedad (2 Corintios 12.9), agradecida de que la parálisis me permite tal lujo: la mayoría de las mujeres que conozco están lavando una segunda tanda de ropa a las 7.30 p.m. o acostando al tercer hijo. Sus cuerpos sanos están trabajando, mientras que mi cuerpo paralizado se ve forzado a descansar. ¿Qué otra cosa puedo hacer aparte de... esperar?

Mientras estoy acostada allí, mirando el techo, esfuerzo mis ojos de fe para enfocar las realidades divinas invisibles y su cumplimiento futuro. Pongo la mira de mi corazón y mente en las cosas de arriba. Y en la intimidad cara a cara que gozo con mi desposado, le tomo la palabra y «[como] la carne del Hijo del Hombre, y [bebo] su sangre»(Juan 6.53).

¿Comer de él? «[Gusto], y [veo] que es bueno Jehová» al ingerir escrituras favoritas (Salmos 34.8). ¿Beber su sangre? «Mejores son [sus] amores que el vino» al orar y cantar himnos (Cantar de los Cantares 1.2).

En poco tiempo estoy en lugares celestiales, imaginándome arrodillada en el piso de la sala del trono donde está sentado Jesús. Quizá alguna noche me imaginaré que soy su doncella, al pie de su trono para servir. Otra noche, su compañera en intercesión arrodillada junto a él contra la roca en el Jardín de Getsemaní. Otra noche, su hermana. En ocasiones su hija. Si estoy sufriendo un ataque espiritual, me presento ante él que es el Capitán de las huestes celestiales.

Cuando me relaciono con él como el amante de mi alma, le recito al Señor en voz alta algunos versículos de Cantar de los Cantares. Le digo que es la rosa de Sarón, el lirio de los valles, señalado entre diez mil. «Tal es mi amado, tal es mi amigo, oh doncellas de Jerusalén... Me llevó a la casa del banquete, y su bandera sobre mí fue amor... Su izquierda esté debajo de mi cabeza, y su derecha me abrace... Sustentadme... confortadme... porque estoy enferma de amor» (Cantar de Cantares 5.16; 2.4–6). Y luego, quizá le canto otro himno de amor...

> ¡Oh Amor! que no me dejarás,
> descansa mi alma siempre en ti;
> es tuya y tú la guardarás,
> y en el océano de tu amor,
> más rica al fin será.
>
> ¡Oh! Luz que en mi sendero vas,
> mi antorcha débil rindo a ti;
> su luz apaga el corazón,
> seguro de encontrar en ti
> más bello resplandor.[5]

Esta íntima unión espiritual es una vía de ida y de vuelta. En ocasiones, me imagino a Jesús susurrándome algo que el Padre le dijo a él en Isaías 42.1: «He aquí mi siervo, yo le sostendré; mi escogido, en quien mi alma tiene contentamiento». La tierra es una gran sesión prematrimonial para el cielo, y aunque Jesús desea que lo amemos apasionadamente y a él solo, él lo equipara con su amor, puro y ferviente.

Algunas noches, él es el Padre que sale corriendo a recibirme a mí, la hija pródiga, antes de poder expresarle una palabra de arrepentimiento. Otras veces, es el agricultor loco que me regala el sueldo de un día completo cuando casi no he trabajado. Otras noches es el maestro que me perdona a mí, la mujer pecadora, antes de darme cuenta de que he hecho algo malo. Es el rey que me ofrece un espléndido banquete cuando ni siquiera tengo conciencia de estar desnutrida. Este es un Dios cuyo amor por nosotros es tan activo y tan fuerte que la mayoría diría que está loco.[6]

MIENTRAS EL NOVIO ESTÁ AUSENTE

Conocer así a Jesús es como estar en el «cielo». Y lo digo literalmente. Porque «esta es la vida eterna: que te conozcan a ti, el único Dios verdadero, y a Jesucristo, a quien has enviado» (Juan 17.3). La vida eterna *es* conocerlo a Dios. Cuando profundizamos nuestra relación con Jesús, es como adelantarnos a nuestra vida eterna aquí en la tierra. El cielo ya nos está sucediendo.

Sin embargo, hay dos tipos de conocimiento. Solo pregúnteselo a las vírgenes prudentes y a las insensatas. Si le preguntara a una virgen insensata: «¿Conoce a Jesús?» ella probablemente diría: «Sí, le entregué mi corazón en un retiro en 1962, así que soy salva y voy al cielo». Ella está leyendo una declaración de derechos de su póliza de seguros.

¿Qué respondería la virgen prudente? «Sí, conozco a Jesús. Le he entregado mi vida, y gozo de una intimidad sumamente maravillosa con él en oración y estudio de su Palabra. Permítame que le cuente algunas de las experiencias que hemos vivido juntos... el tipo de persona que es él. A decir verdad, el tiempo que paso con él es el plato fuerte de mi día».

El apóstol Pablo sabía de Jesús y *conocía* a Jesús. En Filipenses 3.8, 9 escribió: «Estimo todas las cosas como pérdida por la excelencia del *conocimiento* de Cristo Jesús, mi Señor, por amor del cual lo he perdido todo, y lo tengo por basura, para ganar a Cristo, y ser hallado en él, no teniendo mi propia justicia, que es por la ley, sino la que es por la fe de Cristo, la justicia que es de Dios por la fe»(énfasis añadido). Aquí Pablo se refiere a su posición con Dios. Se refiere a que Dios está haciendo algo por él en su libro de contabilidad, al pronunciar, «Has sido perdonado». Es maravilloso estar en esta posición de rectitud (ese es el significado de justicia), pero conocer a Cristo significa mucho más que esto.

Está, también, el asunto de la novia y el novio. Se trata de un tipo de conocimiento distinto. Pablo trata este conocimiento más profundo en el versículo siguiente cuando expresa su anhelo: «A fin de conocerle, y el poder de su resurrección, y la participación de sus padecimientos, llegando a ser semejante a él en su muerte, si en alguna manera llegase a la resurrección de entre los muertos» (Filipenses 3.10, 11).

Me encanta esa palabra «conocerle». Los eruditos explican que en este pasaje «conocerle» implica aprender cómo es una persona por medio de una experiencia profunda y personal. Es el mismo tipo de intimidad al que se hace referencia en el libro de Génesis donde dice que Adán «conoció» a su esposa, Eva (Génesis 4.1). La suya fue una experiencia profunda y personal. Un nivel de relación que va más allá del conocimiento mental. También es una ilustración física del nivel de intimidad espiritual que Dios desea tener con nosotros, algo aun más profundo y personal.

Dios cumple con su parte de la relación cuando nos posiciona en Cristo. Este acto de posicionarnos es su responsabilidad a fin de involucrarnos en el cielo. Nosotros cumplimos con nuestra parte de la relación en la tierra al experimentar las profundidades de conocer a Dios. Experimentar es la responsabilidad que nos toca en nuestra preparación para el cielo. Es lo que hacen las vírgenes prudentes mientras esperan.

Ahora, el novio está ausente. Pero casi no puedo esperar que llegue el día en que atraviese la barrera y vea el rostro de Jesús y finalmente llegue a *conocerlo*: pasar a través de él, unirme a él y recibirlo, «ser participante de la naturaleza divina» (2 Pedro 1.4). Quedar dominada, embelesada y envuelta en Alguien grandioso y glorioso que me supera de manera trascendente. Ser arrastrada y absorbida por su gozo. Ya no estar escondida con Cristo en Dios, sino ser transformada de adentro hacia afuera, y aparecer cara a cara ante él. Que el tiempo quede detenido en un éxtasis celestial en el que me olvido de mí y, sin embargo, me encuentro. ¡Como

ser transportada al banquete de las bodas en la carroza de Elías!
Para abrazar las palabras del salmista:

> Como el ciervo brama por las corrientes de las aguas,
>   así clama por ti, oh Dios, el alma mía.
> Mi alma tiene sed de Dios, del Dios vivo;
>   ¿cuándo vendré, y me presentaré delante de Dios?
>
> SALMOS 42.1, 2.

EL REGALO DE CASAMIENTO

Es común que los recién casados se den obsequios el uno al otro. Supongo que cuando finalmente vea a mi Salvador, mi regalo para él será cualquier poquito de obediencia terrenal que le haya guardado como evidencia de mi amor. Él dijo: «El que me ama, mi palabra guardará» (Juan 14.23), y estoy segura que ese poquito brillará como diamantes.

¿Pero qué nos dará él?

Él nos dará el gozo del cielo. Isaías 35.10 (NVI) nos permite vislumbrar el regalo: «Volverán los rescatados por el SEÑOR, y entrarán en Sión con cantos de alegría, coronados de una alegría eterna. Los alcanzarán la alegría y el regocijo, y se alejarán la tristeza y el gemido». Que mi cabeza sea coronada de alegría eterna es una de esas imágenes terrenales que parece estar revirada, pero no me molesta. Las personas que están en éxtasis no se preocupan por tales cosas. Basta decir que es un regalo. Un regalo coronador.

Observe el regalo conmigo un momento. El gozo es un fruto del Espíritu (Gálatas 5.22), y eso significa que contiene la esencia de la eternidad. Cuando el gozo se apodera de nosotros, siempre parece nuevo, como una sorpresa. Al mismo tiempo, parece algo antiguo, como si siempre hubiera estado presente. El gozo siempre contiene un elemento eterno, que no se rige por el tiempo. El placer y la felicidad vienen y van, pero el gozo parece permanecer.

Los sentimientos de felicidad carecen de ese aire de eternidad que tiene el gozo. Esto es así porque el gozo, en su esencia, proviene de Dios. Él es el «Señor del gozo».

Ya sea que se experimente en sombras aquí o en luz, allí, el gozo es dinámico. No puede permanecer estancado ni embotellado. El gozo fluye. En realidad, rebosa. Vuelve desbordando hacia Dios en gratitud, sale hacia otros como una fuente y corre por nuestro propio corazón como un torrente. Es por este motivo que las personas lloran de gozo. Nosotros, los seres humanos, que somos finitos y compactados, no podemos contener el desborde. Somos demasiado pequeños para la grandeza del gozo, y por eso debemos llorar. Esto también explica por qué el gozo nos conmueve el corazón. Pues al igual que el amor, el gozo no se puede contener. ¿Recuerdan que dije que los amantes «enamorados» descubren que están envueltos en algo que es gloriosamente mayor que ellos? Con el gozo sucede lo mismo. Isaías 35.10 dice que *nos alcanzarán* la alegría y el regocijo. Esto será éxtasis celestial.[7]

Como artista, veo otra cosa con respecto al gozo. Sucede cada vez que miro una cierta pintura que está en la pared de mi oficina frente a mi escritorio. Es una representación de María, la madre de Jesús y Gabriel, el ángel. Siempre que mi mente está despejada y mi escritorio libre de trabajo, me siento atraída a esa pintura. Me pierdo en ella.

Quizá a usted le suceda lo mismo, si no con una pintura, tal vez con una gran sinfonía. Usted está sentado en la sala sinfónica, los ojos cerrados, la música surge a su alrededor, y sin que se dé cuenta, se pierde. Se va. Se ha convertido en uno de los sonidos de la orquesta. En ocasiones, al escuchar la *Romanza* de Schumann se podría decir que he llegado a «ser una» con la música. Una vez una amiga me descubrió llorando en mi estudio de arte mientras escuchaba la *Romanza* de Schumann. Levanté la vista con los ojos lacrimosos y dije: «Me siento identificada con esta música». ¿Alguna vez tuvo una experiencia así? ¿Alguna melodía de Brahms que le conmueva el corazón? ¿Un vals de Mendelssohn que le llena los ojos de lágrimas?

O si usted tiene preponderancia del hemisferio izquierdo del cerebro y no se interesa por el arte o la música, ¿qué tal ese momento emocionante cuando, durante las Olimpíadas de invierno de 1982, el equipo de hockey de Estados Unidos pulverizó a los rusos? Ya sea que estuviéramos frente a la televisión, en las gradas, o sobre el hielo, todos nos convertimos en «una sola cosa» en la euforia de la victoria. Una vez, mi padre fuerte y supermacho me contó de una vez que estaba parado en el borde de un precipicio desde donde se veía la catarata de Yellowstone. Con lágrimas en los ojos me describió cómo se hizo una sola cosa con el estruendo ensordecedor del agua.

Si ha tenido oportunidad de experimentar alguna de estas cosas, son una pista de lo que nos alcanzará cuando echemos una sola mirada al Señor del gozo. Nos perderemos en él. Seremos uno con él. Estaremos «en Cristo» (2 Corintios 5.17), nos habremos «vestido de Cristo» (Romanos 13.14) al nivel más profundo y emocional. El regalo de bodas que nos dará el Señor será el gozo de compartir su naturaleza completamente sin perder nuestra identidad; no, más bien recibiremos nuestra identidad. ¡Gracias a Dios por su don inefable!

Es por esto que el cielo es mucho más que un lugar de placer y felicidad. Si fuera así, el cielo sería aburrido. El placer es buscar siempre la satisfacción. La felicidad es encontrar satisfacción. Pero sea que se alcance a través del placer o la felicidad, la satisfacción sigue siendo un tanto inerte. Es demasiado «quieta». Por eso el gozo es satisfacción que se mantiene siempre en movimiento. Estalla superando al placer y a la felicidad; requiere que nos regocijemos de pura generosidad. Esa es la energía verdadera de la alabanza. Si hemos de alabar a Dios por toda la eternidad, lo cual es cierto, el gozo ha de ser la dinámica.

Peter Kreeft escribe:

Este estado mental es como la luz: viaja a mayor velocidad que la materia, y, sin embargo, no produce sonido ni perturbación. El placer es la mente inquieta que se mueve a lo largo de una línea, sin llegar nunca al final. Felicidad es la mente que descansa al final. Gozo es la mente que se mueve eternamente *al* final, movimiento en un punto: la danza cósmica. Placer es movimiento; felicidad está quieta; gozo es estar en movimiento estando quieto. El placer se asemeja al trabajo, la felicidad se asemeja a dormir, el gozo se asemeja a jugar. El placer se parece a la acción, la felicidad se parece al descanso, el gozo se parece a la contemplación. El placer es un río que corre hasta el mar; la felicidad es el mar pleno y calmo; el gozo es una tormenta grande y gloriosa en el mar.[8]

Me gusta el comentario de Kreeft de que «el gozo se asemeja a jugar». Me sucedió a principios de este año en otro retiro de nuestro Ministerio JYA para familias.

Una noche, al reunirnos todos a tomar helado y pasar un tiempo de socialización, me acerqué en mi silla de ruedas a una niña pelirroja llamada Nicole que estaba en su silla de ruedas, Tiffany, su amiga, y Rachel, que estaba junto a ella con abrazaderas en las piernas. Después de hacer un par de comentarios acerca del helado, en seguida nos pusimos a jugar a la mancha. La mancha en silla de ruedas. Un rato después se nos unió un niño con andador junto con su hermana. Y luego una niña con síndrome de Down con su hermano. Abriéndonos paso entre las piernas de los adultos, reímos y gritamos al toparse nuestros pedales, chocando y rebotando como autitos chocadores.

Después de que el helado empezara a derretirse, John, el director de nuestro retiro, miró su reloj e intentó conducir a las familias de regreso a sus cabañas, pero seguimos jugando. Estábamos tan metidos en el juego que perdimos toda noción del tiempo. Recién después de despedirnos, agotados, deseándonos las buenas noches, me di cuenta de que se parecía al cielo. Era el cielo por causa del juego, el gozo y la sensación de no estar limitados por el tiempo. Justo antes de entrar a mi cabaña, miré a las estrellas y agradecí a Jesús por el anticipo de gozo del cielo. Tuve que sonreír ante su respuesta dada en Mateo 19.14: «Dejad a los niños venir a mí... porque de los tales es el reino de los cielos».

Esa noche, estando acostada en la cama, la experiencia de juego gozoso que había vivido seguía resonando. *El reino de los cielos le pertenece a niños risueños, felices y despreocupados.* Yo seguía pensando y esforzando mis oídos —o sería que intentaba abrir los ojos de mi corazón— para escuchar o ver más. Yo *sabía* que esa experiencia había sido mucho más que un mero juego. Había palpado un momento de gran felicidad y sabiduría. No me di cuenta en ese momento, pero había palpado la eternidad en el contexto del tiempo. Meses después encontré otra cita de Peter Kreeft que dio en el clavo:

> Cuando palpamos la eternidad en el contexto del tiempo, se parece a un eco. Alcanzamos a oler el aire salado del mar, aun aquí, a gran distancia río arriba por el río del tiempo. Siempre que palpamos la sabiduría o el amor, nadamos en agua salada. La tierra es la playa de Dios y cuando somos sabios y amorosos, somos niños que chapotean alegremente en las pequeñas olas de «ese mar inmortal». Pero cuando alcancemos la adultez espiritual, nos mantendremos a flote, atravesaremos sus olas de sabiduría y seremos elevados por sus insondables profundidades de amor. El aburrimiento, al igual que el dolor, solo se recordará como un chiste cuando estemos empapados de gozo.[9]

¡VIENE EL NOVIO!

Así que ahora esperamos. Esperamos a nuestro novio. «Mi alma espera a Jehová más que los centinelas a la mañana, más que los vigilantes a la mañana» (Salmos 130.6). Nos apoyamos en el antepecho de la ventana de la eternidad, miramos al cielo, y susurramos: «Ven pronto, Señor Jesús, ven pronto».

¿Cuándo vendrá?

Y de vez en cuando, cuando nuestros corazones se cansan de esperar, el Señor nos aviva con porciones de gozo, así como la que experimenté en ese retiro. Es un anticipo del gozo que nos alcanzará cuando, finalmente:

> . . . el Señor mismo con voz de mando, con voz de arcángel, y con trompeta de Dios, descenderá del cielo; y los muertos en Cristo resucitarán primero. Luego nosotros los que vivimos, los que hayamos quedado, seremos arrebatados juntamente con ellos en las nubes para recibir al Señor en el aire, y así estaremos siempre con el Señor.
>
> 1 Tesalonicenses 4.16, 17

Y todo sucederá en un abrir y cerrar de ojos.

En menos tiempo de lo que nos imaginamos, si tenemos la bendición de estar con vida cuando llegue el momento de su regreso, nos encontraremos en el abrazo de nuestro Salvador en la Cena de las Bodas del Cordero. Habrá llegado el cielo. La victoria del Señor sobre el mundo hará que se levante la cortina de nuestros cinco sentidos, y veremos todo el universo a simple vista. La vida y la inmortalidad ya no serán pensamientos tenues, sino que serán vívidas y sorprendentemente reales. En principio es posible que el impacto del gozo quizá arda con la novedad brillante de estar glorificado, pero al instante siguiente tendremos paz y nos sentiremos en casa, como si siempre fuera así, que hubiéramos nacido para un lugar tal. En ese momento, la tierra parecerá ser un sueño medio olvidado, bastante placentero, pero solo un sueño.[10]

Me imagino grandes multitudes de personas corriendo desde selvas de rosas, bajando por cuestas cubiertas de violetas, pulsando con la luz y canciones de aves y voces de ángeles.

—¿Están todos? —gritará alguno.

—¡Sí, estamos todos! —responderá el eco.

Ahora, goce de una realidad divina invisible. Acelere su corazón e imagínese sentado a la mesa de la cena de las bodas. Abra los ojos de su corazón y maravíllese ante la gloria de claridad cristalina, el brillo de la luz que simplemente *es*. Una ciudad santa, la Nueva Jerusalén que emite destellos como un prisma. Y una sala de banquete resplandeciente adornada de estandartes, color, joyas asombrosas y música llena de luz y gozo. Se iniciará la celebración con un fuerte y resonante:

¡Aleluya, porque el Señor nuestro Dios Todopoderoso reina!
Gocémonos y alegrémonos y démosle gloria;
porque han llegado las bodas del Cordero, y su esposa se ha preparado.

Apocalipsis 19.6, 7

Al acercar una silla a la mesa del banquete, eche un vistazo a lo que tiene el menú de Isaías 25.6–8:

Jehová de los ejércitos hará en este monte a todos los pueblos banquete de manjares suculentos, banquete de vinos refinados, de gruesos tuétanos y de vinos purificados. Y destruirá en este monte la cubierta con que están cubiertos todos los pueblos, y el velo que envuelve a todas las naciones. Destruirá a la muerte para siempre; y enjugará Jehová el

Señor toda lágrima de todos los rostros; y quitará la afrenta
de su pueblo de toda la tierra; porque Jehová lo ha dicho.

No hay duda. Se trata de un banquete de verdad. Y muy
específico también. No servirán embutidos. No se servirá carne
aprobada por el Departamento de Agricultura de Estados Unidos;
se servirán las mejores carnes. Y la selección de bebidas no será
alguna imitación de jugo ni vino barato, sino «vinos refinados...
vinos purificados».

¡De solo pensarlo me emociono! Me pregunto quién estará
sentada a mi lado, o enfrente de mí. Miro hacia un lado y allí
está mi amiga Verna Estes, madre de siete hijos, intercambiando
historias de bebés con Susanna Wesley, madre de diecisiete hijos.
Allí está su esposo-pastor, Steve, conversando con el apóstol
Pablo que le está aclarando Romanos 6. También está Moisés
haciendo un brindis con Martín Lutero. Billy Graham bailando
unos pasos con una maestra de escuela dominical para adolescentes. Mi esposo, Ken (cuya ambición de toda la vida ha sido volar
un avión de combate F-14), arrinconando al astronauta James
Irwin. San Agustín dándole un fuerte abrazo a ese misionero
que trabajó arduamente en la selva sin recibir reconocimiento.
En la otra punta de la mesa está Fanny Crosby cantando uno
de sus himnos a dúo con la viuda que fielmente iba todos los
domingos a tocar el piano destartalado en el hogar de ancianos.
En lo que a mí respecta, en cuanto veo a mis amigas que pasaron
años levantándome por las mañanas —Carolyn, Francie, Judy,
Jay, Bev e Irene— me levanto de un salto y tomo una bandeja de
carne. No veo la hora de poder servirles algo.

Luego levantaré la vista y veré que mi padre se me acerca. Y mi madre. Él me hará su conocido gesto de aliento con
los pulgares levantados y me guiñará un ojo, mientras que mi
madre empezará a reírse, y cuando nos demos cuenta, los tres
estallaremos en risas incontrolables. Nos reiremos y lloraremos

derramando lágrimas de un tipo que nunca ha sido derramado en la tierra. Nos secaremos las lágrimas e intentaremos detener el llanto para volver a empezar con el llanto y la risa mientras señalamos a todos. «¡Mira esto! ¿No te parece increíble? ¡Estamos aquí! ¡Ellos están aquí! ¡Sabía que era cierto, pero no sabía hasta qué punto!».

Como siempre cantamos juntos en familia en la tierra, estoy segura que allí mismo, en derredor de la mesa, empezaremos a cantar armonizando a través de las lágrimas...

Cuando a la tierra digamos adiós,
reunidos en familia ante el trono,
de gozo estallaremos al recibirnos Dios
¡en nuestro hogar!
Al Padre y al Hijo loor,
y al Espíritu; trino Dios.
Hoy día celebraremos,
¡comienza la eternidad![11]

Ahora detengan la música. Detengan la película y retrocedamos hasta una pregunta anterior. ¿Habrá platos, cuchillos y tenedores en el banquete de las bodas? ¿Habrá alguna persona en la cocina haciendo ruido con las ollas y utensilios para cocinar? ¿Habrá batidoras y compactadoras? ¿Y qué pasará con la carne? ¡Seguramente no habrá mataderos en el cielo! ¿Comerán con los dedos los árabes? ¿Usarán palitos los asiáticos? ¿Se encargarán de la limpieza los que están en el infierno?

Estas preguntas parecen ridículas ahora. A la luz de la celebración gloriosa, ¿a quién le importa? Estoy segura que todo se aclarará. Lo único que me interesa es que es verdad.

Una verdadera celebración con serpentinas y confeti para festejar que la muerte se ha muerto.

Un desfile triunfal anunciando la victoria sobre el pecado.

Toda la tierra se unirá a la fiesta, y «con alegría saldréis, y con paz seréis vueltos; los montes y los collados levantarán canción delante de vosotros, y todos los árboles del campo darán palmadas de aplauso» (Isaías 55.12). Cristo nos abrirá los ojos para ver la gran fuente de amor que tiene en su corazón para nosotros, que supera todo lo que hayamos visto con anterioridad. Entenderemos que nosotros, la iglesia, somos su esposa. No solo individualmente sino en forma conjunta. Unidos. Unidos los unos con los otros y uno con él. De repente nuestro gozo se multiplica por millones.

Lo más conmovedor es que, cuando finalmente podamos dejar de reír y llorar, el Señor Jesús de verdad enjugará todas nuestras lágrimas. Y luego, nos tomaremos de la mano en derredor de la mesa del banquete, «Y se dirá en aquel día: He aquí, éste es nuestro Dios, le hemos esperado, y nos salvará; éste es Jehová a quien hemos esperado, nos gozaremos y nos alegraremos en su salvación» (Isaías 25.9).

¡Y la fiesta acaba de empezar!

SUBA MÁS

Cuando escribí mi libro sobre el cielo en 1995, había estado casada solo por trece años. Ahora, con más de treinta y cinco años a mis espaldas, toda la manera de mirar al cielo como esposo y esposa reluce con mucha más riqueza y profundidad. Esos pensamientos vinieron a mi mente hace poco cuando oí a John Piper hablar acerca del amor que Jesús tiene por nosotros. En su charla, él citó Isaías 62.5: «Como un novio que se regocija por su novia, así tu Dios se regocijará por ti».

Apenas por un momento trate de concentrar su mente en ese pensamiento.

Jesús le ama de la misma manera que el novio se regocija por su novia. En otras palabras, cuando la Biblia habla del amor de

Dios para nosotros, no es como un juez renuente que le muestra bondad a un criminal a quien halla despreciable. *«Está bien, voy a descartar las acusaciones contra ti. Ahora, por favor, esfúmate de mi vista. No quiero volver a verte jamás en esta corte»*. No, no es así para nada. Es como un esposo flamante que muestra incontenible afecto a su hermosa esposa.

A veces bromeamos en cuanto a los recién casados, y decimos cosas como estas: «Ah, allí lo tienes, ¡la luna de miel se acabó!». Todos saben muy bien que un hombre y una mujer no pueden posiblemente sostener la pasión y el nivel de intenso afecto que experimentan en su luna de miel. Usted sabe lo que quiero decir: intercambiar tiernas miradas durante una cena a la luz de las velas, disfrutar de largos momentos tomados de la mano, y sin ni siquiera hablar, riéndose, y bebiendo cada uno las palabras del otro.

Tarde o temprano (usualmente temprano), la burbuja se revienta; los sentimientos serán lastimados; y los esposos y esposas se establecerán en un mundo más realista; un mundo en donde hay peleas, desencantos y conflictos entre los dos.

Así es como son las cosas con nosotros.

Pero no son así con Dios.

Él dice con claridad que su gozo por usted es como el del flamante esposo por su flamante esposa. Pero, de alguna manera, ¡la luna de miel nunca termina! Eso no quiere decir que empieza de esa manera, y luego se desvanece.

Piper insiste en que Dios realmente está hablando de intensidad, placeres, energía, excitación, entusiasmo y disfrute de luna de miel. Dios trata de imprimir en nosotros —alcanzarnos en el nivel más profundo— que él se regocija por nosotros de todo corazón.

Estas verdades deben habérsele presentado a David en algún momento, cuando escribió: «¡Cuán preciosos son los pensamientos que tienes de mí, oh Dios! ¡Son innumerables! No puedo contarlos, superan en número a los granos de arena. Y cuando despierto en la mañana. Tú todavía estás conmigo» (Salmos 139.17-18, NBV).

En Jeremías 32.41 (NVI) el Señor dice: «Me regocijaré en favorecerlos... con todo mi corazón y con toda mi alma». Y luego, hay Sofonías 3.17 (NVI), que dice: «Porque el SEÑOR tu Dios está en medio de ti como guerrero victorioso. Se deleitará en ti con gozo, te renovará con su amor, se alegrará por ti con cantos».

¿No le encanta que la luna de miel nunca termina cuando se trata de Jesús y usted?

Incluso en el cielo. *Especialmente* en el cielo.

Recuerde que Dios es infinito en su poder y sabiduría y creatividad. Y por el próximo trillón de edades él no deja espacio para el aburrimiento o interés y afectos que se desvían.

Un amor así es innegable. Irresistible. Siempre exhortando y atrayéndonos a su lado. Una no puede dejar de sentir la atracción magnética, tanto como la pasión. ¿Quién en el mundo quiere rehusar —o incluso responder al descuido— a un amor como ese? Tal amor exige una respuesta igual, una de hambre celestial y anhelo de comunión. *Te deseo Jesús. «¡Fortalézcanme con pasas, susténtenme con manzanas, porque desfallezco de amor!»* (Cantar de los Cantares 2.5).

Amigo y amiga, somos su Esposa rescatada; hemos captado su corazón. Que nuestros corazones sean captados con devoción de luna de miel.

Un deseo permanente de él.

Busque su sendero

1. Busque Apocalipsis 2.4, 5 y 3.15, 16. Sabemos que el amor de luna de miel de nuestro Señor hacia nosotros nunca cambia, pero ¿qué dicen estos versículos en cuanto a lo que puede sucederle a nuestro amor por él si no nos mantenemos vigilantes?
2. Lea la tierna conversación entre el Señor Jesús resucitado y Pedro en Juan 21.15-19. Pedro todavía se sentía destrozado porque le había fallado al Señor. ¿De qué manera Jesús especifica que Pedro podía mostrarle amor? ¿En cuáles situaciones específicas pudiera esto aplicarse a usted hoy?

Una oración del caminante

Señor Jesús, te amo. Pero a menudo parece que el dolor y las presiones de la vida diaria desvían mi enfoque de ti. A veces simplemente me siento vacío. Trato de alcanzarte, pero parece como que estás muy ocupado en otra galaxia, en alguna parte lejos, muy lejos. Señor, hay ocasiones cuando recuerdo y repito tus promesas, tal como una novia recuerda los votos de hace mucho tiempo de su novio. Gracias porque eres la misma definición de fidelidad, y que tu Palabra es verdad y constante, incluso cuando yo no lo soy. Restaura mi corazón y atiza mi amor. Te lo pido en tu firme nombre.

Capítulo 7

En casa con
NUESTRO REY

A sí es como será:

¡Santo! ¡Santo! ¡Santo! en numeroso coro,
Santos escogidos te adoran sin cesar,
De alegría llenos y sus coronas de oro
Rinden ante el trono y el cristalino mar.[1]

Sobre todo, será el día de la coronación de Cristo.

Estoy encantada de que disfrutaremos de la cena de las bodas del Cordero con su festín de ricas comidas y los más finos vinos, y nos deleitaremos en nuestra reunión con seres amados y, sí, será emocionante reinar sobre ángeles y gobernar la tierra y, como si esto fuera poco, tener también un cuerpo nuevo. Pero debo seguir recordando que la celebración no será *nuestra*. Será *de él*.

Nunca podría guardarme esas coronas para mí. ¿Y usted?

Estaremos apretados en fila en el gran desfile de los redimidos pasando frente al trono, una cabalgata de naciones e imperios, siglo tras siglo, Europa, Asia, África, Norteamérica y Sudamérica,

238

todos de pie hombro a hombro, los pueblos de las islas de los mares en un feliz desfile, generaciones de redimidos antes de la cruz y después de ella, todos llevando sus diademas delante del Dios todopoderoso.

Luego al levantarse Jesús de su trono delante de esta gran multitud, se levantan todas las coronas, suenan todas las campanas, y se escucha el clamor de las aleluyas hasta agotarse el vocabulario de la alabanza celestial. Apretaremos nuestras coronas contra el pecho, nos miraremos unos a otros y diremos: «¿Ya?».

"¡Ya!» gritaremos todos. Juntos elevaremos nuestras voces, no en armonía a cuatro voces, sino quizá a doce voces, con los veinticuatro ancianos que «echan sus coronas delante del trono» (Apocalipsis 4.10, 11) y cantaremos:

A Cristo coronad divino Salvador,
sentado en alta majestad es digno de loor;
al rey de gloria y paz loores tributad,
y bendecid al inmortal por toda eternidad.[2]

Si en realidad se nos entregan coronas, no le quepa la menor duda... las diademas le pertenecerán a él. El tribunal de Cristo quizá haya sido el escenario principal donde Jesús derramó alabanza sobre el creyente, pero todo el cielo dirigirá los reflectores hacia el Señor para devolverle la gloria. El universo doblará sus rodillas y declarará que Jesús es Rey de reyes y Señor de señores cuando él levante su espada en señal de victoria sobre la muerte, el diablo, la enfermedad y la destrucción.

En un momento sin aliento —un momento infinito— comprenderemos que todo el plan de redención solo fue la manera en que el Padre obtuvo para su Hijo...

- Una esposa
- Una familia

- Un ejército
- Una herencia

Pero el propósito coronador de su plan será asegurar para su Hijo un grandioso coro de adoradores eternos.

Para esto fui creada. Esta es la respuesta a todas las veces que en la tierra pregunté: «¿Por qué Dios me escogió a *mí*? ¿Por qué no escogió a otro?». La simple respuesta es: *Yo soy el regalo del Padre para el Hijo*. Entonces Efesios 1.11, 12 tendrá perfecta lógica, pues «En él [fuimos]... predestinados... a fin de que seamos para alabanza de su gloria». Yo seré el obsequio brillante e iridiscente para el Hijo que Zacarías admiró: «Como piedras de diadema serán enaltecidos en su tierra. Porque ¡cuánta es su bondad, y ¡cuánta su hermosura! (Zacarías 9.16, 17).

Esto explica por qué me siento tan hermosa cuando canto esa antigua canción de escuela dominical. Me *agrada* la idea de ser un regalo enjoyado para Jesús:

Jesucristo ha venido en busca de joyas;
todo niño redimido su joya será.
Como estrellas que brillan
son los niños que le aman,
los tesoros que adornan al Rey y Señor.[3]

La tierra fue una gran mina de diamantes desde donde fui removida, tallada, limpiada, lustrada y preparada para adornar la corona de un Rey. ¿Puede entender ahora por qué quiero ganar tantas coronas como me sea posible mientras estoy en la tierra? Es cierto que recompensas mayores darán realce a mi servicio en el cielo, pero también magnificarán la gloria que recibirá Jesús. Cuanto mayor sea la cantidad de coronas, más alegre será la alabanza de Dios. Lo que me motiva a juntar una camionada de diademas no es para acumularlas, sino para tener más para echar a los pies de Jesús.

Usted y yo fuimos escogidos para alabarle. Es así de sencillo. Qué pena que en la tierra lo hayamos complicado tanto.

En los primeros días de mi parálisis cuando primero supe del cielo, concentré mi atención en él porque era el sitio en el que recibiría nuevas manos y pies. El cielo era el lugar en el que quedaría libre del dolor, y por eso, se convirtió en un escape de la realidad. Una muleta sicológica. En ocasiones, el cielo se centraba tanto en mí que sentía que el motivo primordial del mismo era recuperar todo lo que me debía, todo lo que había perdido. Y así fue que el cielo se convirtió en un deseo de muerte.

Pasó el tiempo, y con él adquirí un poco más de madurez espiritual. De manera gradual fui cayendo en la cuenta de que el día de Cristo habría de ser justamente eso... el día de Cristo, no el día de Joni. Manos y pies glorificados, como también reuniones con seres amados, empezaron a verse más como beneficios adicionales al honor de simplemente integrar la lista de invitados a la fiesta de coronación.

Usted estará de acuerdo. El privilegio de echar sus coronas a los pies de Jesús constituirá honor suficiente. Gobernar la tierra y reinar sobre ángeles, convertirse en pilares en el templo de Dios y en coherederos del cielo y de la tierra casi son secundarios. Aquello en lo que nos convertimos, lo que recibimos y hacemos en el cielo no constituirán el tema sobresaliente del cielo. El hecho de estar allí y ser para *«[la] alabanza de su gloria»* (Efesios 1.12) bastará.

Será el día de Jesús.

EL DÍA DE LA CORONACIÓN DE CRISTO

Deberíamos haberlo sabido desde el primer momento, pero nunca alcanzamos a comprenderlo. Sí, lo entendíamos en los papeles, pero ¿con cuánta frecuencia vivimos —vivimos de veras— con el enfoque centrado en Cristo como Rey de reyes en lugar de fijarnos en nuestra propia persona? Se requiere del cielo para obligarnos a comprender plenamente lo que debiera haber sido claro en la tierra desde siempre. Si solo nos hubiéramos detenido a leer —verdaderamente leer— que «El Dios que hizo el mundo y todas las cosas que en él hay [es] Señor del cielo y de la tierra» (Hechos 17.24).

Jesús es Señor del cielo y de la tierra.

Lo dijimos en nuestras oraciones, lo cantamos en nuestros coros, y hubiéramos jurado que lo creíamos con una C mayúscula. Pero en realidad nunca hizo clic para nosotros. Esto fue así porque «nuestro yo» siempre se entrometía. Durante todos esos años cuando las pruebas terrenales nos golpeaban con fuerza, nuestro cerebro se pasaba de revoluciones intentando descubrir lo que significaba para nosotros. Cómo encajan los problemas en el plan de Dios para nosotros. Cómo pudiera Jesús ser conformado en nosotros. Todo era siempre «para nosotros». Incluso el culto de adoración del domingo se centraba en cómo nos sentíamos, qué cosa habíamos aprendido y si los himnos eran de nuestro agrado.

¿Por qué será que no aceptamos el consejo de Hechos 17.24 y centramos nuestra atención en él en lugar de centrarla en nosotros mismos? ¿Por qué no valoramos que Dios dio cada prueba, dolor y felicidad para mostrarnos algo respecto de él mismo, a fin de que pudiéramos:

¿Valorar su gracia?

¿Entender que estábamos siendo pulidos para la alabanza de su gloria?

¿Ver que todo se combina para que podamos conocerlo?

Siempre nos maravillamos de que Dios se interese por nosotros, pero en el cielo quedará claro que todo lo ocurrido en la tierra sucedió para que nos interesáramos en él. En cada prueba, felicidad y dolor, Dios quería que pensáramos en él. Finalmente quedaremos convencidos de que Aquel al que alabábamos con nuestros labios como Rey verdaderamente tenía supremacía en todo.

En casa con nuestro Rey   243

Su reino vino.

Su voluntad se hizo en la tierra como en el cielo.

Su palabra fue extendida y cumplió sus propósitos.

Él fue Señor soberano sobre todo.

Estando en la tierra, nunca hubiera sido posible convencernos. Actuábamos más bien como si su reino hubiera venido más o menos, pero no del todo. Nos comportábamos como que su voluntad se hiciera en la tierra como en el cielo mayormente para beneficiar nuestros trabajos y relaciones. Y cuando hablábamos sobre el cielo, se parecía más bien a un eterno parque de juegos donde habríamos de recibir muchos juguetes nuevos mientras que Dios, como un abuelo, asentiría con la cabeza y sonreiría de ver cuánto nos gozábamos.

Qué pena que en la tierra nos hayamos comportado como si le hiciéramos un gran favor a Dios al aceptar a Jesús como Salvador. Sentimos lástima de Jesús porque su reputación nunca llegó a reivindicarse del todo. Sentimos pena por Dios porque en realidad no se le hizo justicia; a decir verdad, en ocasiones nos sentimos avergonzados por nuestro «Rey» al esforzarnos por defenderlo ante los holocaustos y horrores de la tierra. Jesús nunca parecía flexionar sus músculos de rey, y por lo tanto nunca se le dio el crédito correspondiente, mucho menos la gloria.

Nosotros no fuimos los únicos cortos de vista. Incluso los discípulos tuvieron una opinión muy reducida de Dios. Ellos tampoco lograron reconocer al Rey en medio de ellos. En ocasiones se levantaba la neblina que les obnubilaba los pensamientos, y una vez, hacia el final del ministerio de Jesús, se elevaron a una perspectiva celestial de su Rey y dijeron: «Ahora entendemos que sabes todas las cosas». Por un breve momento, su atención dejó de estar centrada en el reino terrenal para centrarse en el reino de los cielos. Fue un raro relámpago de revelación, y Jesús quedó lo suficientemente conmovido para exclamar: «¿Ahora creéis?» (Juan 16.30, 31).

Esas palabras de Cristo me parten el corazón. Lo único que quería de nosotros Jesús, a fin de cuentas, era que creyéramos. ¿Por qué, entonces, nuestros tiempos de obediencia drástica y confianza absoluta fueron solo relámpagos, breves momentos de iluminación? ¿Por qué siempre nos costó tanto comportarnos como si Jesús fuera el Rey?

El Rey que venció a pesar de tener todo en contra

Quizá porque en la tierra nunca se comportó como un rey.

O al menos no como a uno le parece que debiera comportarse un rey. Sin embargo, Jesús tenía un motivo valedero para ocultar su majestad bajo el manto de debilidad, vergüenza y humildad. Tiene que ver con su gloria en el cielo. Cuando el Padre diseñó el plan de salvación, inició un esquema que en última instancia daría la gloria mayor y más brillante a su Hijo, el Rey del cosmos. Se trataba de una trama que casi se puede leer como una historia de aventuras.

El plan se puso en efecto cuando el villano malvado, Lucifer, esclavizó a los ciudadanos del reino de la tierra mediante traición y engaño. Usurpó la autoridad del legítimo gobernante y estableció su propio gobierno rival. El buen gobernante envió a sus siervos más diestros para que intentaran recuperar el territorio ocupado, pero exceptuando unos pocos, el villano los sedujo y los derrotó. Finalmente, el gobernante envió a su Hijo unigénito, el príncipe legítimo, para que invadiera el territorio de Lucifer, liberara a los súbditos cautivos, y retomara el reino bajo el estandarte de la familia.

Al menos se puede decir que las tácticas de batalla del Hijo eran extrañas. En efecto, su modo de pelear parecía asegurar la derrota. A cierta altura, cuando Lucifer tenía inmovilizado al Príncipe, el Hijo sencillamente se entregó al golpe mortal. Todo parecía estar perdido y los corazones de todos desfallecieron desesperanzados. No tenían noción alguna de que la parte final y mejor del plan estaba a punto de empezar. Se llamaba la resurrección, y era la única estrategia que podía asestar un golpe mortífero al enemigo y a sus hordas de gobernantes malvados.

Ahora bien, cualquier lucha entre un héroe y los malos reviste bastante interés de por sí, pero cuando el héroe está en desventaja, se introduce un nuevo elemento. Ahora el héroe está en un peligro mucho mayor y pareciera tener menor oportunidad de ganar. Pero si en su debilidad logra vencer a pesar de tener todo en su contra, acaba siendo un héroe dos veces mayor. Cuando los héroes débiles superan en sus maniobras a los villanos fuertes, la victoria inspira asombro.

Y así, el Príncipe de paz, el Cordero que se dejó inmolar, será glorificado, no porque haya empleado la fuerza bruta contra Satanás, sino porque no lo hizo.

EL REY QUE VENCIÓ POR MEDIO DE LA DEBILIDAD

Hay otro aspecto del plan del Padre que ubica a su Hijo en una posición de menor honor, y, sin embargo, le garantiza gloria aun mayor. Esto involucra derrotar al villano fuerte usando su propio poder tenebroso en su contra. Se parece un poco al judo.

Mi esposo Ken pudiera explicárselo. De vez en cuando adopta una modalidad de artes marciales y empieza a saltar por la sala como un gato eufórico, abalanzándose por todas partes atropelladamente, dando golpes al aire con los puños, y dando patadas hacia el techo con el costado del pie. Siempre lo observo con distraído interés femenino.

Ken me dice que el judo tiene su utilidad. Es el arte de usar el poder del enemigo para derrotarlo; y aunque Ken pueda parecer pasivo e incluso débil en una pelea de judo, el secreto es sencillamente esperar que llegue el momento cuando se pueda usar toda la fuerza del contrincante para derrotarlo. Cuando mi esposo sufre un ataque, simplemente le hace una toma de judo a su atacante y el tipo sale volando por encima de su hombro.

Jesús parecía ser pasivo y débil. Las personas se pasaron el tiempo buscando su corona. No dejamos de tener la esperanza de que actuara como debía hacerlo un monarca y que hiciera que la vida de sus súbditos fuera feliz, saludable y libre de dificultades. Pero Jesús tenía otros planes para la tierra: planes que involucraban mayor alabanza para el creyente y gloria para él mismo.

Siguió practicando judo. En especial contra el diablo. Y muy específicamente en la cruz. En el momento exacto que el diablo pensó que había arrinconado e inmovilizado a Cristo en derrota, desató toda su furia satánica para acabarlo. Pero fueron la debilidad y vulnerabilidad de Cristo las que le permitieron hacerle unas tomas de judo a Satanás que lo llevarían a cortarse él mismo la garganta.

James Stewart, el teólogo escocés, lo expresó de la siguiente manera:

> Él usó los triunfos mismos de sus adversarios para ocasionarles la derrota. Forzó los oscuros logros de ellos para que sirvieran a los propósitos de él, no a los de ellos. Lo clavaron al madero, sin saber que mediante ese mismo acto estaban llevando al mundo a ponerse de pie. Le dieron una cruz, sin imaginarse que él la convertiría en un trono.
>
> Lo arrojaron puertas afuera para que muriera, sin saber que en ese mismo momento estaban levantando todas las puertas del universo para dar entrada al Rey de gloria. Maquinaron para desarraigar sus doctrinas, sin comprender que estaban implantando de manera imperecedera en los corazones de los hombres el nombre mismo que intentaban destruir.
>
> Pensaron que tenían a Dios con la espalda contra la pared, inmovilizado, inutilizado y derrotado. No supieron

que había sido Dios mismo el que los había arrastrado hasta ese punto. Él no conquistó *a pesar del* oscuro misterio de la maldad; conquistó *a través* de él.[4]

Sucedió algo glorioso cuando el peor asesinato del mundo se convirtió en la única salvación del mundo. Cuando la cruz, un símbolo de tortura, se convirtió en un símbolo de vida y esperanza, significó el triple de gloria.

Jesús acaba siendo el triple de héroe en el cielo porque ganó usando las armas de guerra espirituales, y no carnales. Su triunfo se aseguró usando judo divino. Ganó usando el momento oportuno y la paciencia. «A la verdad, como éramos incapaces de salvarnos, *en el tiempo señalado* Cristo murió por los malvados» (Romanos 5.6, NVI). Ganó por esperar, ceder y someterse. Filipenses 2.7–9 se lee como «Los principios básicos en artes marciales» porque cuanto más débil se volvió Cristo, más grande fue su victoria, y cuanto más grande su victoria, más gloriosos los honores: «Se despojó a sí mismo... se humilló a sí mismo, haciéndose obediente hasta la muerte y muerte de cruz. Por lo cual Dios también le exaltó hasta lo sumo, y le dio un nombre que es sobre todo nombre».

Si tuvimos lástima de Cristo en la tierra o nos sentimos mal porque su justicia parecía haber sido abortada, hemos desperdiciado nuestro tiempo. Si nos sentimos avergonzados en lugar de él por tanto sufrimiento sin sentido, mejor hubiera sido que tomáramos unas clases de artes marciales. Jesús *sí* ejercitó sus músculos como Rey en la tierra; nuestros pobres ojos, corazón y mente sencillamente no estaban capacitados para verlo. Se puso una corona; solo que no era la corona que esperábamos. No era de oro, sino de espinas.

Allá en el cielo, quizá sintamos la tentación de darnos una palmada en la frente y exclamar: «¡Caramba! ¿Cómo se nos pasó eso?». Pero no habrá lugar para el remordimiento. No nos reprenderemos por no haberlo visto. No, nuestro Rey de reyes será demasiado bondadoso para permitirnos tales lamentos. Será obvio el motivo por el cual sus medallas de monarquía estaban ocultas. Todo fue programado para ayudarnos a ejercitar fe, desarrollar confianza y demostrar obediencia, como también para enseñarnos a reconocer el momento oportuno, tener paciencia, saber esperar y ceder. El Rey venció a la cruz para que tuviéramos el poder de resistir la intimidación del diablo y aceptar así nuestras espinas, compartir nuestras cargas y llevar nuestra propia cruz, mientras a la vez convertimos la tragedia en triunfo y las penas en victorias.

Con gran gracia, Jesús no nos reprenderá por ser tan centrados en nosotros mismos. Nos asegurará que él conocía nuestra condición y se acordaba de que éramos polvo. Nos daremos cuenta de que estando en la tierra éramos peores de lo que pensábamos, pero la gracia del Señor penetró a mayor profundidad de lo que pensábamos, por lo tanto, en el cielo estaremos mejor de lo que pensábamos.[5]

El Señor Jesús será generoso con su bondad, permitiendo que se desborde y salpique por todas partes. Incluyendo sobre nuestro remordimiento. Y *eso*, amigos queridos, nos impulsará a amar, alabar y regocijarnos en él aun más. En ese momento, la gloria de Dios en el cielo se abrirá exponencialmente a la centésima potencia.

Me siento tan feliz por Jesús cuando me imagino este momento, porque él se mostrará tal cual es, ya no el siervo débil y sufriente, sino el poderoso Soberano del tiempo y del espacio. Su reputación será reivindicada. Recibirá todo el crédito que se le debe, además del triple de gloria. Más que nada, se le hará justicia.

Y no será un cuadro muy bonito. Al menos para algunos.

El día grande y terrible del Señor

Todo este asunto de la debilidad y la humildad altera los nervios de algunas personas. No les cabe eso de un Dios que permitiría que se burlaran de él, que lo patearan y escupieran sobre él, todo esto por el bien de la justicia. En especial justicia a favor de ellos. ¿Cómo osa este Dios débil e impotente aseverar que necesitan ser salvos?... ¡y nada menos que de sus pecados!

En la tierra, promocionaron su propio estilo de justicia. Y el primer punto de su programa de actividades era difamar y apartar de su oficio a Jesús. Poniéndose ellos en el centro de su propio universo moral, pensaron que tenían el poder de juzgar a Dios. Lo denunciaron y lo procesaron, lo acusaron y lo desterraron como si fuera alguna deidad impotente de tercera categoría. Lo echaron de las aulas escolares y borraron su sello de las plazas públicas. Blasfemando su nombre, neutralizaron a Dios y lo domaron para que bendijera sus concupiscencias y pasiones.

Pero en el cielo, las cosas se pondrán en su lugar. Dios reivindicará su santo nombre y dispensará su justicia pura y perfecta. Para una gran cantidad de personas será aterrador.

¡Qué impacto recibirán cuando contemplen a este Jesús que ellos intentaron meter en una sala de escuela dominical! El horror les golpeará el corazón al desarrollarse la escena de Apocalipsis 19.11–16, y llorarán:

> Entonces vi el cielo abierto; y he aquí un caballo blanco, y el que lo montaba se llamaba Fiel y Verdadero, y con justicia juzga y pelea. Sus ojos eran como llama de fuego, y había en su cabeza muchas diademas; y tenía un nombre escrito que ninguno conocía sino él mismo. Estaba vestido de una ropa teñida en sangre; y su nombre es: EL VERBO DE DIOS. Y los ejércitos celestiales, vestidos de lino finísimo, blanco y limpio, le seguían en caballos blancos. De su boca sale una espada aguda, para herir con ella a las naciones, y él las regirá con vara de hierro; y él pisa el lagar del vino del furor y de la ira del Dios Todopoderoso. Y en

su vestidura y en su muslo tiene escrito este nombre: REY DE REYES Y SEÑOR DE SEÑORES.

Estos símbolos no tienen nada de torpes; ¡son aterradores! Como artista, no solo que no los podría pintar, sino que nunca desearía hacerlo. ¿Ojos como llama de fuego? ¿Ropa teñida en sangre? Esto no se trata de alguna benevolencia senil que somnolienta les deseaba el bien a los seres humanos mientras estaban en la tierra, un Dios del cual sentir lástima. Este es el grande y terrible Señor, el fuego consumidor mismo. «Porque he aquí que Jehová vendrá con fuego, y sus carros como torbellino, para descargar su ira con furor, y su represión con llama de fuego. Porque Jehová juzgará con fuego y con su espada a todo hombre; y los muertos de Jehová serán multiplicados» (Isaías 66.15, 16).

No se trata de una vista agradable porque «¡Horrenda cosa es caer en manos del Dios vivo!» (Hebreos 10.31). La misma boca que pronunció paz y reconciliación un día emitirá la espada aguda del juicio. Los mismos ojos que brillaban con compasión un día serán llamas de fuego. ¿Es este la rosa de Sarón, el lirio de los valles, mi novio? Sí, este mismo Jesús, en cuyas manos amorosas me dejé caer al principio, es el espantoso Dios viviente.

¿Amante y vengador? Él mismo es ambas cosas a la perfección. Es completamente amante en su justicia y justo en su amor. Y por ser perfecto, su justicia es pura.

¿CÓMO NOS SENTIREMOS EN ESE DÍA TERRIBLE?

Cuando estemos en el cielo, sabremos en cada fibra de nuestro ser, sin duda alguna que cualquier cosa que declare el Juez acerca de nosotros es verdad. Lo que él dice que somos, eso somos. Ni más, ni menos. Quizá hasta nos demos cuenta, de una manera vaga y borrosa, de que en realidad muy dentro nuestro así siempre fuimos en la tierra. Si el Juez determina que hemos sido justificados en Cristo, entonces «¡Aleluya! Siempre lo supe». Si él declara que somos injustos, malvados y embedidos de egoísmo, entonces «¡Maldito soy! Siempre lo supe». La verdad obvia acerca de usted o de mi persona quedará en evidencia ante todos.

Este hecho resulta particularmente humillador para los creyentes. ¿Recuerda cuando dije que a los cristianos no les pasarán todo su pasado pecaminoso delante de todos como una especie de espantosa película prohibida para menores? No se preocupe, no es que lo quiera confundir. Es verdad que no será necesario que carguemos con esa culpa porque Dios nos ha separado de nuestro pecado así como dista el oriente del occidente.

Pero de no ser así, digamos si nuestros pecados ocultos *fueran* expuestos, estoy segura de que no habría un solo justo que protestara. Usted y yo estaríamos totalmente de acuerdo con el Juez y diríamos: «Jesús, tienes toda la razón, tu justicia es perfecta. En la tierra fui un manipulador, siempre dando rodeos y fingiedo con todos los que me rodeaban. ¡Esa fue siempre mi forma de ser muy adentro de mí!».

A decir verdad, puedo imaginarme dando un tirón a las vestiduras de Jesús mientras digo: «Momento, Jesús, hay algunas otras cosas desagradables ocultas acerca de mí que deseo que expongas. Quiero que todos sepan cuán vasta y extensa fue tu gracia para conmigo. No quiero tapar mis pecados. ¡Quiero que todos vean lo podrido que estaba hasta la médula para que sepan hasta qué profundidad me limpió tu gracia!».

Jonathan Edwards lleva este pensamiento más allá cuando dice que los pecadores «tendrán aun mayor sentido de admiración y gozo ante la gracia demostrada por Dios al perdonarlos, que el recuerdo de sus pecados más bien será una ocasión indirecta de gozo».[6]

Si —y repito si— nuestro pasado truculento ha de ser proyectado, serviría para dar a Dios mayor gloria por su gracia tan grande.

Por esto, por asombroso que nos parezca ahora, no nos avergonzaremos ni nos acobardaremos en el día grande y terrible del Señor. Por extraño que parezca, nos regocijaremos. Esto suena descabellado porque nuestro sentido humano de compasión aborrece la idea de que la justicia sea ejecutada con sonido y furia desenfrenados. En la tierra, se hace justicia mientras los prisioneros son escoltados silenciosamente desde el pabellón de los condenados a muerte hasta cámaras donde grupos callados de personas permanecen sentados detrás de ventanas a prueba de ruidos y, sin emoción, observan cómo ocurre la muerte.

Pero no en el cielo.

Allí, el juicio está cargado de emoción.

En el pleno centro del apocalipsis, mientras se sirven copas de ira con humo y fuego, podemos ser vistos cantando y regocijándonos mientras observamos el juicio. Este paréntesis de alabanza increíble está apretado entre la ira de Dios en Apocalipsis 18 y lo que parece ser Armagedón al final de Apocalipsis 19. En el poderoso coro de alabanza de los versículos 1–10, formamos parte del grupo de ángeles y ancianos, y de «una gran voz de gran multitud en el cielo, que decía: ¡Aleluya! Salvación y honra y gloria y poder son del Señor Dios nuestro; *porque sus juicios son verdaderos y justos*» (énfasis añadido).

¿Por qué estaremos felizmente de acuerdo con Jesús cuando él pise el lagar de la ira de Dios todopoderoso? ¿Acaso será porque finalmente se habrá dado vuelta la tortilla para los malvados? No. Acompañaremos el juicio con coros de alabanza porque amaremos la pureza y aborreceremos la perniciosidad de la maldad. Tendremos un profundo deseo por la verdad y detestaremos las mentiras y la maldad. Con mentes perfectas y corazones devotos, acentuaremos con gozo todos los juicios de Dios con un sentido «¡Sí!». Y lo haremos mientras él esté pisando el lagar de su ira.

El día de Cristo será un día grande y terrible. Grande para los justos y terrible para los injustos. C. S. Lewis nos recueda que «al final ese rostro que es el deleite o el terror del universo deberá estar mirando hacia cada uno de nosotros ya sea con una expresión o con otra».[7]

Estoy agradecida de que las Escrituras solo se refieren a ese tiempo como «un día». Quizá significa que el gran juicio será veloz. Al fin y al cabo, «al final, solo hay dos tipos de personas: los que le dicen a Dios, "Sea hecha tu voluntad", y aquellos a los que Dios dice, al final, "Sea hecha *tu* voluntad". Todos los que están en el infierno escogen esta vía».[8] Para todas las personas que insistieron «¡Sea hecha mi voluntad!» Dios no disuadirá. Ya no luchará con ellos, ya sea señalándoles su gloria en la creación o predicándoles el evangelio. Para los que le dan la espalda a Cristo, no hay cielo.

TODOS LOS QUE ESTÁN EN EL INFIERNO, ESCOGEN ESTAR ALLÍ

Sí, existe el infierno.

Es impensable hablar del cielo sin por lo menos mencionar el infierno. Nótese por favor que no me referí a él como «lo contrario del cielo». El cielo no tiene contrario. No tiene opuesto. De la misma manera que Satanás no es el opuesto de Dios (porque el diablo es meramente un ser creado... y como si fuera poco, ¡un ser caído!), tampoco el cielo tiene un opuesto. En la vastedad del universo infinito y también limpiado y purificado de Dios, el infierno quizá acabe siendo apenas un punto. Un montón de basura. Un vertedero de residuos.

En las afueras de Jerusalén, la ciudad santa, había un depósito de chatarra donde los judíos llevaban su basura para quemarla.

En tiempos anteriores las tribus paganas y los mismo judíos rebeldes habían usado esta área llamada *GeHinnom* para llevar a
cabo ritos y sacrificios; ese es el motivo por el que el pueblo solo
lo consideraba un lugar adecuado para prenderle fuego a sus
residuos. Acabaron por ponerle el nombre *Gehenna*, y ese llegó a
ser el nombre bíblico que se le asignaba al infierno.

El infierno propiamente dicho será la compactadora de residuos del universo.

> Dios no hace basura, pero nosotros sí; y un buen cosmos
> debe a la larga purificarse de basura espiritual como egoís-
> mo, odio, codicia, cobardía o concupiscencia... Incluso
> podemos regocijarnos de que exista, porque debiéramos
> desear que nuestra basura espiritual sea quemada, si es
> que no nos identificamos con dicha basura. Si nos identi-
> ficamos, *somos* quemados eternamente... Dios no puede
> permitir que esa basura entre al cielo; y si no queremos
> deshacernos de ella, si nos aferramos a nuestra basura de
> tal modo que nos convertimos en basura, solo hay un lugar
> para nosotros.[9]

El infierno no contaminará el universo purificado, tampoco
será un absceso purulento en el costado de los cielos nuevos, una
fea llaga que para siempre drena y exige que se le preste atención.
Es muy probable que sea demasiado pequeño para que ocurra eso.
No me refiero a que el infierno será más pequeño que el cielo en
cuanto a las estadísticas de la población, sino en lo que se refiere a
su importancia en el cielo nuevo y la tierra nueva. Nadie les presta
mucha atención a montones humeantes de chatarra.

Sin embargo, como he puesto este tema de los números en el
tapete, me viene a la memoria el registro de las palabras de Jesús en
Mateo 7.13, 14: «Entrad por la puerta estrecha; porque ancha es
la puerta, y espacioso el camino que lleva a la perdición, y muchos

son los que entran por ella; porque estrecha es la puerta, y angosto el camino que lleva a la vida, y pocos son los que la hallan». No hay lugar a duda. El mundo, en general, escoge el camino que lleva al infierno. No hay muchos que elijan a Cristo y su cielo.

Pero me pregunto, ¿habrá un mayor número de personas en el infierno que la cantidad de arrepentidos que residan en el cielo? ¿Y qué del número de redimidos que serán como las arenas del mar o como las estrellas del cielo? Apocalipsis 7.9 declara que habrá una multitud en el cielo la cual nadie podrá contar.

No hay contradicción alguna entre las palabras de Cristo en Mateo y sus palabras en Apocalipsis. C. H. Spurgeon lo reconcilia de la siguiente manera:

> Creo que habrá más en el cielo que en el infierno. Si me pregunta por qué pienso eso, le respondo, para que Cristo en todo tenga la preeminencia (Colosenses 1.18), y no puedo concebir cómo pudiera tener la preeminencia si ha de haber más en los dominios de Satanás que en el paraíso. Además, se dice que en el cielo habrá una multitud que nadie podrá contar. Nunca he leído que habrá una multitud que nadie podrá contar en el infierno. *Me regocijo de saber que las almas de todos los bebés, en cuanto mueren, se dirigen velozmente al paraíso. ¡Imagínese cuán grande es la multitud de ellos!*[10]

Más que discutir las cifras del censo del cielo y del infierno, basta con decir que el infierno existe; es horrible, no es un lugar al que usted quiera ir y que a usted le conviene hacer todo lo que le sea posible para evitar que otros lo escojan. Las enseñanzas de Jesús sobre el infierno con «el lloro y el crujir de dientes» (Mateo 13.42) tiene como objetivo encender el terror en nuestro corazón, advirtiéndonos que si bien el cielo es mejor de lo que podemos soñar, así también el infierno ha de ser peor de lo que nos podemos imaginar.

El infierno nos advierte que debemos procurar el cielo.

Es su propio y más eficaz disuasivo.

Lo sé de primera mano. En la época de mi lesión, los doctores me inyectaron poderosas drogas a fin de eliminar la infección que avanzaba con furia por mis miembros paralizados. Mi cuerpo estaba encendido de dolor. Cuando las enfermeras me daban vuelta en el armazón Stryker, solo podía ver el piso y los pies de las personas. Horrorizada, veía feas pezuñas hendidas de demonios donde debiera haber visto zapatos de enfermeras. Los pies de amigos estaban palmeados y tenían garras. Les gritaba a las enfermeras que no me dieran vuelta hacia arriba, por temor a ver horribles monstruos. Pero cuando me giraban, me sorprendía ver que todo estaba normal.

¡Qué infierno! Ahora, al mirar hacia atrás, sé que mi terror era inducido por las drogas, pero esas imágenes atemorizantes me acompañaron incluso durante los años subsiguientes de distanciamiento y amargura. A decir verdad, durante esos años que estuve al borde de rechazar a Cristo por completo, me pasaban por la mente atemorizantes pezuñas hendidas. Para mí, fue una advertencia.

Mis años adolescentes estuvieron llenos de advertencia. Recuerdo haber leído el sermón de Jonathan Edwards: «Pecadores en las manos de un Dios airado», mientras estudiaba Literatura Americana en la clase de inglés del décimo grado. ¡Mis manos temblaron mientras sostenía el libro! Ojalá aún se les exigiera a los estudiantes de escuela secundaria pública leer a Edwards, uno de los más grandes pensadores de Estados Unidos, pero los tiempos han cambiado. Hay pocos que lean advertencias como la que sigue:

> El mismo Dios que los santos ven como su amante supremo, los pecadores perciben como el enemigo de su alma. La luz divina y sobrenatural del santo es la oscuridad divina y

sobrenatural del pecador. Mientras que los redimidos entienden que Dios es la fuente de toda bendición que proporciona el cielo, el impenitente entiende que Dios es la fuente de toda maldición infernal. Para el santo, el cielo es Dios. Para los malvados, el infierno es Dios. ¡Malditos los de corazón impuro, porque ellos también verán a Dios![11]

¿Esto le parece injusto? ¿Le parece cruel que los impíos «serán echados a las tinieblas de afuera; allí será el lloro y el crujir de dientes» (Mateo 8.12)? Nuestro sentido humano de justicia puede pensarlo, pero recuerde que Dios no le debe absolutamente nada a este planeta sumamente rebelde. Si no fuera por la gracia vivificante de Dios, todos permaneceríamos muertos en nuestros delitos y pecados. Además, si no fuera por su gracia, este planeta se habría despedazado hace mucho tiempo por causa del odio y la violencia. El hecho de que la raza humana haya sobrevivido tanto tiempo es una demostración de la compasión de Dios. La pregunta clave no es: «¿Cómo es posible que Dios permita que tanta gente vaya al infierno?», sino «¿Cómo es posible que Dios sea tan generoso y salve a tantas personas?».

El punto en cuestión no es la justicia humana, sino la justicia de Dios. Si no existe juicio y posterior infierno, entonces tiene más sentido comer, beber y festejar porque mañana morimos y... punto. La nada. Se acabó todo. Pero *sí hay* un infierno. Al igual que un juicio.

Y vi a los muertos, grandes y pequeños, de pie ante Dios; y los libros fueron abiertos, y otro libro fue abierto, el cual es el libro de la vida; y fueron juzgados los muertos por las cosas que estaban escritas en los libros, *según sus obras...* Y el que no se halló inscrito en el libro de la vida fue lanzado al lago de fuego.

Apocalipsis 20.12, 15, énfasis añadido

Ese es el único versículo de la Biblia que me pone los pelos de punta. Los versículos apocalípticos sobre señales de los tiempos, terremotos, inundaciones y pestilencia no lo hacen. Ni siquiera imágenes verbales de bestias que gruñen y criaturas de diez cuernos o el cielo que se desvanece como un pergamino que se enrolla y los montes que se desplazan hacia el océano. El peor versículo de la Biblia es el que se refiere al juicio de los muertos. Es así porque algunos de esos muertos serán mi vecino, mi maestra de escuela primaria, la mujer que atendía en la tintorería o incluso esos jóvenes musulmanes que trabajan en la estación de servicio Shell cercana a mi casa (sin mencionar millones de personas más a nivel mundial).

Cuando oro, «Ven pronto, Señor Jesús», pronuncio la palabra «pronto» con cautela. ¿De veras deseo que Jesús vuelva pronto? ¡Sí! Y no.

Cómo detener el día de la ira de Dios

El día amaneció silencioso sobre Nazaret, excepto por el cacareo de un gallo y el ladrido de unos perros. La hora era aún temprana, pero el sol estaba alto, el aire seco y caliente. Cualquier otra mañana las calles de Nazaret hubieran estado bulliciosas con sus vendedores pregonando su mercadería y las mujeres platicando al dirigirse al pozo de agua. Pero no se trataba de un día cualquiera. Era el día de reposo. Y no era cualquier día de reposo. Jesús estaba en casa y estaría en la sinagoga.

Nadie sabía a ciencia cierta cuánto tiempo había estado afuera. ¿Dos, quizá tres meses? Se rumoreaba que una mañana Jesús sencillamente había colgado su delantal de carpintero y se había dirigido al Río Jordán para encontrar al Bautista. Luego sucedió algo extraño. Cuando Jesús fue bautizado hubo una voz de estruendo, seguida de una paloma. Luego, había desaparecido.

Algunos dicen que Jesús se fue al desierto. Otros dieron informes que lo ubicaban más tarde en Capernaum. Allí fue cuando los rumores se volvieron verdaderamente extraños. ¿Enfermos que recibían sanidad? ¿Agua que se convertía en vino?

Y ahora estaba nuevamente en Nazaret.

El aire en la sinagoga estaba caliente y tenso. El asistente le entregó a Jesús el rollo de Isaías. Él con calma lo abrió, encontró el versículo que buscaba, y empezó a hablar con voz de autoridad desacostumbrada:

> El Espíritu del Señor está sobre mí, por cuanto me ha ungido para dar buenas nuevas a los pobres; me ha enviado a sanar a los quebrantados de corazón; a pregonar libertad a los cautivos, y vista a los ciegos; a poner en libertad a los oprimidos; a predicar el año agradable del Señor.
>
> Lucas 4.18, 19

Se detuvo en medio del versículo. Y sin más, Jesús lo dejó sin terminar y se sentó. Los ojos de todos estaban fijos en él. No es de sorprenderse, nunca habían escuchado que Isaías 61 se leyera de tal manera, como si fueran sus propias palabras. Finalmente, Jesús rompió el silencio: «Hoy se ha cumplido esta Escritura delante de vosotros».

El resto se volvió borroso. La multitud empezó a exigirle trucos, un espectáculo de magia, gritando: «¡Haz aquí en tu tierra lo que hemos escuchado que has hecho en Capernaum!». Jesús les recordó que las multitudes habían exigido el mismo desempeño de Elías y Eliseo, pero al igual que los profetas de antaño, él no obraría milagros en medio de un pueblo sin fe, rígido y orgulloso. Allí se iniciaron unas escaramuzas y luego una revuelta de todo el pueblo. Sacaron a Jesús de la ciudad y lo llevaron hasta la cumbre de un monte con la intención de despeñarlo. Aquí la historia termina abruptamente, y Jesús se escapa y toma su propio camino.

Este incidente en Lucas 4 registra el anuncio formal del ministerio de Jesús. Desde el momento mismo que emprendió su misión terrenal, dejó en claro sus motivos e intenciones. Había venido en nombre del cielo. ¿Pero por qué la multitud no quedó satisfecha con su declaración de misión?

Quizá no fuera tanto por lo que dijo, sino por lo que no dijo. Jesús no leyó el versículo entero de Isaías 61. Anunció que había venido a predicar el año agradable del Señor, pero no completó la oración. No dijo lo que el pueblo esperaba que dijera: que había venido a proclamar «el día de venganza del Dios nuestro». Resultaba obvio para las personas reunidas en esa sinagoga que Jesús no tenía intención alguna de ejecutar la ira de Dios sobre sus opresores romanos. Y todos pensaron que eso era lo que el Mesías debía hacer: ejecutar ira y juicio.

Él omitió la parte más aterradora del segundo versículo de Isaías 61 porque él no vino para condenar ni destruir. Vino para buscar y salvar a los perdidos (Lucas 19.10).

Esto generó confusión entre todos. En especial Juan el Bautista que estaba preparado para el juicio. Juan había estado preparando el camino para Jesús, proclamando: «Arrepentíos, porque el reino de los cielos se ha acercado» (Mateo 3.2). Predicó que vendría el fuego del infierno y advirtió que se acercaba la venganza de Dios. Con razón callaron al Bautista. Había arriesgado su vida diciendo cosas airadas en contra de Herodes como también apuntando con el dedo a líderes religiosos hipócritas. Cuando Jesús no aplastó el mal ni castigó a los pecadores, Juan quedó confundido y desilusionado. Su accionar en nombre del juicio venidero hizo que lo encerraran en la cárcel y, a pesar de ello, Jesús no movió un dedo para liberarlo de la prisión.

Jesús dejó en claro que su agenda no era ejecutar la ira de Dios, sino cargar en su propio cuerpo dicha ira. Me produce dolor esa declaración: Jesús, el Salvador precioso, no vino para ejecutar la ira de Dios, sino para *cargar en su propio cuerpo* la furia de Dios. Toda la ira candente de Dios contra mi pecado fue derramada en la cruz. Por causa de Jesús, al Padre ya no le queda ira hacia usted o hacia mí.

En lugar de eso, está guardando su ira para el día que regrese su Hijo.

Un día Jesús regresará y terminará el versículo de Isaías 61. Juzgará a los vivos y a los muertos. Aplastará a los malvados. Castigará a los malhechores rebeldes e insolentes. Desbaratará naciones y derrocará a reyes y gobernantes. Instituirá el día de la venganza de nuestro Dios.

Esto es lo que atempera mis plegarias por el pronto regreso de Cristo. Sí, oro, «Ven pronto, Señor Jesús», pero con el mismo aliento, recuerdo a la muchacha del vestido blanco con lentejuelas de la escuela secundaria por la cual oré en la fiesta y la niña asiática de diez años en el salón de belleza, y unas pocas tías y tíos que, excepto que lleguen a profesar a Cristo como Salvador, acabarán siendo pisoteados en el lagar de la ira de Dios.

¡Te ruego que demores un poco más ese día grande y terrible del Señor!

Aun así, me es necesario recordar que el tiempo de Dios es perfecto. Usted y yo tenemos una tarea por realizar, así como se les recordó a los discípulos cuando le preguntaron a Jesús cuándo regresaría. El Señor les dijo: «No os toca a vosotros saber los tiempos o las sazones, que el Padre puso en su sola potestad; pero recibiréis poder... y me seréis testigos en Jerusalén, en toda Judea, en Samaria, y hasta lo último de la tierra» (Hechos 1.7, 8).

No me corresponde preocuparme por los tiempos de Dios. Solo debo preocuparme lo suficiente para testificar. Mientras Cristo está en el cielo, está proclamando a través de nosotros el año agradable del Señor, está llevando a cabo su agenda de compasión y perdón por medio de usted y yo. Sigue siendo el Pastor tierno y misericordioso que busca más personas para rescatar,

262   ¿El cielo será mi hogar?

también mujeres y hombres perdidos a los cuales pueda otorgar con alegría la salvación.

De modo que cuando empiezo a apoyarme en el antepecho de la ventana de la eternidad y suspirar porque mi Salvador cumpla su promesa de regresar, me muerdo el labio y pienso en 2 Pedro 3.9: «El Señor no retarda su promesa, según algunos la tienen por tardanza, sino que es paciente para con nosotros, no queriendo que ninguno perezca, sino que todos procedan al arrepentimiento». Ese recordatorio me basta para alejarme del antepecho de la ventana y salir a rescatar a los que están pereciendo.

Cuánta paciencia la del Señor que ha contenido su aliento durante prácticamente dos mil años antes de dejar caer su venganza. No me importa la lentitud de Dios aun cuando signifique que debo pasar más años en esta silla de ruedas. La lentitud de Dios significa más tiempo y oportunidad para aumentar las cifras del cielo. Más tiempo para que su herencia se incremente, su cuerpo se complete, su novia se embellezca, las filas de su ejército crezcan y el gran coro de adoradores eternos sea más intenso y estruendoso en su alabanza. En resumen, significa mayor gloria para él.

Puedo resumir 2 Pedro 3.9 con la siguiente paráfrasis: «El Señor no es lento para finalizar sus sentencias, según algunos entienden la lentitud. Él está retardando el cumplimiento de la parte final de Isaías 61.2 para que, si el cielo lo permite, mi vecino, mis parientes y las personas que trabajan en mi comunidad puedan llegar al arrepentimiento».

¡Cuánta gracia la de Jesús; cuánta paciencia! ¡Cuánta bondad la de nuestro Dios; cuánta misericordia! Hasta que regrese el Rey de reyes y Señor de señores con ojos como llamas de fuego, vestiduras teñidas de sangre y espada y furia, será mejor que usted y yo salgamos a proclamar el año agradable del Señor.

CORONADLO CON MUCHAS CORONAS

¿Está su presión sanguínea un tanto más elevada que la mía en este momento? Quizá se sienta como yo: invadido de deleite, pero a la vez con un temor reverente. Cosquillea de gozo a la vez que tiembla con santo respeto. Nuestro Dios es un Dios asombroso. Es por eso que desearía que estuviéramos acurrucados en este momento protegiéndonos del frío de la noche, escuchando los pinos silbadores de mi vecino y contemplando una delgada rebanada de la luna que forma una sonrisa en el horizonte. Ojalá estuviéramos de pie juntos bajo una cúpula estrellada, sintiéndonos pequeños e insignificantes mientras sintonizamos la melodía apenas perceptible e inquietante de un himno. Cierto himno que tañe una cuerda resonante en nuestra alma.

Sería un momento de gran felicidad y sabiduría. Pero esta vez, no permitiríamos que se nos escapara. Nada trivial ni ordinario podría ahogarlo, y no solo nos mantendríamos en ese estado de éxtasis al escuchar la música celestial, sino que elevaríamos nuestras voces para cantar junto con la música...

A Cristo coronad, Señor de nuestro amor,
al Rey triunfante celebrad, glorioso vencedor;
potente Rey de paz el triunfo consumó,
y por su muerte de dolor su grande amor mostró.

A Cristo coronad, Señor de vida y luz;
con alabanzas proclamad los triunfos de la cruz.
A él solo adorad, Señor de salvación;
loor eterno tributad de todo corazón.[12]

SUBA MÁS

Cada vez que mis aflicciones me seducen a que quiera botar la toalla, Dios me alienta, vez tras vez, de maneras siempre nuevas y refrescantes. Y la manera más estimulante se halla en el libro de Hebreos. Esta vigorizante epístola tiene un versículo para todo cristiano agobiado, todo soldado cansado del ejército del Señor. Así es como dice: «Pues aquí no tenemos una ciudad permanente, sino que buscamos la ciudad venidera» (Hebreos 13.14).

Esa es otra manera de decir: «Oigan, hermanos y hermanas, no se dejen absorber tanto por los altibajos de este mundo presente. Ahorren algo de su energía, afecto y deseo por el hermoso mundo que está justo por delante».

Me hace recordar un relato que leí hace años de un general conquistador que llevaba a su victorioso ejército italiano de vuelta a su tierra después de varias grandes batallas en el norte. La campaña se había extendido por más de un año, y sus hombres añoraban su casa y estaban cansados hasta los huesos; casi muertos de pie. La ruta hacia el sur les llevaba por vastas extensiones de tierra, incluyendo ríos, llanuras y espesos bosques. Finalmente llegaron al pie de las montañas... ¡los Alpes!

Ahora tenían una cordillera que cruzar. Como puede imaginarse, las filas de soldados agobiados por la guerra empezaron a flaquear mientras seguían marchando y marchando, atravesando profundos barrancos y poderosos pasos por las montañas. Y entonces vino la nieve, el viento y las temperaturas congelantes, drenando la escasa fuerza y voluntad que los agotados guerreros tenían en reserva. Tenían demasiado frío, estaban demasiado cansados, y demasiado amedrentados por la ascensión como para seguir.

Allí fue cuando el general supo que tenía que dar el mejor discurso de su vida. Según resultó, fue probablemente el más breve de su vida. Deteniéndose en un precipicio en donde podía mirar hacia atrás a todos sus hombres y que lo oyeran, el general señaló hacia arriba y gritó: «Hombres, ¡justo detrás de esas montañas está *Italia*!».

En realidad, eso es todo lo que había que decir. Los pensamientos del hogar cundieron entre las filas como un viento cálido, fragante. ¡Italia! Campos ondulantes de grano, hermosos huertos, fuentes cristalinas en las plazas de las ciudades. ¡Madres y padres, esposas e hijos y novias! *¡Casa!*

Ese recordatorio a tiempo lo cambió todo. Los corazones desmayados revivieron. Los músculos cansados hallaron nueva fuerza. El ejército se puso de pie y avanzó, remontando todo obstáculo hasta que cruzaron la cumbre y descendieron por el otro lado, llegando por fin a casa.

Para mí, así es el libro de Hebreos en el Nuevo Testamento. Fue escrito originalmente a un grupo de judíos convertidos a Cristo que atravesaban toda clase de persecución severa. Un número de ellos debe haber estado listo para darse por vencidos. Esta nueva vida en Cristo era simplemente demasiado dura. Aporreados y agobiados, muchos de ellos pensaban en volver al judaísmo y a las maneras antiguas, familiares de buscar a Dios.

El libro de Hebreos fue una arenga —como el general de pie en ese precipicio tratando de animar a su agotado ejército. El escritor usa palabras tales como «No se regresen. ¡Casi han llegado a casa! El cielo está justo a vuelta de la esquina. Jesús está esperando con brazos abiertos. Ustedes recibirán rica recompensa por todo su sudor y lágrimas».

Jesús ya ha conquistado por ustedes la muerte (2.9).
Jesús les ayudará a derrotar la tentación (2.18).
Jesús es un Sumo Sacerdote que sabe lo que ustedes han atravesado (4.15).
Jesús les dará misericordia y gracia en el tiempo oportuno (4.16).

Una herencia eterna les espera (9.15).

El día en que entrarán al cielo casi ha llegado (10.25).

No desechen su confianza. ¡Sus recompensas serán ricas!
(10.35).

La ciudad celestial está justo más allá del horizonte (11.10).

La patria mejor está llegando a estar a la vista (11.16).

La línea de llegada está justo por delante (12.1, 2).

¡El reino es de ustedes! (12.28).

Miren... esperen la ciudad por delante. ¡Aquí viene! (13.14).

¡Hablando de refrigerio para el alma cansada! Amigo y amiga, si usted está cansado de constantes reveses y desilusiones, recuerde que estamos en una carrera... ¡y que la línea de llegada está muy cerca! Este mundo no es nuestro hogar. Las naciones y ciudades de la tierra pronto se perderán en la memoria. Tantos de los asuntos contemporáneos que dominan los titulares y parecen ser asuntos grandes ahora se desvanecerán con la luz del sol de la mañana como una pesadilla vagamente perturbadora. En realidad, nos dirigimos a la tierra para la que nacimos, la ciudad del Gran Rey. Cómo el escritor de Hebreos lo dice:

> Ustedes, por el contrario, se han acercado al monte Sion,
> a la Jerusalén celestial, la ciudad del Dios viviente. Se han
> acercado a la reunión de millares de ángeles, a la iglesia
> de los primogénitos inscritos en el cielo. Se han acercado a
> Dios, el Juez de todos; a los espíritus de los justos que han
> llegado a la perfección. Se han acercado a Jesús, el mediador
> del nuevo pacto, y a la sangre rociada, que habla con más
> fuerza que la sangre de Abel.
>
> Hebreos 12.22-24, NBV

Recuerde que usted es un ciudadano de un reino celestial, y que pronto pasará por las puertas de perlas a su hogar celestial, en donde no habrá guerra, ni dolor, ni tristeza. La victoria quedará sellada, de una vez por todas, y su Salvador levantará el telón de recompensas más allá de lo que usted puede imaginarse en docenas de vidas.

Anímese, sin que importe en dónde se halla en la batalla.

El cielo está mucho más cerca de lo que usted piensa.

BUSQUE SU SENDERO

1. Hebreos 12.1 en la *Living Bible* [en inglés] habla de «una enorme multitud de hombres de fe observándonos desde los graderíos», alentándonos mientras terminamos nuestra carrera en la tierra. ¿A quién se imagina usted en esos graderíos, y de qué manera eso le motiva para que persista en la carrera?

2. Busque de nuevo Hebreos 13.14. Al mirar el mundo que le rodea, al oír los titulares pesimistas de las noticias, e incluso al mirarse en el espejo, ¿qué le recuerda que «aquí no tenemos una ciudad permanente»? ¿Cómo pueden estos pensamientos animarlo a que piense en esta «ciudad que ha de venir»?

UNA ORACIÓN DEL CAMINANTE

Amado Padre, el mundo parece a veces un lugar tan aterrador, con huracanes, terremotos, incendios y ataques terroristas. A veces nos sentimos tan pequeños, insignificantes, y fuera de lugar en los grandes eventos que corren por el planeta. Recuérdales a nuestros corazones hoy que somos hijos e hijas del Dios Todopoderoso, hijos e hijas del Rey de reyes. Recuérdanos de Jesús, nuestro Hermano, Amigo, y Abogado, y del Espíritu Santo, nuestro Consejero, Ayudador y Compañero inseparable. Recuérdanos de la herencia indestructible que nos espera justo más allá del horizonte en tu propia casa.

TERCERA PARTE

El viaje a nuestro hogar

No me atrevería a decirlo en voz alta, pero hace años, mi estado eterno no era tan importante. El cielo parecía una proposición de «mucho tiempo atrás en una galaxia muy, muy lejana» que no podía interesarme por la logística eterna. En ese entonces, simplemente me alegraba estar numerada en el pelotón rumbo al cielo. Simplemente estaba «feliz de llegar allí», y no tenía ni idea de qué tan altas son realmente las apuestas cósmicas.

Esta visión indiferente del cielo se revela en la forma en que vivimos la vida en la tierra. Decimos la «oración del pecador» y mantenemos nuestra nariz limpia, y cuando llegamos al otro lado de nuestra lápida, solo esperamos que Dios sea misericordioso. Tomamos una actitud aburrida hacia la obediencia, hacia el llamado a «ser santos, porque [Él] es santo» (1 Pedro 1.16).

Pues, cuanto más tiempo vivo con dolor crónico y tetraplejía, más graves se vuelven estas apuestas cósmicas. El sufrimiento tiene su forma de imponerlas. Le hace tomar más en serio la Palabra de Dios. Usted toma más en serio la *obediencia*.

Cuando usted sufre y sufre arduamente, el tiempo pasa lentamente, lo que, a su vez, hace que cada momento, cada respuesta a la aflicción, y cada gramo de paciencia sean preciosos. Cada esfuerzo arduo que se enfrenta generosamente, cada sacrificio al cual se somete alegremente, y cada palabra pronunciada en dificultades —en otras palabras, cada pizca de obediencia drástica— elevan a los que sufren a un nivel superior.

En los últimos dos capítulos, pensaremos juntos en la preparación del viaje para el cielo. No puede hacer las maletas para el viaje final, pero puede prepararse. De hecho, puede ser la cosa más importante que haga.

Capítulo 8

Preparémonos para

EL CIELO

Francie, ¿podrías archivar esto y hacer copias de esta carta? —le pedí a mi secretaria sin levantar la vista de mi escritorio—. ¡Ah! y también, ¿podrías desplegar el sofá cama otra vez? —suspiré.

—¿En serio? ¿Otra vez?

—Otra vez. —Y al decir eso, me sonrojé y se me humedecieron los ojos. Por cuarta vez ese día, necesitaba que me levantaran de la silla de ruedas y me acostaran. Era necesario quitarme nuevamente la ropa para volver a acomodar mi corsé: la respiración superficial, el sudor y la presión sanguínea galopante indicaban que había algo que estaba pellizcando, lastimando o pinchando mi cuerpo paralizado. Mi secretaria me secó las lágrimas con un pañuelo de papel y desplegó el sofá cama de mi oficina.

Mientras ella me movía el cuerpo, examinando mis piernas y caderas para ver si descubría evidencia de marcas de presión o zonas enrojecidas, fijé mi vista en el cielo raso.

—Quiero acabar con todo esto —murmuré.

No pudimos encontrar ningún problema. Me volvió a vestir, me acomodó en mi silla y retrocedió un paso.

—¿A quién me dirijo para renunciar a esta estúpida parálisis? —pregunté con expresión de vergüenza.

Francie sacudió la cabeza y se sonrió. Me ha escuchado decir lo mismo muchísimas veces. No tiene nada de nuevo. Mi discapacidad, en ocasiones, resulta una pesada carga.

Ella juntó la pila de cartas que estaba sobre mi escritorio y, cuando estaba a punto de salir, hizo una pausa y se apoyó en la puerta.

—Me imagino que te mueres de ganas de ir al cielo. Ya sabes, así como dijo Pablo: «Gemimos, deseando ser revestidos de aquella nuestra habitación celestial» (2 Corintios 5.2).

Mis ojos se volvieron a humedecer, pero esta vez eran lágrimas de alivio y esperanza.

—Sí, será maravilloso.

No pude volver a mi dictado. El versículo me venía a la mente a cada rato, y susurré una oración: «Sí, Señor, ciertamente aguardo con gran expectativa volver a ser sana, tener un cuerpo que nunca conozca el dolor. Pero para ser sincera, lo que deseo de verdad es un corazón que no quiera renunciar ni abandonar».

Estando sentada, soñé lo que he soñado miles de veces: la esperanza del cielo. Le pegué un tirón a mi voluntad haciendo que se pusiera de pie, di un nuevo enfoque a mis emociones y puse en orden mis pensamientos. En la mente ensayé un montón de promesas más y fijé los ojos de mi corazón en realidades divinas invisibles y futuros cumplimientos divinos. Centré mi atención en unas pocas coordenadas celestiales para levantar la vista por encima de mi dolor físico:[1]

Cuando le veamos, seremos como él es...
Lo perecedero se transformará en imperecedero...

lo corruptible, en incorruptible... Lo que se siembre en
debilidad resucitará en poder...
Él nos ha dado una herencia que nunca puede perecer,
corromperse ni desvanecerse...
Si sufrimos con él, reinaremos con él.

Era lo único que me hacía falta. Abrí los ojos y dije en voz alta
con una sonrisa: «Ven pronto, Señor Jesús».

La escena que describí en ocasiones puede ocurrir unas dos
o tres veces por semana. La aflicción física y el dolor emocional,
francamente, forman parte de mi rutina diaria. Pero solo me
mantengo en una actitud egocéntrica el tiempo suficiente para
dejar escapar algunas lágrimas, presentar algunas quejas llori-
queando, y se acabó. Hace mucho tiempo que he aprendido que
sentir lástima de uno mismo puede ser una trampa mortal, así
que la evito como si fuera la plaga. Rápidamente me muevo hacia
arriba y hacia adelante.

Las dificultades son la manera que Dios usa para ayudarme a
poner la mente en las cosas del más allá. Y no me refiero al más
allá como un deseo de muerte, una muleta psicológica o un escape
de la realidad. Me refiero al «más allá» como la verdadera realidad. Y no hay nada mejor que recitar unos pocos versículos muy
conocidos y consagrados para darle una perspectiva adecuada a
la realidad.

Cada vez que mi corsé produce una herida en mi costado o
que debo afrontar un período de unas cuatro semanas en cama
o me siento aguijoneada por la conmiseración de otro, miro más
allá de los negativos y veo los positivos...

Recuerdo que los peregrinos no se deben sentir en casa en la
tierra.
Pongo mi corazón y mi mente en las cosas de arriba y espero
la llegada del novio...

Recuerdo la promesa de un nuevo cuerpo, corazón y mente.
Sueño acerca de reinar en la tierra y gobernar en el cielo.
Pienso en las coronas y los galardones y en echarlos todos a
   los pies de Jesús.

Cuando estas Escrituras tañen esa cuerda resonante en mi
corazón, sintonizo la melodía y me mantengo en el estado de
prestar atención a la música del cielo. En menos de lo que me
imagino, la canción me eleva, y me remonto en alas del Espíritu
mientras respiro aire celestial. Estoy en el cielo. Es un maravilloso
mirador desde donde puedo mirar hacia abajo y ver mi dolor y
mis problemas. El alma que se remonta hasta el reino de los cielos
no puede evitar triunfar.

Es extraño que hiciera falta una silla de ruedas —algo que
me fija a la tierra— para lograr que viera la inutilidad de librar
batallas espirituales en el plano terrenal. Cuando intenté vivir
en el mismo nivel inferior de mis tornillos, engranajes, ruedas y
cuero, metí la pata vez tras vez. Nada pude hacer en ese terreno
hasta que pasé a un terreno de batalla más elevado y opté por una
perspectiva diferente.

Al mirar hacia abajo para ver mis problemas desde una
perspectiva celestial, las pruebas se veían extraordinariamente
diferentes. Vista desde el mismo nivel, mi parálisis parecía ser un
enorme muro infranqueable; pero al mirarla desde arriba, el muro
parecía ser una línea delgada, algo que era posible vencer. Descubrí con deleite que se trataba de una vista a vuelo de pájaro. Era
la vista de Isaías 40.31: «Pero los que esperan a Jehová tendrán
nuevas fuerzas; levantarán alas como las águilas; correrán, y no
se cansarán; caminarán, y no se fatigarán».

Las águilas vencen la ley inferior de la gravedad mediante la
ley superior de vuelo, y lo que resulta verdad para los pájaros se
cumple para el alma también. Las almas que se remontan a las
alturas del cielo en alas como las águilas se sobreponen al lodo de

la tierra que nos mantiene atrapados en una perspectiva temporal y limitada. Si usted desea ver los horizontes del cielo, y también poner la tierra en su espejo retrovisor, lo único que debe hacer es extender sus alas (sí, usted tiene alas, no le hacen falta alas más grandes ni mejores; usted tiene todo lo que necesita para alcanzar una perspectiva celestial sobre sus pruebas) y considerar sus pruebas desde las alturas del cielo. Así como el muro que se convierte en una delgada línea, usted puede alcanzar a visualizar el otro lado, el resultado más feliz.

Eso fue lo que me sucedió ese día en mi oficina. Pude mirar más allá de mi «muro» para ver dónde me llevaba Jesús en mi travesía espiritual.

Aunque la parálisis me ha asistido en mi peregrinaje, no me ha santificado de forma automática. Pudiera decirse lo mismo respecto de su propio sufrimiento. El dolor y los problemas no hacen que uno se vuelva obediente de inmediato. En mi caso, ha llevado tiempo. Tiempo, en más maneras de las que se imagina.

LA VISTA DESDE EL FIN DEL TIEMPO

Las Escrituras nos presentan principalmente una vista de la vida desde la perspectiva eterna. Algunos la llaman «el punto de vista celestial». A mí me gusta llamarla la «vista del fin del tiempo». Esta perspectiva separa lo que es transitorio de lo que perdura. Lo que es transitorio, como el dolor físico, no permanecerá, pero lo que perdura, como el eterno peso de gloria acumulado a través de ese dolor, permanecerá para siempre. Todo lo demás —pena aturdidora, desilusión profunda, circunstancias que parecen alocadas— todo lo demás, por real que nos parezca aquí en la tierra, recibe el trato de algo insignificante. Casi ni vale la pena notar las dificultades.

El apóstol Pablo tenía esta perspectiva cuando dijo: «Porque esta leve tribulación momentánea produce en nosotros un cada vez más excelente y eterno peso de gloria» (2 Corintios 4.17). Y, respecto a sus propios probblemas, añadió: «Lo tengo por estiércol» (Filipenses 3.8).

Momentito. ¿Acaso dijo: «Tribulación momentánea»?

El apóstol Pedro también tenía esta perspectiva cuando escribió a amigos cristianos que eran azotados y golpeados. «En lo cual vosotros os alegráis, aunque ahora por un poco de tiempo, si es necesario, tengáis que ser afligidos en diversas pruebas» (1 Pedro 1.6).

¿Regocijarse? ¿Cuando son arrojados a los leones? Los cristianos a los que escribía Pedro estaban sufriendo de manera horrible bajo Nerón, el emperador romano. ¿Pedro esperaba que vieran sus problemas como algo que duraba... *un poco de tiempo*? ¿Qué tipo de reloj usaba Pedro?

Este tipo de despreocupación respecto del sufrimiento desgarrador solía alterarme muchísimo. Adherida a una silla de ruedas y mirando por la ventana los cultivos de nuestro campo, me preguntaba: *Señor, ¿cómo puedes considerar mis dificultades como leves y momentáneas? Nunca volveré a caminar ni correr. Nunca volveré a usar las manos. Tengo una bolsa que gotea adherida a la pierna... huelo a orina... me duele la espalda... estoy atrapada frente a esta ventana. ¡Quizá veas que todo esto obtiene una gloria eterna, pero lo único que veo yo es un día tras otro de esta vida en una apestosa silla de ruedas!*

No aceptaba el punto de vista celestial. Mi dolor gritaba exigiendo mi atención completa, insistiendo: «¡Olvídate del futuro! ¿Qué hará Dios *ahora*?». El tiempo hace eso. Dirige nuestra atención a las cosas temporales y hace que vivamos el momento. Y el sufrimiento no nos facilita las cosas. Más bien ajusta el tornillo en el momento, haciendo que nos volvamos ansiosos por encontrar soluciones rápidas o vías de escape. Esa era mi situación al sentir lástima de mí estando en mi silla. Cuando leí Romanos 5.3, «nos gloriamos en las tribulaciones», mi primer pensamiento fue: *Por supuesto, Dios, ¡me gloriaré el día que me saques de esto! Y si no lo haces, ¿qué es lo que sucede? Te estás divirtiendo a costa de mi parálisis? ¿Intentando convencerme de que estoy en negación espiritual? ¿Que mi pena y mi dolor son imaginarios?* En cuanto a que mi aflicción era leve y momentánea, era evidente que Dios usaba un diccionario diferente.

Años más tarde se me hizo la luz. El Señor no había usado un diccionario diferente cuando escogió palabras como «leve y momentánea» para definir los problemas terrenales. Aun cuando se refiriera a ser partido en dos con una sierra, desgarrado por leones, o sentada en una silla de ruedas por el resto de la vida. Los escritores inspirados por el Espíritu de la Biblia sencillamente tenían una perspectiva diferente, una vista del fin del tiempo. Tim Stafford dice: «Es por esto que las Escrituras pueden en ocasiones parecer tan despreocupada e irritantemente desconectadas de la realidad, dejando de lado enormes problemas filosóficos y sufrimiento personal. Pero así es la vida cuando se la mira desde el final. La perspectiva cambia todo. Lo que parece tan importante en ese momento carece completamente de importancia».[2]

Es una cuestión de perspectiva. «Por tanto, no nos desanimamos», dice 2 Corintios 4.16 (NVI): «Al contrario, aunque por fuera nos vamos desgastando, por dentro nos vamos renovando día tras día. Pues los sufrimientos ligeros y efímeros que ahora padecemos *producen una gloria eterna que vale muchísimo más que todo sufrimiento»*(énfasis añadido). ¿Qué cosa pudiera valer muchísimo más que el dolor de la parálisis permanente? Las coordenadas de la nueva perspectiva se encuentran en el versículo siguiente: «Así que no nos fijamos en lo visible sino en lo invisible, ya que lo que se ve es *pasajero*, mientras que lo que no se ve es *eterno*» (v. 18, énfasis añadido). Queda claro el valor mayor de la gloria eterna:

- La sanidad de ese antiguo dolor.
- Gozo, eterno y extático.
- Tener bellas vestiduras de justicia.
- Conocer a Cristo en plenitud, mi Rey y coheredero.
- La destrucción final de la muerte, la enfermedad y el diablo.
- La reivindicación de su santo nombre.
- La restauración de todas las cosas bajo Cristo.

Estas cosas siempre valdrán muchísimo más que miles de tardes de sudor y presión alta. Valen mucho más que toda una vida sin sensación y sin poder moverse. Le aclaro que no es que diga que mi parálisis sea ligera de por sí, solo *se vuelve* ligera al compararla con el peso muchísimo mayor del otro lado de la balanza. Y aunque normalmente no diría que treinta años en una silla de ruedas es algo «pasajero», *sí* lo es cuando uno se da cuenta de que «es neblina que se aparece por un poco de tiempo, y luego se desvanece» (Santiago 4.14).

Las Escrituras constantemente intentan lograr que miremos la vida de esta manera. Nuestra vida es apenas un «bip» en la pantalla de la eternidad. El dolor será borrado por una comprensión mayor; será eclipsado por un resultado glorioso. Algo tan magnífico, tan grandioso ocurrirá al finalizar el mundo, que bastará para todos los dolores y para reparar todas las penas. También sirve de mucho saber que el estado de sufrimiento en el que nos encontramos aquí es necesario para alcanzar el estado que deseamos (¡mejor dicho que desea Dios!) en el cielo.

Es por esto que Jesús dedicó tanta energía a enfatizar la perspectiva del final del tiempo. El Señor había venido del cielo, y sabía lo maravilloso que era. Por eso, siempre centraba su atención en los resultados finales: la cosecha, el fruto del árbol, el final de un día de trabajo, el provecho de la inversión, la casa que permanece firme en la tormenta. Sabía que si habíamos de gloriarnos en las tribulaciones, nuestra fascinación por el presente necesariamente debía ser controlada. ¿De qué otra manera podía él decirles a los que están de duelo: «Son bienaventurados»? ¿De qué otra manera podía decirles a los perseguidos que se regocijaran? ¿De qué otra manera podía recordarles a sus seguidores que se enfrentaban a la tortura y la muerte que tuvieran «sumo gozo»?

Ninguna cosa alteró de manera más radical mi forma de percibir mi sufrimiento que pegar un salto hasta este mirador en el final del tiempo. El cielo se convirtió en mi mayor esperanza. A decir verdad, me preguntaba cómo otras personas podían enfrentarse a la tetraplejía, el cáncer o incluso una muerte en la familia sin contar con la esperanza del cielo. Implicaba poner fin a las horas dedicadas a sentir lástima de mí junto a la ventana de la casa en el campo, mientras desdeñaba lo que decía Romanos 8.28, y murmuraba: «¿Cómo puede decir que todas las cosas ayudan a formar un patrón para bien en mi vida?». El patrón de Dios para mi bien terrenal quizá haya olido a orina y me haya causado dolor, pero sabía que el resultado final en el cielo exudaría un aroma fragante y glorioso: Cristo en mi, la esperanza de gloria.

Todo es cuestión de tiempo. «Todo lo hizo hermoso en su tiempo», dice Eclesiastés 3.11. Y muchos no verán la belleza hasta el fin del tiempo. El tiempo resuelve el dilema de Romanos 8.28, como también todos los otros problemas de la maldad, el sufrimiento y el dolor.

LA CONEXIÓN ENTRE LA TRIBULACIÓN Y EL CIELO

Quizá usted no esté paralizado por causa de una fractura de cuello, pero pudiera estar paralizado por otras limitaciones. Una gran pena. Un hogar deshecho. Una reputación destruida. Estas cosas que en el presente piden a gritos su completa atención pueden cerrarle las puertas que conducen a la satisfacción terrenal, pero pueden abrir de par en par las ventanas a una ardiente esperanza del cielo.

Debe saber que las puertas cerradas —muchas de las cuales se le han cerrado en la cara aplastándole los dedos— no son ningún accidente. Dios desea infundir en usted un profundo deseo por su herencia que nunca perece, se corrompe ni se desvanece pero, para poder asirle el corazón, él debe tomar medidas drásticas. Quizá usted no valore en principio su *modus operandi*, pero más adelante, con una perspectiva de tiempo final, podrá estar agradecido por él. Samuel Rutherford describió la conexión entre el cielo y las tribulaciones de la siguiente manera:

> Si hace un tiempo Dios me hubiera dicho que estaba a punto de hacerme tan feliz como se podía ser en este mundo, y luego me hubiera dicho que empezaría por invalidarme en todas mis extremidades y sacarme todas mis fuentes acostumbradas de goce, habría pensado que era un modo muy extraño de lograr su propósito. Y, sin embargo, ¡cuánto se manifiesta su sabiduría aun en esto! Porque si viera a un hombre metido en una habitación cerrada, idolatrando un juego de lámparas y gozando de su luz, y usted deseara que fuera verdaderamente feliz, empezaría por apagar todas sus lámparas; y luego abriría los postigos de par en par para permitir que entrara la luz del cielo.[3]

Eso es exactamente lo que Dios hizo por mí cuando me envió una fractura de cuello. Apagó todas las lámparas en mi vida que iluminaban el tiempo presente y hacía que fuera tan cautivante. La oscura desesperación de la parálisis total y permanente que se produjo a consecuencia no resultó muy divertida, pero por cierto hizo que el cielo cobrara vida. Y un día, cuando vuelva nuestro novio —probablemente justo cuando me estoy recostando en el sofá cama de mi oficina por enésima vez— Dios abrirá de par en par los postigos del cielo. No me cabe duda de que estaré fantásticamente más emocionada y preparada para ello que si estuviera de pie.

El sufrimiento no es una falla en el plan de Dios. Es cierto que es parte de la maldición junto con muerte, enfermedad y destrucción. Pero antes de que regrese Dios para cerrar la cortina del sufrimiento, tiene la intención de redimirlo. Nuestro Dios que obra milagros puede extenderse para abajo hacia lo que de otro modo sería maldad espantosa y extrae de allí bien positivo para nosotros y gloria para él mismo. ¿Entonces qué es esta conexión entre el cielo y nuestras tribulaciones?

EL SUFRIMIENTO MUEVE NUESTROS CORAZONES HACIA EL CIELO

El sufrimiento nos da ganas de ir allí. Hogares deshechos y grandes penas destruyen nuestras ilusiones de que la tierra pueda cumplir con sus promesas, de que pueda verdaderamente satisfacer. Solo la esperanza del cielo puede verdaderamente mover nuestras pasiones apartándolas de este mundo —que de todos modos Dios sabe que nunca llegarían a satisfacernos— y poniéndolas donde puedan alcanzar su gloriosa realización.

Cuando yo estaba de pie, hubiera sido agradable que yo centrara mi atención en el cielo puramente por causa de Cristo, pero ni soñarlo. Altruista, sí. Pero ¿realista? No. Yo era saludable, atlética, despreocupada y no era del tipo que se entusiasmara acerca del cielo por el bien de ningún otro que no fuera yo misma. ¿A quién le interesa pensar en el cielo cuando hay cosas para hacer y lugares para recorrer aquí? Además, hace falta morir para ir allí. No me interesaba pensar en eso a la edad de diecisiete años.

Es la naturaleza de la bestia humana. Al menos esta bestia. Algunas personas deben romperse el cuello para poner su corazón en las cosas de arriba, y justamente yo soy una de ellas. Recién después de haber comprendido la permanencia de mi parálisis, me interesé por el cielo.

Menos mal que no es necesario romperse el cuello para captar esta realidad. Cuando uno *comprende* que las esperanzas que albergaba nunca se harán realidad, que su ser querido se ha ido de esta vida para siempre, que nunca llegará a ser tan hermoso ni tan famoso como alguna vez se imaginó, su vista se eleva. Anhela y aguarda con expectativa el día en que sus esperanzas se cumplan y su pena se desvanezca. El día glorioso en que seremos completos se convierte en su pasión al darse cuenta de que, de una vez por todas, la tierra nunca podrá satisfacer sus anhelos más profundos.

Mi esperanza de correr por las praderas terrenales y mojarme los pies en un arroyo nunca se harán realidad, pero sí ocurrirá en el nuevo cielo y la nueva tierra. Mi sueño de abrazar a un ser querido y poder *sentir* su abrazo nunca se cumplirá, pero sí sucederá cuando estemos juntos delante de Jesús.

Usted puede apreciar esto, en especial si la tierra le ha causado una gran pena. Tal vez sea una madre que ha perdido a su hijo en un accidente, un hijo que ha perdido a su padre enfermo de cáncer o un esposo cuya esposa ha pasado a la gloria. Estos seres queridos se llevan con ellos una parte de su corazón que nadie puede reemplazar. Y ya que de todos modos la búsqueda del cielo es una ocupación del corazón, no se sorprenda si se descubre añorando el cielo al alejarse de la tumba. Si su corazón está con sus seres queridos, y ellos están en casa con el Señor, entonces el cielo también es hogar para usted.

Un corazón desgarrado conduce a la verdadera satisfacción de pedirle menos a la vida porque viene más en la vida siguiente. El arte de vivir con sufrimiento es el arte de readaptar las expectativas al momento presente. Sencillamente hay cosas que *nunca tendré* por causa de esta silla de ruedas. Tales deseos agudizan mi soledad aquí en la tierra. El salmista rodeó esta soledad con palabras en Salmos 73.25, 26 cuando dijo: «¿A quién tengo yo en los cielos sino a ti? Y fuera de ti nada deseo en la tierra. Mi carne y mi corazón desfallecen; mas la roca de mi corazón y mi porción es Dios para siempre».

Larry Crabb escribe:

Las personas piadosas... soportan con nobleza las dificultades. Una hija anoréxica, ser despedido del trabajo, la traición de un amigo. Saben que su existencia tiene significado y que están destinados a placer sin límite al nivel más profundo (en el cielo). Como sienten con intensidad que no existe nada en el presente que logre satisfacer las expectativas de su alma anhelante, el dolor silencioso y a la vez profundamente punzante en su interior no los impulsa a quejarse, sino a tener expectativa y mayor entrega.[4]

Pero pedir menos no es una pérdida, y readaptar las expectativas no es algo negativo. Es bueno. Cuando estaba de pie, los placeres grandes y bulliciosos solo proporcionaban satisfacción efímera. En una silla de ruedas, la satisfacción me invade al estar sentada bajo un roble en un día de viento y deleitarme con el susurro de las hojas o estando sentada junto a un hogar mientras disfruto del sonido de una sinfonía. Estos placeres más pequeños y menos bulliciosos son de gran riqueza porque, a diferencia de la diversión que experimentaba estando de pie, estas cosas producen paciencia, perseverancia y un espíritu de gratitud, todo lo cual me prepara aun más para la eternidad.

Esta entrega es la que más ganancia le da aquí en la tierra. Usted disfruta de un «corazón sincero, en plena certidumbre de fe» al decir de Hebreos 10.22, que a su vez da convicción de las realidades divinas que no se ven y de los futuros cumplimientos divinos. Se goza de un nuevo nivel, una nueva liberación de energía a cada momento de su vida a la vez que el ojo de su alma se fortalece y se aviva su comprensión espiritual. Una mayor certidumbre de fe le muestra que todas las cosas, en efecto, están obrando para bien, y se da cuenta sin duda alguna de que aun los más pequeños actos de bondad que se hagan en el nombre de Cristo producirán una mayor capacidad para servir a Dios en la gloria.

El sufrimiento hace que el corazón vaya con mayor celeridad al hogar.

EL SUFRIMIENTO NOS PREPARA PARA ENCONTRARNOS CON DIOS

Imagínelo. *Suponga que nunca en su vida hubiera conocido el dolor físico.* Ningún dolor de espalda, torsión de tobillo ni molares cariados. ¿Y si nunca hubiera tenido que usar esas muletas o ese andador? ¿Cómo podría valorar las manos con cicatrices con las que Cristo le saludará?

Sí, Jesús será el único en el cielo que tenga las cicatrices de la vida en la tierra, la huella de clavos en sus manos. Sabemos esto porque en su trono, el Cristo resucitado aparece como «el Cordero inmolado». Y cuando toquemos sus cicatrices, Dios nos dará al menos una respuesta parcial a los «¿Por qué?» referidos a nuestro sufrimiento, con el comentario, «¿Por qué no?».

Si Jesús pasó por tanto sufrimiento para asegurar para nosotros aquello que no nos merecemos, ¿por qué nos quejamos siendo que en la tierra solo hemos soportado una mínima fracción de lo que él debió padecer por nosotros? Pero si, en cambio, ahogamos las quejas y nos regocijamos en el privilegio de participar en los sufrimientos de Cristo, rebosaremos de alegría cuando su gloria aparezca en escena. Porque «padecemos juntamente con él, para que juntamente con él seamos glorificados» (Romanos 8.17).

En cierto modo, desearía poder llevar al cielo mi vieja y destartalada silla de ruedas Everest & Jennings. Señalaría el asiento desocupado y diría: «Señor, durante décadas estuve paralizada en esta silla. Pero me mostró lo paralizado que te debes haber sentido al estar clavado a tu cruz. Mis limitaciones me enseñaron algo acerca de las limitaciones que soportaste cuando dejaste de lado tus vestiduras de dignatario para ponerte la indignidad de la carne humana».

En ese momento, con mi cuerpo glorificado fuerte y hermoso, quizá me siente en ella, acaricie los apoyabrazos con las manos, mire a Jesús y agregue: «Cuanto más débil me sentía en esta silla, más me apoyaba en ti. Y cuanto más me apoyaba, más descubría cuán fuerte eres. Gracias, Jesús, por aprender obediencia en tus padecimientos... Me diste la gracia para aprender obediencia en los míos».

No solo apreciaré las cicatrices de Cristo, sino también las de otros creyentes. Allí veré hombres y mujeres que en el mundo fueron despedazados, consumidos por llamas, torturados y perseguidos, devorados por fieras y ahogados en los mares: todo por el amor que le profesaban al Señor. ¡Qué privilegio será pararse cerca de sus filas! Pero qué pena sería si, al conversar con ellos, solo pudiéramos encogernos de hombros y hablar como una cotorra: «¿Yo? ¿Sufrir? Pues, cierta vez tuve que soportar un color amarillo increíblemente insípido en las paredes de la sala de mi casa... y, ah sí, mi cirugía de vesícula. ¿Quiere ver mis cicatrices?».

Perdóneme por ser frívola, pero quizá nos morderíamos la lengua quejosa con más frecuencia si nos detuviéramos a imaginar la escena en el cielo. Los ejemplos de otros santos que han sufrido tienen el objetivo de inspirarnos hacia arriba en nuestra travesía celestial hacia nuestro hogar. Por esto me agrada leer las biografías de misioneros como Amy Carmichael o J. Hudson Taylor, personas que consideraron que era un privilegio soportar sus sufrimientos con gracia para poder participar en la gloria de Cristo.

Suponga que nunca en su vida hubiera conocido el dolor emocional. Ninguna mancha en su reputación. Ningún sentimiento lastimado. Ningún sentimiento de culpa. ¿Y qué si nadie lo hubiera ofendido profundamente? ¿Cómo podría expresar su gratitud de manera adecuada al acercarse al «varón de dolores, experimentado en quebranto»?

Si nunca tuvo un momento embarazoso ni se sintió avergonzado, nunca podrá comprender cuánto le amó cuando soportó las escupidas de los soldados, la cobardía de sus discípulos, la insensibilidad de la multitud y las burlas de la turba. Todo esto por amor a usted.

Él tomó sus pecados vergonzosos y los hizo propios. Usted podrá decir: «Señor, estoy agradecido de haber sentido esa penetrante punzada de culpa... ¡Puedo valorar mejor cómo fuiste herido por el pecado en la cruz!».

Por último, suponga que nunca en su vida hubiera conocido la lucha contra el pecado. Hay una clara conexión entre el cielo y esta lucha. El apóstol Juan estrechó la conexión cuando escribió en 1 Juan 3.2, 3: «Sabemos que cuando él se manifieste, seremos semejantes a él, porque le veremos tal como él es. Y todo aquel que tiene esta esperanza en él, se purifica a sí mismo».

Es raro encontrar creyentes que, por el cielo, se purifican. Pero yo quiero ser uno de ellos, ¿y usted? Quiero limpiar mi conciencia y abrir ampliamente cada armario en mi corazón que esconde un esqueleto. Resulta doloroso estar tan cerca del examen propio y cortar cada pecado que nos sujeta. A mí no me agrada «sacarme el ojo» ni «cortarme la mano» más que a usted. Pero eso es lo que el Señor requiere de nosotros si hemos de tener una viva expectativa de verlo cara a cara (Mateo 18.8, 9). Todo aquel que se purifica posee una esperanza celestial, y todo el que posee esta esperanza, se purifica a sí mismo.[5]

Quiero ser lo más feliz posible en el cielo. El Obispo Ryle es muy acertado cuando advierte: «El cielo es escencialmente un lugar santo. Sus habitantes son todos santos. Sus ocupaciones son todas santas. Para ser felices de verdad en el cielo, es claro y obvio que debemos estar un poco entrenados y preparados para el cielo mientras estamos en la tierra. . . Nuestros corazones deben estar en armonía de alguna manera. Para llegar al festejo de gloria, debemos pasar por la escuela de formación de la gracia. Debemos pensar en cosas celestiales y adquirir gustos celestiales en esta vida».[6]

Sí, usted quiere ser feliz en el cielo. Y, sí, a usted le gustaría sentirse a gusto con el Rey David y los apóstoles Pablo y Juan. Entonces, lleve una vida que esté de acuerdo con las cosas de las que ellos hablaron. ¿Sería posible que saludáramos con entusiasmo al apóstol Pablo que dijo: «Someteos unos a otros en el temor de Dios» (Efesios 5.21) si adoptáramos la costumbre de pisotear a otros para avanzar?

¿Sería posible que aguardáramos con expectativa pasar horas a solas con el apóstol Juan que dijo: «El que permanece en amor, permanece en Dios, y Dios en él» si en realidad nos conformáramos con una devoción a medias y monótona a nuestro Señor Jesús? ¿Sería posible que nos sintiéramos verdaderamente a gusto con David que dijo: «Clamaré al Dios Altísimo, al Dios que me favorece» (Salmos 57.2) si optáramos por ignorar a Dios al presentarse las dificultades?

¿Cómo podríamos estar encantados de conocer al Señor cara a cara después de habernos aferrado en tierra a los mismos pecados por los que murió? Es imposible aferrarse a hábitos pecaminosos mientras, al mismo tiempo, nos aferramos al deseo de tocar las manos de Cristo que llevan las marcas de los clavos. Nadie puede estar esperando el cielo mientras conscientemente tiene agarrados los pecados que sabe que son ofensivos. Es cierto, la vida santa es dura y exigente, pero sus recompensas celestiales son preciosas. Las personas de mentalidad celestial son las que clavan su pecado a la cruz; que desean, al igual que Juan, apoyarse en Cristo; abandonarse, como Pablo, para ser llevado a un tercer cielo; que desean, como David, sentarse a los pies de su Señor.

Sí, es una lucha. Y todo el capítulo siete de Romanos nos asegura que la vida santa siempre será una lucha. ¡Pero piense que es la mejor manera de mostrarle su amor a Cristo! «De todas las cosas que nos sorprenderán la mañana de resurrección, creo que la que más nos sorprenderá es: que no amamos más a Cristo antes de morir».[7]

No sé lo que piense usted, pero esa es una sorpresa que deseo evitar. Quiero deshacerme de todo pecado que sujeta.

Sucederá algo curioso si ve su sufrimiento de esta manera. Una vez que perciba su aflicción como preparación para encontrarse con Dios, se cuidará de volver a llamarlo «sufrimiento». A pesar de que tengo momentos difíciles en mi silla de ruedas, tal como el que tuve en mi oficina con alta presión y dolor, mayormente considero que mi parálisis es un regalo. Así como Jesús cambió el significado de la cruz de un símbolo de tortura a uno de esperanza y salvación, él me da la gracia para hacer lo mismo con mi silla. Si una cruz puede convertirse en bendición, también puede hacerlo una silla de ruedas.

Me inspira Madame Guyon que, a pesar de estar encerrada en las profundidades de un calabozo francés durante muchos años, escribió: «No tengo deseo de que mi prisión se acabe antes del tiempo indicado; me encantan mis cadenas».[8] Y también estoy inspirada por Amy Carmichael, la misionera a India que escribió desde su lecho de aflicción:

Antes de que los vientos dejen de soplar,
enséñame lo que es en tu reposo morar:
antes de que el dolor se pase en paz,
dame, Dios mío, un salmo para cantar.[9]

Las señoritas Guyon y Carmichael dirían otra cosa. Esperarían de mí que nunca me atreviera a decir que «sufro» una parálisis. Un regalo nunca deja de ser regalo. La silla de ruedas ahora está, en cierto sentido, en el pasado. La desesperación se ha acabado. Hay ahora otras cruces que debo llevar, otras «sillas de ruedas» en mi vida que debo convertir en regalos.

Cuando conozca a Jesús cara a cara, la lealtad que usted haya demostrado en sus dificultades le dará algo tangible, algo concreto para ofrecerle a cambio. Porque ¿qué prueba puede darle usted de su amor y fidelidad si esta vida lo ha dejado completamente libre de cicatrices?

CUANDO EL SUFRIMIENTO PARECE INSUPERABLE

Por teléfono podía escuchar los resoplidos y resuellos del respirador de Lisa mientras ella se esforzaba por hablar entre cada respiración.

—Joni, no entiendo... por qué Dios... me hace pasar por... tanto sufrimiento... ¿Por qué no... me lleva a casa... ahora mismo?

Incliné la cabeza contra el receptor y me pregunté, por milésima vez, qué decir. Lisa era una mujer de veintiún años que había quedado severamente paralizada a consecuencia de un accidente ocurrido dos años y medio antes. En ese lapso había sido trasladada de un hospital a otro. Los médicos habían hecho todo lo que podían, y ahora estaban deliberando sobre dónde debían enviarla. Sus padres no se podían hacer cargo de ella. Los centros de vivienda independiente para personas de la edad de ella estaban abarrotados y tenían largas listas de espera. ¿La única alternativa? Un hogar para convalecientes.

Yo había pasado muchos años en una silla de ruedas. Lisa solo unos pocos. ¿Cómo podía esperar que ella captara las cosas que a mí me había llevado años comprender? ¿Qué podía darle o decirle que le fuera de ayuda?

—Soy cristiana —siguió Lisa, interrumpiendo mis pensamientos—. ¿Por qué... debo pasar por... todo esto?

Solía hacerme la misma pregunta muchas veces. *Muy bien, aceptaré esta conexión entre las dificultades y el cielo, pero ¿qué pasa si la dificultad es insuperable? ¿Abrumadora? ¿Insoportable?* Estoy paralizada de los hombros hacia abajo, pero Lisa está paralizada desde el cuello para abajo. Ni siquiera puede respirar por cuenta propia. ¿Cómo puede uno lidiar con tanta frustración y aflicción? Las preguntas como estas pierden su tono académico cuando se formulan en torno a las luchas de alguien como ella. Esta joven tetrapléjica que depende del respirador ha sido lanzada a una tierra de nadie, muy por delante de las trincheras del frente de batalla donde nos toca sufrir a la mayoría de nosotros.

Al hablar por teléfono, percibí que sus preguntas no eran del tipo de ¿por qué? que se formula con los puños apretados, sino del ¿por qué? que formula un corazón abocado a la búsqueda? La amargura no era su problema. Lisa en realidad se preguntaba cómo vivir, cómo encontrarle sentido a su aflicción. Yo sabía que si podía elevarse por encima de sus circunstancias para ver su sufrimiento desde el lado celestial, estaría en la posición envidiable de ganar más que la mayoría.

—¿Te refieres a que puedo ganar más que tú? —dijo respirando por el teléfono.

—Sí, creo que sí —le respondí con suavidad.

—Estoy lista... Quiero entender... No quiero vivir... en vano.

Durante la hora siguiente, lentamente intenté elevar su vista por encima de la pared infranqueable de su habitación en el hospital. Empecé con lo básico (que en realidad no era tan básico) y le conté cómo su parálisis podía convertirse en el mejor lugar desde donde conocer a Dios.

—«Estad quietos, y conoced que yo soy Dios», dice en Salmos 46.10—. Lisa, las horas que pases en esa cama tuya representan una manera de estar quieta delante del Señor. Gran parte de ti no se mueve. Literalmente. Siempre está quieta. Esta quietud incorporada puede ayudarte a comprender cosas acerca del Señor que la mayoría de las personas nunca llega a captar —le expliqué.

La quietud perfecta no siempre está a la disposición de las personas que más la apreciarían, y a menudo no es apreciada por las personas que disponen de ella. Lisa tenía un largo camino por recorrer antes de aprender a sentirse cómoda en su quietud forzada, pero la suavidad de su voz me dio la seguridad de que estaba bien encaminada. Aprenderá que no se trata de una mera ausencia de ruido y de movimiento inquieto, sino de un estado de alerta espiritual, una receptividad. Jim Elliot, el misionero que fue muerto a punta de lanza por los indios aucas, escribió: «Dondequiera que esté, *esté allí completamente*. Viva en plenitud cada situación que usted crea que es la voluntad de Dios».[10]

—Ya se ha desperdiciado bastante de tu vida, Lisa —le dije—. No desperdicies ni un poco más. Y no te preocupes por encontrar respuestas... De todos modos, no creo que en este momento pudieran satisfacerte. Solo usa el tiempo que tienes, la quietud que experimentas... Úsalos para llegar a conocer a Dios.

—Pero ¿cómo?

Sonreí ante su pregunta porque sabía que la respuesta le sonaría tan sencilla que le parecería arrogante.

—Háblale en oración, y permite que él te hable a través de su Palabra.

—¿Nada más?

—Nada más.

Lisa me dijo que empezaría a hacer eso justamente, en especial cuando le dije que las oraciones más insignificantes de los que sufren llegan a mayor profundidad en el corazón de Dios. A esa altura, me imaginaba a los ángeles celestiales saltando de gozo y regocijándose. Esta tetrapléjica que depende de un respirador, que permanecerá acostada en la cama y pasará largos momentos en oración quizá no lo comprenda, pero estará cumpliendo la tarea de ángeles. Al fin y al cabo, hay ángeles en el cielo que no

292   *El viaje a nuestro hogar*

hacen más que alabar a Dios, como por ejemplo los serafines que proclaman de día y de noche delante del Señor: «¡Santo, santo, santo!» (Isaías 6.3; Apocalipsis 4.8).

Le queda un arduo camino por recorrer, pero cuando las personas que sufren como ella le dan la mano a Dios, él siempre les toma el brazo. Él quiere que los que tienen gran sufrimiento reciban una gloria aun mayor.

> *El reloj se paró.*
> *El universo en un destello se resquebrajó.*
> *El dique fue arrastrado por la crecida,*
> *Por la grieta se filtran ángeles de luz cual polvo de oro*
> *pregonando las invitaciones del Cordero:*
> *Levántense cojos, andrajosos, huérfanos y ciegos,*
> *los de espíritu herido, despreciados,*
> *descarte de los hombres.*
> *Levántense y busquen la corona, el trono,*
> *el derecho a la herencia.*[11]

CUANTO MAYOR EL SUFRIMIENTO, MAYOR LA GLORIA

Existe una relación directa entre el sufrimiento terrenal y la gloria celestial. No es que glorifique el sufrimiento aquí. No es que la lesión espinal de Lisa tenga bondad inherente. La agonía no tiene nada que resulte digno de admiración. Los problemas son reales, y no estoy negando el dolor del sufrimiento. Solo estoy negando que tenga *importancia* en el plan mayor del universo. Es ligero y efímero si se lo *compara* con lo que nuestra respuesta nos está produciendo en el cielo... sí, el sufrimiento es fundamental para la gloria futura. Esto coloca a Lisa en esa posición envidiable que mencioné antes.

Permítame explicar. El mayor de todos los sufrimientos habidos ocurrió en la cruz. Y la mayor gloria que haya sido concedida en respuesta al sufrimiento fue la gloria dada a Cristo cuando ascendió. Él sufrió «muerte de cruz. *Por lo cual* Dios también le exaltó hasta lo sumo» (Filipenses 2.8, 9, énfasis añadido). Hay una correspondencia directa entre el sufrimiento y la gloria.

Cuando la madre de Santiago y Juan se acercó al Señor y le preguntó si sus hijos podían gozar de una posición de prominencia en el reino de los cielos, el Señor respondió: «No sabéis lo que pedís». Luego preguntó a sus hijos: «¿Podéis beber del vaso que yo he de beber?».

«Podemos», respondieron ellos.

Jesús les dijo: «A la verdad, de mi vaso beberéis» (véase Mateo 20.20-23).

El Señor infirió que, si sus seguidores querían participar de su gloria, también deberían ser partícipes de sus sufrimientos. Y cuanto más profundo el sufrimiento, más elevada la gloria. Es por esto por lo que el apóstol Pedro podía decir que sea cual fuere el grado de sufrimiento, debemos seguir gozándonos: «*Gozaos* por cuanto sois participantes de los padecimientos de Cristo, para que también en la revelación de su gloria *os gocéis con gran alegría*» (1 Pedro 4.13, énfasis añadido). Nos gozamos en la tierra... para poder rebosar de alegría en el cielo.

¿Significa esto que los que sufren mucho, pero lo hacen con nobleza, tendrán una aureola más grande? ¿Un rostro más resplandeciente? No, pero sí significa que gozarán de una mayor capacidad para servir a Dios en el cielo. Los que sufren de manera indecible, si honran a Cristo con un espíritu libre de quejas, serán glorificados de una manera que supera lo imaginable.

Estoy segura de que habrá momentos en los que Lisa hará un gesto de fastidio —como hice yo— al leer Romanos 8.18. «Pues tengo por cierto que las aflicciones del tiempo presente no son comparables con la gloria venidera que en nosotros ha de manifestarse». Como yo, pasará por ciclos en los que pensará: *¿Acaso la Biblia está tratando con frivolidad lo que me ha tocado en la vida?* Pero siempre que mantenga su enfoque puesto en las cosas básicas —estar quieta y conocer a Dios por medio de la oración y las Escrituras— permanecerá en la senda alta que lleva al hogar. Será mayor su devoción al futuro que al presente. Mayor su devoción a lo espiritual que a lo físico. Y mayor su devoción a las realidades eternas que a las temporales.[12]

NO SE VAYA AL CIELO TODAVÍA

Hay otro ciclo que deberá atravesar Lisa. Yo todavía debo lidiar con él y me imagino que usted también. A medida que se va anclando con más firmeza mi corazón en el cielo, más aumenta mi deseo de ir allí. *Ahora.*

No tiene nada que ver con el hecho de que me canse de estar sentada o que me dé tortícolis de aguantar la cabeza todo el día. Lo que sucede es que cada vez es menor la porción de mi corazón que está aquí y mayor la que está allí. Me identifico con el apóstol Pablo que dijo en Filipenses 1.21–24:

> Para mí el vivir es Cristo, y el morir es ganancia. Mas si el vivir en la carne resulta para mí en beneficio de la obra, no sé entonces qué escoger. Porque de ambas cosas estoy puesto en estrecho, teniendo deseo de partir y estar con Cristo, lo cual es muchísimo mejor; pero quedar en la carne es más necesario por causa de vosotros.

Al igual que Pablo, a menudo considero los pros y los contras de la vida. Pero de la misma manera que él también, se supone que mi vida terrenal sea de insatisfacción. Estoy dividida en dos. Deseo partir. Como mi corazón ya se ha adelantado, anhelo ir tras de él y llegar también a casa. Pero es más necesario que yo

—Lisa, y miles más como nosotras— permanezcamos en la carne, por causa de otros.

Toqué el tema del porqué al terminar mi conversación con Lisa.

—Si permaneces fiel, a pesar de tener todo en contra, ayuda a las personas como yo más de lo que te puedas imaginar.

—Pero es difícil... pensar en otros... cuando se sufre.

—Lo sé. —Mi voz era un susurro apenas—. Pero es más necesario que permanezcas en la carne... es más necesario para mí y para muchos más que te conocen mejor. Un hombre con una dificultad una vez escribió: «Porque de la manera que abundan en nosotros las aflicciones de Cristo, así abunda también por el mismo Cristo nuestra consolación. Pero si somos atribulados, es para vuestra consolación y salvación; o si somos consolados, es para vuestra consolación y salvación, la cual se opera en el sufrir las mismas aflicciones que nosotros también padecemos» (2 Corintios 1.5, 6).

Hubo una larga pausa del otro lado del teléfono.

—El hecho de que soportes... nos hace bien al resto de los cristianos. No me refiero a que seas inspiración para otros. Es más que eso... es un misterio. Dios de alguna manera fortalece a otros por medio de tu fidelidad. Tal vez sientas que eres una carga para otros, pero Dios piensa lo opuesto. Él piensa que es necesario que otros se ocupen de tu cuidado... Les harás un mayor bien espiritual del que te puedas imaginar. Más aun, todo esto se va acreditando a tu cuenta. El apóstol Pablo lo dijo en Filipenses 1.25, 26 cuando dijo a un montón de hombres que eran inspirados por su ejemplo: «Permaneceré y continuaré con todos ustedes... Así, cuando yo vuelva, su satisfacción en Cristo Jesús abundará por causa mía» (NIV). ¿Notaste esa parte que dice «por causa mía»? Si a otros les suceden cosas buenas por causa de tu ejemplo, Dios lo anota en el registro que lleva de ti.

Lisa me tomó desprevenida:

—Pero ya no... veo a otros... Todos... se han ido... Quizá te ayude a ti... pero a nadie más.

En ese momento, señaló otro motivo por el cual Dios aún no se la ha llevado al cielo. Debe soportar no solo para beneficio de otros, sino para el propósito de enseñar a principados, potestades, gobernadores en las regiones celestes acerca de su Señor poderoso y sustentador.

—Verás —le expliqué—, tenía una amiga, Denise, cuando estaba en el hospital. Ella estuvo en cama durante ocho años, ciega y paralizada. Mucho peor que tú o yo. A pesar de tener todo en contra se mantuvo firme.

Se hizo otro silencio prolongado del otro lado del teléfono, y supe que Lisa estaba escuchando atentamente.

—Denise murió después de pasar ocho años en esa cama. Mi lógica humana decía: «Dios, debieras habértela llevado mucho antes... ¿Qué beneficio logró toda su lucha para el puñado de enfermeras que llegaron a conocerla?». Pero luego leí un versículo en Efesios 3.10 que dice que Dios usa nuestras vidas como una pizarra en la cual enseña lecciones acerca de él mismo. Y lo hace para beneficio de ángeles y demonios... quizá no para personas, sino para millones y millones de seres invisibles.

Algo dinámico está ocurriendo en el cielo ahora mismo. Ángeles y demonios están aprendiendo cosas nuevas acerca de Dios. Esto sucede cuando los creyentes permiten que sus circunstancias dolorosas sirvan de plataforma desde la cual sus almas puedan elevarse hasta alturas celestiales. Cada día que seguimos viviendo en estos cuerpos significa una tarea fructífera: para nosotros, para otros, para la gloria de Dios y para las huestes celestiales.

ADELANTE Y ARRIBA

El sufrimiento hace esto. Siempre nos lleva a profundizar y a elevarnos. Siempre hacia adelante y hacia arriba entrando al corazón del cielo.

Lisa y yo nos despedimos y nos mantuvimos en contacto. Ella se ubicó en una situación en la que vivía con una amiga y empezó a asistir a una universidad local. Se involucró en su iglesia y empezó a ir a un estudio bíblico. Al cabo de cinco años, perdimos contacto. Pero no estaba preocupada por ella porque parecía estar en una senda firme.

Sin embargo, este año viví una sorpresa increíble cuando, después de haber hablado en una conferencia, se me acercó en silla de ruedas una joven de sonrisa segura que estaba conectada a un respirador. Supe de inmediato quién era ella. La luz que brillaba en sus ojos me aseguró que esta era la misma joven. Se dirigía hacia su hogar con gran felicidad y mientras tanto disfrutaba plenamente de cada día.

Si Madame Guyon hubiera podido extenderse cruzando los siglos hasta llegar a Lisa (confinada a su propio conjunto de tornillos y barras), la habría felicitado con las siguientes palabras que fueron escritas desde su oscuro calabozo:

> ¡Cuánto se ha ganado en comparación con lo poco que se ha perdido! Se habrá perdido «la criatura» a fin de ganar «al Creador». Usted habrá perdido su nada a fin de ganar todas las cosas. ¡Usted no tendrá límite, porque habrá heredado a Dios! Su capacidad de experimentar su vida crecerá solo un poco más. Todo lo que usted alguna vez tuvo, y perdió, le volverá en Dios.[13]

Lisa y yo hemos visto el futuro y el futuro somos nosotros. Un futuro glorioso para aquellos que, por causa de Cristo, sufren con valor.

El suyo es también un futuro glorioso. Dios ha puesto sufrimiento en su vida para recordarle que el cielo no es solo para el futuro; es para ahora, para este momento presente. El cielo tiene como objetivo bendecir su camino y ser una fuente de fortaleza en su sufrimiento hoy. Recíbalo y salúdelo con valor.

En su libro *Grace Grows Best in Winter* [La gracia crece mejor en el invierno], Margaret Clarkson cita estas poderosas palabras del pintor italiano Fra Angelico del siglo quince:

Ningún cielo puede venir hasta nosotros excepto que nuestro corazón encuentre descanso en él hoy. Tome el cielo. No hay paz en el futuro que no esté escondida en este precioso instante. Tome la paz. La tristeza del mundo no es más que una sombra. Detrás de ella, a nuestro alcance, hay gozo... La vida es una dadora generosa, pero nosotros, que juzgamos los regalos por sus envoltorios, los descartamos por feos o pesados o duros. Quite el envoltorio y descubrirá en su interior un esplendor viviente, entretejido de amor, sabiduría y poder. Recíbalo, salúdelo y toque la mano del ángel que hace la entrega.

Todo aquello que llamamos prueba, tristeza, deber: créame, esa mano de ángel está presente, el regalo está allí y el asombro de su presencia notable. Nuestros gozos también: no se conforme con recibirlos como gozos. Ellos también esconden dones más divinos. La vida está tan llena de significado y propósito, tan llena de belleza debajo de sus envoltorios, que verá que la tierra no hace más que encubrir el cielo. Valor, entonces, para reclamarlo, ¡nada más! Pero ya tiene el valor, y el conocimiento de que somos peregrinos que vamos atravesando tierras desconocidas en nuestro camino a casa.[14]

SUBA MÁS

Unas páginas atrás mi ojo captó la sección titulada «Mientras mayor el sufrimiento, mayor la gloria». Fue tan fácil escribir eso cuando lo hice originalmente hace décadas. Pero conforme el dolor crónico y las limitaciones de la edad tratan de erosionar mi gozo, mantengo la mirada en la línea de llegada... cuando Dios me llame a casa... cuando él envíe a sus ángeles para recoger una rica cosecha trayendo las gavillas.

Si usted se crió en la iglesia en la década de los 50, como yo lo hice, tal vez recuerde el antiguo canto: «Recogiendo las gavillas».

En la escuela dominical nuestra maestra nos hacía formar y marchar por el salón entonando el canto. Escrito hace generaciones, el canto habla de arar y trabajar la tierra hasta la cosecha. «Las gavillas» son los atados de grano maduro, que los cosechadores recogen y acarrean.

El canto en inglés fue compuesto en 1874, por Knowles Shaw, evangelista de Ohio, que lo derivó de Salmos 126.6: «El que llorando esparce la semilla, cantando recoge sus gavillas».

La cosecha que se describe en el canto habla del cielo y de aquella temporada alegre, gloriosa, dorada, cuando presentaremos los frutos de nuestras labores terrenales a Jesús, el Señor de la mies. Mientras tanto, sin embargo, trabajar el suelo y cuidar los sembríos aquí abajo en la tierra puede ser difícil, trabajo que parte el corazón a veces. Gálatas 6.9 tiene el propósito de darnos aliento: «No nos cansemos de hacer el bien, porque a su debido tiempo cosecharemos si no nos damos por vencidos».

No nos damos por vencidos... no rendirnos.

Con el paso de los años de persistir y perseverar al atravesar muchas aflicciones, a menudo me he enderezado de mis trabajos, me ha apoyado en mi azadón, contemplado el horizonte, y anhelado el tiempo de la cosecha... por esa patria mejor. Cuando me siento abrumada por las pruebas de la vida, insisto en hacerme acuerdo yo misma que tienen un propósito; y que hay un fin a la vista. Ese propósito es expresado hermosamente en una oración puritana que a menudo le he susurrado al Señor, a veces por entre las lágrimas. Este es un fragmento:

> Dame una confianza más honda,
>   para que yo me pierda a mí mismo para hallarme en ti,
>   la base de mi reposo,
>   la fuente de mi ser.
> Dame un conocimiento más profundo de ti
>   como Salvador, Maestro, Señor y Rey...
> Ara profundo en mí, gran Señor, Labrador celestial,
>   para que mi ser pueda ser campo labrado,
>   las raíces de la gracia esparciéndose lejos y amplias,
>   hasta que solo tú seas visto en mí,
>   tu belleza dorada como cosecha de verano,
>   tu fruto como abundancia de otoño.[15]

Pienso que usted puede ver por qué me encanta esa oración. Porque no quiero soltar el azadón, frustrada porque el tiempo de la cosecha parece tan lejos a la distancia. Así que oro: *Ara profundo en mí, Señor.*

Voy a ser franca con usted. Es una oración arriesgada. Estamos pidiendo un conocimiento más hondo de nuestro Salvador, una santidad más honda, un poder más hondo en la oración. Estamos pidiéndole a Dios que tome su arado —el filo agudo, cortante de su voluntad— y que lo pase por nuestras vidas y que nos are, desenterrando partes que necesitan ser aradas, lugares en nuestra alma que han estado demasiado tiempo en las tinieblas. Le pedimos que voltee esos lugares a la luz del sol del amor de Dios y a las lluvias de su misericordia.

Ara profundo en mí, Señor.

Es una oración arriesgada, porque es una invitación a la escuela de sufrimiento de nuestro Señor.

Esta es la cuestión de fondo. Nadie llega al cielo de Dios a menos que tome su cruz a diario y siga en sus pasos. Dios comparte su gozo en sus términos, y esos términos nos llaman, en alguna medida, a sufrir como él sufrió. No, no al grado en que él sufrió, sino más bien en la manera en que él enfocó su cruz.

Pero, ah, la indecible intimidad y dulzura de conocer a Cristo por el sufrimiento; el placer de conocer al Varón de Dolores de una manera profundamente personal. Vale la pena.

Y, ¿cuándo finalmente viene la cosecha? «Y volverán los rescatados por el Señor, y entrarán en Sión con cantos de alegría, coronados de una alegría eterna. Los alcanzarán la alegría y el regocijo, y se alejarán la tristeza y el gemido» (Isaías 35.10, NVI).

Y volverán trayendo sus gavillas.

De paso, así es como el autor de ese canto evangélico entró al cielo. Knowles Shaw, el evangelista de Ohio, era un hombre feliz, alegre, que deleitaba a sus oyentes con su agudeza, carisma y conocimiento de las Escrituras. En todo su breve ministerio condujo a Cristo y bautizó más de once mil hombres y mujeres. A los cuarenta y cuatro años murió en un accidente ferroviario en McKinney, Texas. Antes de fallecer, sin embargo, luchando entre los escombros con terribles heridas, se las arregló para salvar la vida de un colega ministro.

Sus últimas palabras fueron: «Es algo grande congregar a las personas a la cruz de Cristo».[16]

Con esas, entró en la cosecha final.

Sembrando a la luz del sol, sembrando en las sombras,
no temiendo ni las nubes ni la brisa helada de invierno;
Con el tiempo la cosecha, y la labor terminada,
volveremos regocijándonos, recogiendo las gavillas.[17]

BUSQUE SU SENDERO

1. Lea Efesios 3.10. ¿De qué manera está Dios usando cada una de nuestras vidas como una pizarra para enseñarles lecciones a incontables seres celestiales, así como también a los que observan nuestras vidas en la tierra? ¿De qué manera eso le motiva al enfrentar una difícil temporada de prueba?
2. Jesús dijo en Lucas 9.23: «Si alguien quiere ser mi discípulo, que se niegue a sí mismo, lleve su cruz cada día y me siga». Hasta donde usted puede comprender, ¿qué significan esas palabras en su vida, en su situación exacta, hoy mismo?

UNA ORACIÓN DEL CAMINANTE

Amado Señor, ayúdanos a no perder nuestro enfoque y nuestro verdadero propósito y razón para vivir hoy. El dolor vuelve hacia adentro nuestros pensamientos. Las frustraciones nos empujan a lugares oscuros y negativos. Las presiones de las responsabilidades diarias nos llevan a enfocarnos en marca de verificación y listas de cosas para hacer. Los cantos y sentimientos del mundo que nos rodean nos alejan a sus promesas vacías y sueños febriles. Señor y Rey, Salvador y Amigo, eleva nuestra visión de nuevo al camino que tú nos has dado para andar hoy, y permitiendo sostener un vislumbre del resplandor del cielo y el hogar, justo más allá de la vista pero no más allá del alcance.

Capítulo 9

Camino al

HOGAR

La encendida puesta de sol detrás de las montañas costeras hizo que me detuviera en seco al retirarme de la oficina de Ministerios JYA. Permanecí sentada junto a mi furgoneta en la playa de estacionamiento contemplando mientras los colores iban cambiando e intensificándose de un vívido lila a rosado y luego a rojo fuego. Fue una puesta de sol sensacional, un llamativo caleidoscopio que me incitaba y me invitaba a seguirlo más allá del horizonte. Se trataba de otro de esos momentos inspirados por el cielo que me llamaba no solo hasta más allá del horizonte sino al hogar. Sabía que no me era posible seguirlo. Por ahora, solo podía permanecer sentada y disfrutar del momento.

—Buenas noches, Joni —me dijeron sonriendo un par de compañeras de trabajo al dirigirse a sus automóviles.

—Buenas noches —respondí distraída. Me desperté y agregué—: Oigan muchachas, esperen... ¿vieron esa increíble puesta de sol?

Mis amigas se detuvieron, y nos quedamos juntas en silencio, de cara al color. Nos bañó en su tonalidad encendida, tocándonos cual dedo de Midas haciendo de nuestro grupo una sola y silenciosa estatua de oro. Quedamos unidas en un momento eterno que sabíamos se nos escapaba de las manos aunque intentábamos aferrarnos a él. *Empápense de todo esto*, parecíamos entender, *este momento no durará para siempre.*

Al llegar los colores a su momento culminante, los rayos dorados subieron como disparados desde atrás de la montaña justo cuando el último vestigio de sol se deslizaba por debajo de su cresta. Luego, se fue. Se acabó.

Contemplamos cómo se oscurecía el cielo y se volvía amenazante a medida que la neblina iba trepando por las colinas. Me recorrió un escalofrío, nos despedimos y nos separamos. Subiendo a mi furgoneta, recordé una de mis frases preferidas de Amy Carmichael: «Dispondremos de toda la eternidad para celebrar las victorias, pero solo unas pocas horas antes de la puesta del sol para ganarlas».[1]

La señorita Carmichael sabía mucho de la vida cristiana... y mucho acerca de las puestas de sol. Ella sabía que los colores del sol que se va desvaneciendo nos fascinan con su belleza, haciendo que nos quedemos quietos y casi creamos en momentos eternos. Luego, al momento siguiente, se desvanece lo que quedaba de los colores rosa y dorado.

¿Por qué será que siempre me asombra la celeridad con que desaparecen las puestas de sol? ¿La celeridad con que pasan mis días?

Tampoco deja de sorprenderme la celeridad con que se pasa la *vida*. Contemplo una puesta de sol, me subo a la furgoneta, me alejo manejando, me detengo en la estación de servicio, el mercado, ayudo a Ken a preparar la cena, y luego caigo redonda en la cama mucho después de la puesta del sol. A la mañana siguiente me levanto y vuelta a lo mismo. Mi vida se habrá pasado a la velocidad de un rayo, en un abrir y cerrar de ojos. De repente —así no más— se habrá acabado. Fin. Desaparecerá la belleza débil de todas las cosas buenas de la vida.

Empápate de todo esto... esto no durará para siempre. Pronto, mucho antes de lo que me puedo imaginar, iré tras de esa puesta del sol más allá del horizonte y pasaré al otro lado de la eternidad. Y si puedo mirar para atrás por encima del hombro hacia la tierra, estoy segura de que quedaré anonadada de ver con cuánta rapidez se pasó la vida. Pero en el cielo, literalmente no habrá tiempo para pensar en ello.

De modo que debo pensar en esto ahora.

Es por eso que Dios nos concede momentos eternos en el aquí y el ahora, haciendo tañer esa cuerda resonante en nuestro corazón que hace eco de la eternidad. Él nos atrae alejándonos de este mundo por medio de esa inquietud celestial, y nos sucede cuando nos envuelven los brazos de nuestro ser querido. O al ver a un bebé reírse con ganas. O al saborear una escritura que cobra vida en nuestro corazón. Llorar cuando un coro canta un himno triunfal. Contemplar una puesta de sol o mirar las estrellas.

Los momentos eternos son los que envían nuestro corazón al cielo por adelantado. Momentos en los que demostramos una obediencia drástica, optamos por la paciencia en lugar de la queja u honramos a Dios cuando resulta difícil. Amy Carmichael le llama a esto «ganar victorias» en las pocas horas que nos quedan antes de la puesta del sol.

"Mirad, pues, con diligencia cómo andéis, no como necios sino como sabios, aprovechando bien el tiempo, porque los días son malos», dice Efesios 5.15, 16 haciendo eco. Los días son fugaces, las horas se desvanecen, y antes de que se pueda dar cuenta, ya no tendremos la oportunidad de probarle a Jesús nuestro amor por medio de nuestra obediencia. No dispondremos de tiempo para volver a encarrilarnos. Para edificar con oro, plata y piedras preciosas. El sol deberá ponerse.

CREPÚSCULO: NOS ACERCAMOS AL PASAJE AL CIELO

Nadie apreciaba las puestas de sol como mi madre. Lindy, como la llamaban sus amigas, se parecía a mí en que dejaba todo de lado para contemplar una llamativa puesta de sol. Durante el verano, su ritual al caer la tarde incluía acomodarse en una silla en la galería de atrás de su condominio para contemplar cómo desaparecía el sol por debajo de la Bahía Sinepuxent en la costa este de Maryland. Luego observaba cómo el crepúsculo cedía ante miles de estrellas titilantes que se extendían de horizonte a horizonte. Le encantaba mirar hacia arriba y siempre me llamaba por teléfono para recordarme cuándo había luna llena.

Mi madre era consciente de la brevedad de los días. Cuando respiró por última vez en 2001, había visto diez mil puestas de sol y comprendía que incluso el día más brillante habría de dar lugar al crepúsculo. Para ella, las sombras iban cayendo más largas, más espesas y a mayor velocidad, y al aire se le estaba escapando la calidez. Sus horas más fuertes de edificar con oro, plata y piedras preciosas estaban menguando a medida que la tarde de su vida se iba pasando. Lindy sabía que se estaba acercando al crepúsculo. Pero aun en su crepúsculo, aunque mi madre parecía espléndida y anciana, era tan... *¡joven!*

Estoy convencida de que es porque ella no deja de mirar hacia arriba y de enfocar su atención en algo que está mucho más allá de sus muchos cumpleaños y sus arterias bloqueadas. El cielo está literalmente más cerca de ella, y un enfoque tal siempre infundirá juventud en el corazón. Al fin y al cabo, vivir en los lugares celestiales equivale a vivir en una especie de eternidad. Las personas que miran hacia arriba y ven más allá de los años invasores amplían sus almas con la eternidad. Transmiten un aire de algo eterno, no temporal. Saben que cada año los acerca un poco más al cielo que, a su vez, infunde más juventud en su corazón.

No era necesario que convenciera a mi madre ni hacía falta torcerle el brazo a mi amiga, Alice McIntire. Alice —que al menos puedo decir que superaba en años a mi madre— disfrutaba de mirar hacia arriba a medida que las sombras iban cayendo más largas y con mayor velocidad. Durante años su corazón había estado latiendo al mismo ritmo del corazón de su Señor, y cada tanto parecía ladear la cabeza como si estuviera escuchando la música de la celebración del cielo. No me causaría sorpresa que así fuera. Ella tenía oído para las cosas festivas. Vivía y representaba bien el papel, aun después de ocho décadas. Alice sabía que tendría toda la eternidad para celebrar las victorias, así que estaba gozando lo más que podía de los momentos de sus años de atardecer. Todavía enseñaba en una clase de estudio bíblico para mujeres, y lo hacía vestida en hilados de St. John's con blusas y moños de seda, aros y zapatos de tacón con pedrería.

Sus estudios bíblicos no estarían completos sin lucir su mejor porcelana y mantelería para servir más tarde café con masitas. Su entusiasmo, humor y estilo me asombraban, y una vez le dije:

—Debes estar aguardando el cielo con gran expectativa.

A lo que respondió:

—Sí, querida, ya lo creo que sí, pero espero estar por aquí para el regreso de Jesús... nunca me agrada perderme una buena fiesta.

Alice seguía mirando hacia arriba. Es por esto que se mantenía tan joven (al igual que mi madre). Cada cristiano que sigue mirando hacia arriba extiende la capacidad de su corazón para el cielo. No parecen viejos; son jóvenes.

El doctor Sherwood Wirt, editor emérito de la revista *Decisión*, estrechaba las filas detrás de Alice McIntire y, al igual que ella, transmitía un aire de juventud. «Las personas hablan de las "transiciones" que acompañan a la edad, por lo general en cuestiones externas tales como el cabello que se va raleando y los audífonos. Ahora tengo ochenta y tres años y quiero testificar que por dentro, donde vivo yo, la edad no tiene significado alguno. Soy la misma persona que era a los veintiún años, a los cuarenta y seis o a los sesenta y cinco».[2]

Yo no tengo noventa años ni estoy en los ochenta, pero me identifico. Me siento tan joven por dentro, alrededor de la edad de doce o trece años. Como si fuera una pequeña niña. Una niña como mi madre que se seguía abrigando para salir corriendo a contemplar la luna. O Alice que elegía los modelos más actuales del perchero para tallas pequeñas. Y el doctor Wirt que hacía que uno se quedara desarmado cada vez que lo miraba con esa chispa en sus ojos azules. Nos sentimos jóvenes cuando nos olvidamos de lo temporal y ponemos la mira en lo eterno... eso es lo que hacen los hijos que no tienen noción del tiempo, y de tales es el reino de los cielos (Lucas 18.16).

Las personas como estas comprenden que el tiempo no es un ambiente natural. Se dan cuenta de que son seres espirituales que están pasando un breve lapso de tiempo dedicado a una experiencia física. El tiempo, para ellos, no se ve tanto como un enemigo acosador, sino como un pasaje —aunque difícil— a una eternidad más brillante y mejor.

CUANDO EL PASAJE ES DOLOROSO

Quizá sea más brillante en el crepúsculo, pero no necesariamente más fácil.

Ese pasaje final para mi madre, Alice o el doctor Wirt puede resultar veloz y dulce, pero no hay garantías. Para muchos, el pasaje es feo y doloroso.

Así ocurrió con Billie Barrows, la esposa de Cliff Barrows. Durante más de cuarenta años trabajaron junto a Billy Graham, llenos de alegría de vivir y celo para pelear la buena batalla. Ese celo mantuvo a flote a Billie durante sus últimos nueve años mientras luchó con denuedo contra el cáncer de seno, que se extendió a su hígado, sus huesos y por último a su cerebro. Ella escogió el camino alto y mantuvo una perspectiva alegre, fortaleciendo su cuerpo con la medicina del corazón alegre, como también un régimen de vitaminas, diversos tés y jugo de zanahorias y remolachas. Pero aun a pesar de cinco tratamientos de quimioterapia, Billie no pudo evitar la enfermedad.

Rodeada de una amante familia, reforzada por la oración y reafirmada por un espíritu de lucha, el suyo debiera haber sido un pasaje modelo: maravillosamente sereno con carrozas meciéndose a baja altura mientras los ángeles se acercaban en silencio para llevársela al hogar. No ocurrió así. Fue una lucha ardua y larga en el centro del *ring*, donde el tiempo se ensañó con ella y la vapuleó sin compasión alguna.

En cinco ocasiones diferentes sus hijos e hijas viajaron en avión desde puntos distantes del país para unirse a su padre junto a la cama de Billie. *Seguramente que esta vez Dios se la llevará al hogar*, razonaron ellos. Pero aún no había llegado su tiempo. Durante las últimas dos semanas el gozo de Billie, que había sido de gran inspiración para Cliff, sus amigos, médicos y la familia fue silenciado por el tictac de cada minuto doloroso que pasaba sin traerle liberación.

El lecho de muerte no fue un lugar de bendición para Billie. Pero sí se convirtió en un lugar de bendición para la familia. Cliff y sus hijos e hijas, yernos y nueras y nietos descubrieron una bendición más profunda y más rica en el hecho de estar juntos. No en derredor a una mesa festiva con risas y momentos alegres, sino rodeando un lecho de aflicción que con dolor ofrecía momentos de amor y reconciliación. Aunque Billie no podía comunicarse, las lágrimas grandes que rodaron por sus mejillas justo antes de morir lo dijeron todo. Finalmente, se produjo la bendita liberación. Ella abandonó la tierra de los muertos para pasar a la tierra de los vivos.

Poco después del funeral de Billie, llamé a su hija, Bonnie. Hablamos acerca de la desgarradora agonía de los días finales.

—Joni, los cristianos no debieran embellecer la muerte. La muerte es el último esfuerzo desesperado de Satanás, y él tratará de que sea lo más espantosa posible.

Hizo una larga pausa.

—Pero Dios es quien tiene la última palabra. Resurrección. Y junto a la tumba pudimos cantar, en realidad lo seguimos cantando todos los días:

Do Cristo guía nos remontamos
siguiendo al caudillo amado;
así como él resucitamos
nuestra es la cruz, la tumba, el cielo.[3]

Podía escuchar una sonrisa en la voz de Bonnie, y no resultaba difícil imaginar esa misma sonrisa a través de lágrimas mientras ella y su familia se alejaban de la tumba cantando ese himno de victoria: «El Señor resucitó».

Al cortar la comunicación, pensé en Corrie ten Boom, la dama holandesa que fue enviada a un campo de concentración Nazi por esconder a familias judías. Años después de la liberación de Tante Corrie, su compañera, Pam Rosewell, se sentó junto a su lecho cuando estaba anciana y afectada por una hemiplejía. Mientras observaba cómo la mente y el cuerpo de Corrie se iban desgastando hasta ser apenas una sombra de lo que solían ser, se preguntaba —de manera parecida a la familia de Billie— por qué el Señor no se llevaba a Tante Corrie más rápidamente. Pero Pam destacó después del funeral de su anciana amiga: «Cada día que vivió fue una victoria sobre el diablo... a él le habría gustado que ella se muriera cincuenta años antes en Ravensbruck, pero el simple acto de vivir, aun sin hacer nada, el solo hecho de inspirar y espirar vida constituía un triunfo. Si sus años finales no hubieran ejercido influencia sobre nadie en la tierra y si el único motivo por el que el Señor le permitió permanecer en esta tierra fue para hacer una declaración diaria silenciosa a los principados en lugares celestiales de que "Jesús ha vencido", entonces por cierto fue un silencio importante».

¿Acaso habría algo de valor eterno que se acumulaba en la cuenta de Billie por el mero hecho de sobrevivir unos pocos meses o semanas adicionales? ¿Se habrán puesto en marcha realidades divinas invisibles? ¿Realidades que a la familia Barrows le resultaba imposible de detectar por causa del velo cegador del sufrimiento? Quizá la gloria de Dios sea finalmente más dorada por causa de la fe de la familia que se forjó junto a su lecho, una victoria que se le acreditará a Billie. Los días de su muerte quizá hayan sido malignos, pero ella siguió trabajando lo mejor que pudo. Su cuerpo obedeció el impulso de la vida dada por Dios. Y quizá eso —sin intención de embellecer— constituyó una victoria.

En todo el sufrimiento que tuvieron, ni Tante Corrie ni Billie quedaron disminuidas.

Estoy de pie a la orilla del mar. Una nave a mi lado extiende sus blancas velas frente a la brisa de la mañana y al océano azul se dirige.

Es un objeto de belleza y fortaleza, y me quedo y la observo hasta que a la distancia parece una mancha de nube blanca justo en el punto donde mar y cielo se juntan mezclándose los dos.

Luego alguien a mi lado dice: «¡Ya no está! Se ha ido».

¿Adónde se ha ido? Ido de mi vista... nada más.

Su mástil, quilla y palo tienen el mismo tamaño que tenían cuando se alejó de mí, y puede llevar la misma carga de mercadería viviente hasta el lugar de destino. Su disminución de tamaño está en mí, no en ella; y en el momento preciso que alguien a mi lado dice: «¡Ya no está! Se ha ido», hay otros ojos que la ven llegar, y otras voces listas para adoptar la alegre proclama: «¡Allí viene!».

¡Y esa es la muerte![4]

Observo mi propio cuerpo que se va degenerando y me pregunto cómo me acercaré a ese pasaje final. ¿Será breve y dulce? ¿O largo y agonizante? ¿Podrá mi esposo cuidar de mí? ¿O será que mi tetraplejía me llevará a necesitar un hogar de cuidados especializados? No le temo tanto a la muerte como al proceso de morir. Ya sea que resulte dolorosamente prolongado o una muerte en paz en la noche, siento un extraño consuelo por el pensamiento de que el siervo no debiera esperar sufrir menos que su Amo. No hay santa paz en la muerte. El teólogo Alexander Schmemann escribió en su clásico *For the Life of the World* [Por la vida del mundo], «Solo si Cristo es vida, la muerte es lo que el cristianismo proclama que es, o sea un enemigo que debe ser destruido, no un "misterio" que debe explicarse».[5] Hasta la tierra se convulsionará con gran agitación en sus últimos dolores de parto antes del nuevo cielo y la nueva tierra. Toda semilla —sea una planta, una persona o un planeta— debe morir. Pero luego, viene la cosecha.

ENTRE LA MUERTE Y LA RESURRECCIÓN

Hasta llegar la cosecha, Billie y Tante Corrie no han sido disminuidas estando en el cielo en el presente. Obtuvieron ganancia sin medida el instante que cruzaron de la tierra de la muerte a la tierra de la vida. En 2 Corintios 5.8 explica que: «Estar ausentes del cuerpo [es estar] presentes al Señor». Billie y Tante Corrie no están en este momento presentes al Señor en una especie de sueño del alma; ellas están «en el hogar» con él en el mejor sentido de la palabra. Están vivas, despiertas, conscientes y llenas del gozo de haber llegado al hogar. En el hogar donde encajan, se sienten abrigadas y bien recibidas, un lugar en el que se sienten a gusto. ¿Quién puede acercarse siquiera a medir la plenitud del significado de esa palabra «hogar»?

Hay otra manera en la que no son disminuidos los santos que ya han partido, y se nos da la pista en Lucas 16.19–31. Jesús relata no una parábola, sino un acontecimiento asombroso de la vida real ocurrida después de la muerte de un mendigo llamado Lázaro y un hombre rico. El hombre rico estaba muy consciente de su entorno infernal como también de la condición de sus hermanos que aún estaban en la tierra, y él deseaba desesperadamente advertir a su familia. Él sentía, veía, oraba, recordaba y deseaba. ¿Cuál es el punto que quiero destacar? Si las almas perdidas pueden sentir y mostrar interés, ¡cuánto más los que han muerto en la fe!

Tante Corrie y Billie actualmente residen con el Señor de gloria, el Señor de amor. Con cuánta profundidad deben sentir, orar y ver. Cuán ferviente debe ser su amor. ¿Será que nuestros seres queridos en gloria pueden amarnos ahora? ¿Orar por nosotros ahora? El amor no se muere; no puede morir porque no puede fracasar. El amor es una parte del ser de un santo que ha partido, no de su cuerpo, sino de su persona. Estoy convencida de que Billie ahora ama a su esposo Cliff con un amor más puro, más santo y más intenso del que haya conocido alguna vez en la tierra. Y aun cuando tenga la capacidad de observar los errores, las metidas de pata y las lágrimas de sus seres queridos en la tierra, ella cuenta con el beneficio de una perspectiva de tiempo final, tiene una visión más completa y clara del asunto.

En el cielo no perdemos, porque «morir es ganancia». No somos menos, somos más. Cuando morimos no pasamos a una especie de sopor del alma; no estamos en el purgatorio, y ciertamente no estamos inconscientes. ¡Estamos en el hogar con el Señor! ¡Nuestro hogar!

LUEGO, RESURRECCIÓN
Y DESCANSO

Luego un día, resurrección:

> Tus muertos vivirán; sus cadáveres resucitarán. ¡Despertad
> y cantad, moradores del polvo! porque tu rocío es cual rocío
> de hortalizas, y la tierra dará sus muertos.
>
> Isaías 26.19

El velo que cubría esta realidad divina invisible fue corrido
para mí cierto domingo por la tarde. Mi suegra compró recientemente un lote familiar en un cementerio llamado Forest Lawn.
Sin embargo, no quería firmar los papeles hasta que Ken y yo
miráramos el lote y le diéramos nuestra aprobación. «¿Tengo
que hacerlo?», le pregunté a Ken gimiendo. Se me ocurrían cosas
mejores para hacer un domingo por la tarde.

Cumpliendo el papel de esposa sumisa, hice la excursión a
Forest Lawn con Ken, miré el lote de mi futura tumba ubicada en
una sección llamada «Pinos Susurrantes», y escuché a la agente in-
mobiliaria (de veras era ese su título) recordarme que con mi cabeza
«aquí» y mis pies «allí», podría gozar de una espectacular vista del
valle y las montañas lejanas. «Eso es importante», le dije. También
le dije que no tenía pensado quedarme allí por mucho tiempo.

Mientras la agente y mi suegra conversaban acerca de los
papeles, miré las centenas de lápidas a mi alrededor. De repente
me di cuenta de que estaba sentada en el lugar exacto desde donde
mi cuerpo resucitará, si es que llego a morir antes de que vuelva
Cristo. Descansar en esa colina cubierta de césped fue más eficaz
en encender la realidad de la resurrección que escuchar sermones
o leer ensayos sobre el tema. Un día los seres de verdad regresarán
a las tumbas de verdad para reunirse y resucitar.

Y luego, el cielo.

Luego, descanso.

No el descanso de la inactividad, sino descansar del dolor, el cansancio y la desilusión. Quizá solo esté en la cresta de la mediana edad, pero al igual que muchos de mis amigos que han luchado durante años, estoy lista para un descanso. Basta de luchar contra el pecado. Basta de desprender de mi corazón las ventosas del mundo. Basta de peleas largas y vapuleadas con el diablo. Basta de caer redonda en la cama, luego de un día agotador, donde poder descansar unas pocas horas antes de levantarse y volver a lo mismo. «Queda un reposo para el pueblo de Dios» (Hebreos 4.9).

Este pensamiento de por sí hace que el esfuerzo terrenal no solo sea tolerable, sino que lo hace más liviano. Ahora puedo recordar cómo, después de cabalgar durante horas revisando portones y alambradas, mi agotada yegua quedaba mojada de sudor, con la cabeza gacha. Era necesario que yo la instara a seguir andando. Luego, en cuanto ella percibía el olor de casa o reconocía las alambradas de sus propias pasturas, se le paraban las orejas y se le aceleraba el tranco. Cuanto más nos acercábamos al establo, más entusiasmo había en su trote. Luego de quitarle rápidamente la montura, con alegría se revolcaba en la tierra y bebía largos tragos del abrevadero. Qué sensación agradable le da a una bestia estar en casa, tener la posibilidad de descansar.

Qué placer nos dará poder descansar, estar en el hogar.

Quizá los escritores de la Biblia —algunos que tenían cicatrices en el cuerpo por causa de apedreamientos, otros cuyas articulaciones estaban rígidas por causa del roce de cadenas— tenían en mente este dulce descanso, un descanso que los alegró y les hizo acelerar el paso. Escribieron vigorosas palabras de aliento como: «Esforcémonos, pues, por entrar en ese reposo» (Hebreos 4; 11, NVI) y «aprovechando bien el tiempo, porque los días son malos» (Efesios 5.15, 16). La tarea agotadora para ellos parecía ser de peso pluma en comparación con el descanso glorioso en el que estaban a punto de entrar.

¡APROVECHE EL DÍA!

El sol se está poniendo. Solo quedan unas pocas horas para ganar victorias celestiales.

Creo que estamos en el crepúsculo de nuestras tribulaciones y también en el crepúsculo de la historia del mundo. Creo que los días son cortos. Mis palabras de cierre para usted son: «[Aproveche] al máximo cada momento oportuno» (Colosenses 4.5, NVI). Es lo que hicieron Alice y mi madre, y es lo que Billie y Tante Corrie hicieron durante esos últimos años dolorosos de su vida. Si pudiéramos escucharlo de boca de Amy Carmichael misma, quizá percibiríamos el sentido de urgencia de obtener triunfos para Cristo en estas últimas horas antes de que desaparezca el sol.

Intenté hacerle entender esta perspectiva de tiempo final a Kim, una joven cristiana que padece la enfermedad de Lou Gehrig y estaba dudando si debía conectarse a un respirador o no. No estaba segura si el respirador le sustentaría la vida o simplemente le prolongaría la muerte. Hablamos sobre cómo el impacto de su decisión no solo la afectaría a ella, sino a un amplio círculo de familiares y amigos. Conversamos acerca de los datos de su enfermedad y sobre si de verdad su muerte era inminente. Hablamos sobre la diferencia entre el egoísmo y la falta de egoísmo.

Elevé una rápida oración silenciosa a Dios pidiéndole que me ayudara a ser lo más sensible posible, y luego le dije a Kim:

—Si puedes resolver estos asuntos con la conciencia bajo el control del Espíritu, entonces no creo que puedas tomar una decisión equivocada. Pero entre ambas alternativas, puede haber una que sea la mejor. Y para guiarte, permíteme que lea un versículo final y poderoso de 2 Pedro 3.8.

»Comienza diciendo: "Mas, oh amados, no ignoréis esto". Probablemente ya sepas de tus días en la escuela dominical que lo que Pedro está a punto de decir es ultraimportante, como cuando

Jesús dice: "De cierto, de cierto". Y a continuación dice: "Que para con el Señor un día es como mil años, y mil años como un día"».

Le expliqué a Kim por qué ese versículo es tan importante. Todos reconocemos el antiguo adagio que dice que Dios mira a los últimos dos mil años como si solo hubiera pasado un par de días, pero ¿cuántos consideramos alguna vez la otra mitad del versículo? ¿La parte que se refiere a ver cada día como si fuera mil años? Se parece un poco a geometría divina, una fórmula matemática que nos asegura que cada día es una oportunidad para invertir en la eternidad por valor de mil años. Dios nos da una porción de tiempo de veinticuatro horas en la cual poder aprovechar al máximo cada oportunidad, oportunidades que tendrán repercusiones eternas.

La manera en que pasamos —la manera en que Kim pasa— las horas y momentos tiene importancia. Mucho más de lo que nos damos cuenta. Le sugerí a Kim que debiera sonreír y decir «gracias» cuando su madre inyecta su almuerzo líquido en su sonda nasogástrica. Es una manera de aprovechar al máximo una oportunidad, y pudiera resultar en 359 años de beneficio eterno para ella, su madre y en gloria para Dios. Kim se rio cuando le dije esto. «Y cuando te muerdas la lengua para evitar quejarte de algo, ¡pudiera transformarse en 500 años de felicidad, beneficio y gloria eternos!». Qué buena manera de vivir los días que le quedan a esta joven mujer. Si Kim solo alcanzara a vivir dos semanas más con esta perspectiva celestial, resultaría en catorce mil años en el cielo. Si alcanzara a vivir un mes, ¡equivaldría a treinta mil años de inversión celestial!

Con esto no quiero decir que cada día aquí equivale exactamente a mil años allí. Recuerde que el cielo tiene un tipo diferente de tiempo. El tiempo simplemente *es* en el cielo. Mi objetivo al usar 2 Pedro 3.8 era simplemente dar un significado celestial a las horas terrenales de Kim.

No es de sorprender que Salmos 90.12 diga: «Enséñanos de tal modo a contar nuestros días, que traigamos al corazón sabiduría». *Esta* es la sabiduría que Dios quiere que usted aplique a sus porciones de tiempo de veinticuatro horas. Esta es la sabiduría que envía su corazón al cielo por anticipado.

Ah, si solo pudiéramos comprender cuán breve es la vida. Santiago 4.14 dice: «¿Qué es vuestra vida? Ciertamente es neblina que se aparece por un poco de tiempo, y luego se desvanece». Y si nos hace falta otro empujoncito, Isaías 40.6, 7 dice: «Toda carne es hierba, y toda su gloria como flor del campo. La hierba se seca, y la flor se marchita, porque el viento de Jehová sopló en ella; ciertamente como hierba es el pueblo». Por lo tanto, esfuércese al máximo. Los días son malos. Aproveche el tiempo. Saque el mayor provecho de sus momentos.

¡VENGA AL HOGAR!

Sí, cuanto más envejezco, más joven me siento. Cuanto más rápido pasa el tiempo, más valoro mis horas. Hay días que siento que tal vez se me llame al hogar en cualquier momento.

Tuve esta sensación de «vamos al hogar» cuando solía jugar en el bosquecillo más allá del fondo de mi casa. En cuanto volvía a casa de la escuela primaria, y mientras mi madre preparaba la cena, dejaba mis cosas en mi cuarto y salía corriendo por la puerta de atrás para jugar a la mancha con Kathy y unos pocos amigos del vecindario. Nos llamábamos unos a otros, y nuestros gritos hacían eco entre los altos robles. Todo hacía eco: el cotorreo de los pájaros, el ruido de una antigua cortadora de césped, los portazos de las puertas de malla metálica. Nuestro juego era tan divertido que se pasaba una hora casi sin darme cuenta. Apenas notaba los rayos del sol que al hundirse lanzaban largas sombras entre los árboles. Kathy sabía que mamá pronto nos llamaría a casa.

Es extraño, rara vez regresaba por mi propia cuenta a casa sin que me llamaran. Más bien me agradaba escuchar el sonido de la voz de papá o mamá que, haciendo bocina con las manos, gritaba mi nombre. Ni bien me venía el deseo de que me llamaran que escuchaba por la puerta de atrás el característico talán-talán de la campanilla con la que llamaba a cenar.

«La cena está lista... ¡hora de volver a casa!».

Lo raro es que todavía puedo escuchar la voz de mi madre. Casi me hace llorar; casi me hacía llorar cuando era niña. El eco de la campanilla... el sonido inquietante en el bosque... el gozo que casi me parte el corazón de amor por mi hogar, el calor de la familia... ni qué hablar del pollo frito y el puré de papas junto al hogar encendido en el comedor. Y a menudo durante el verano, después de despejar la mesa y de haber terminado el postre, nos sentábamos en el jardín de atrás y contemplábamos la puesta del sol.

«Ahí va».

«Casi se ha ido... solo queda una puntita de luz».

Todos se esforzaban por ser el último que viera el sol antes de ponerse.

Y después, esperábamos hasta que aparecieran las estrellas, cantando himnos y contando las constelaciones. Era lo máximo que pudiera esperar un niño. Y aquí me encuentro ahora, una adulta que sigue mirando más allá de la Osa Mayor, cantando melodías celestiales, y obteniendo victorias hasta que el crepúsculo terrenal dé lugar al amanecer de la eternidad.

La mayoría de las cosas que se han apoderado profundamente de mi alma han sido ecos que se han desvanecido en cuanto captaron mi atención. Pero el eco de esa campanilla para llamar a cenar, ahora, muchos años después, no se ha desvanecido, sino que va creciendo y convirtiéndose en el sonido mismo.

Cuando eso le sucede a cualquiera de nosotros, cuando esos atisbos que nos atraen, esas promesas que nunca llegaron a cumplirse del todo alcanzan un cumplimiento más amplio y más completo en nuestros años de madurez, entonces sabemos que hemos hallado lo que anhelábamos. Más allá de toda duda, diríamos: «Aquí finalmente está aquello para lo cual fui creado... esta es la sanidad del antiguo dolor».

Por eso es que para mí, los ecos se están intensificando. Resuenan con los tonos ricos, plenos y graves de Alguien que llama desde una distancia muy corta.

¡Cuán dulcemente Jesús hoy nos llama!
A ti te llama y a mí.
Él por nosotros paciente se afana;
por ti se afana y por mí.

Venid, venid.
Si estáis cansados, venid.
¡Cuán dulcemente Jesús hoy nos llama!
¡Oh pecadores, venid![6]

SUBA MÁS

¿En dónde termina todo? «¿Qué diremos frente a esto?» (Romanos 8.31). Sí, sabemos que las apuestas cósmicas son altas, pero, ¿cuán altas? Aquí en la tierra se nos da una única oportunidad de creer y seguir a Cristo; creencia y acciones que impactarán nuestro estado eterno de aquí a mil millones de años. Y eso simplemente para empezar.

El apóstol escribe: «Vivan la vida, entonces, con un debido sentido de responsabilidad, no como hombres que no saben el significado y propósito de la vida, sino como *los que lo saben*» (Efesios 5:15, versión Phillips, en inglés; énfasis añadido). De acuerdo a este pasaje bíblico, usted ya entiende de qué trata la vida. Usted ya lo ha captado. Si nos hemos comprometido a seguir a Cristo por el tiempo y a la eternidad, tenemos por lo menos una comprensión tentativa de por qué Dios nos puso aquí. Pero, en otro sentido, pienso que todos estamos en el jardín de infantes —en la sala cuna, en el ala de maternidad— cuando se trata de captar el *propósito último de Dios para nosotros*.

Piense por un momento en la Trinidad, con cada Persona morando mutuamente en la otra. Ninguna es menor que la otra. Todas son iguales. Todas dan gloria a otra sin ser disminuídas de ninguna manera.

Sabemos que Dios es amor, y que la misma naturaleza del amor es dar. ¿Qué «don de amor», entonces, podría darle cada miembro de la Trinidad posiblemente al otro? (¿Qué le da una a alguien que lo tiene todo y lo sabe todo?).

¿Está usted listo para la respuesta?

Mírese en un espejo.

No estoy siendo irreverente ni frívola aquí. En Cristo, usted, como redimido, hijo o hija comprado y pagado, llega a ser parte de un intercambio de regalos que nosotros apenas podemos vislumbrar. Sería como decir que una entiende los cielos porque ha captado un vislumbre de la luna por un telescopio de juguete.

- Como hijos e hijas adoptados, somos un don que Jesús y el Espíritu le dan al Padre.
- Como Esposa, somos un don que el Padre y el Espíritu le dan al Hijo.
- Como templo y morada de Dios, somos un don que el Padre y el Hijo le dan al Espíritu.

Escuche, apenas por un momento, una oración entre Jesucristo —el Hijo de Dios— y Dios Padre: «A los que me diste del mundo les he revelado quién eres. Eran tuyos; tú me los diste y ellos han obedecido tu palabra. Ruego por ellos... por los que me has dado, porque son tuyos. Todo lo que yo tengo es tuyo y todo lo que tú tienes es mío; y por medio de ellos he sido glorificado» (Juan 17.6, 9, 10, NVI).

¿Qué maravilla es esto? ¡Jesús y su Padre están conversando sobre usted y yo! Hemos sido dones del Hijo para el Padre, y dones del Padre al Hijo. De alguna manera, de algún modo —a pesar de que desafía la comprehensión—, este don de nosotros mismos da gloria al Hijo de Dios.

Y si eso no fuera suficiente, Jesús abre su gran corazón a su Padre con una petición especial: «Quiero que los que me has dado estén conmigo donde yo estoy. Que vean mi gloria» (Juan 17.24, NVI). En otras palabras: *Quiero llevar mis dones a casa conmigo. Quiero que estén conmigo para siempre.*

Veremos su gloria, y entonces... *tendremos parte* en su gloria (véase Romanos 8.17).

Esta es tierra santa. Esto es terreno «quítate los zapatos, recobra el aliento». Somos los dones de Dios que él se da a sí mismo, y el intercambio de dones quedará finalizado cuando finalmente estemos en casa, juntos por fin.

Mientras tanto, si yo soy un don a Dios, si soy un paquete envuelto y encintado para Jesús, quiero ser el *mejor* regalo que él me permite ser. ¿Por qué debería llegar al otro lado abollada, manchada, y estropeada como un paquete perdido por seis meses en el correo? Glorificamos a Dios cuando nos mantenemos santas, obedientes, puras y santificadas.

- Quiero ser una hija obediente, a fin de que mi Padre se agrade en mí.
- Quiero ser una novia pura, a fin de que el Hijo se agrade en mí.
- Quiero ser un templo limpio y limpiado, a fin de que el Espíritu se agrade al vivir en mí.

Así que conforme este dar continúa, pienso que el primer asunto de negocios es entregarme a Dios cada mañana al levantarme de la cama, sea que me sienta con ganas o no. Pablo llama a eso ser un «sacrificio vivo» (Romanos 12.1).

Yo la llamo mi razón para respirar.

BUSQUE SU SENDERO

1. Lea Romanos 12.1, 2. ¿Qué pasos describe Pablo en estos versículos que le ayudarán a llegar a ser la clase de regalo que a Dios le encantaría darse a sí mismo?
2. Probablemente todos hemos leído lo que Moisés oraba en Salmos 90.12. «Enséñanos a contar bien nuestros días para que nuestro corazón adquiera sabiduría». Es una petición muy buena para llevársela a Dios —por todos nosotros. Pero, ¿cómo podría el Señor contestar en su vida una oración como esa?

UNA ORACIÓN DEL CAMINANTE

Señor, tu Palabra dice que «David, después de servir a su propia generación conforme al propósito de Dios, murió» (Hechos 13.36, NVI). Ayúdanos a no adelantarnos en cuanto a cuáles son tus propósitos para cada vida en cada generación. Algunos viven con terrible sufrimiento más de lo que nosotros esperamos o quisiéramos. Otros parecen dejarnos demasiado pronto, con tantas posibilidades y tanto potencial sin cumplirse. Señor, reconocemos de nuevo que tú eres el Señor del tiempo, Señor de la vida, y Señor de la eternidad. Ayúdanos a cada uno de nosotros a servir a tus buenos propósitos de largo alcance para nuestras vidas durante el tiempo que nos permites en este mundo transitorio. En el fuerte nombre de Jesús.

Epílogo

H ace poco asistí a un funeral para rendir mis respetos a Boris Vujicic, de sesenta y dos años, padre de mi amigo y conferencista de renombre mundial, Nick Vujicic. Su querido papá había muerto de cáncer pancreático. Nadie escogería asistir a muchos funerales, pero este servicio junto a la tumba alentó mi corazón, por más de una razón. Entonamos himno tras himno sobre cielo, y si ustedes me conocen, saben que es una de mis cosas favoritas. Y dado que muchos de los parientes de Nick son cristianos de Europa oriental, cantan con pasión robusta, claramente convencidos de la patria mejor a la que todos nos dirigimos

Cuando empecé a hacer rodar mi silla para alejarme después del servicio, Michelle, de veintidós años, hermana de Nick, corrió y me detuvo. Secándose los ojos y con una voz temblorosa, me contó de una conversación que había tenido con su papá el día antes de que falleciera.

Explicó que su papá había estado muy inquieto ese día, sin poder descansar, no dispuesto a soltarlo. Cuando le preguntó por qué parecía tan agitado —incluso con ansiedad— él suspiró y con voz ronca susurró: «Ay, cariño, lamento que no estaré aquí para entregarte en tu boda».

Echando mano de todo esfuerzo para consolar a su querido padre, Michelle le respondió: «Ay, papá, por favor, no dejes que eso te moleste. Después de todo, tú eres un hombre de Hebreos 11. Te diriges a una patria mejor. No hay *nada* que echar de menos en cuanto a mi boda terrenal. Mi vestido se desteñirá y se rasgará. Las fotos de mi boda se volverán amarillas por el tiempo. Mi cuerpo envejecerá y se convertirá en polvo. Pero todo en el cielo durará para siempre, ¡y yo me reuniré contigo en la boda *real* del otro lado!».

De inmediato Boris se tranquilizó, y una sonrisa afloró en su rostro. Ambos sabían muy bien que lo que ella había dicho era verdad, y al día siguiente él soltó su agarre a este mundo y en paz entró en el cielo.

Antes de que me alejara, Michelle me dijo: «Y, ¿sabes una cosa, Joni? Dije muy en serio todo lo que le dije. Muy *en serio*. El cielo será así de bueno».

Michelle, con el corazón roto cómo puede haber estado, tenía toda la razón. El cielo es *así* de bueno, porque Dios es *así* de bueno. El cielo es una mejor patria, no debido a su ubicación, ni su terreno, ni su escenario, ni su clima, sus ciudades, sus recompensas, su duración, o todas las maravillas que ningún ojo ha visto, ni oído ha oído, ni corazón se ha imaginado. El cielo es una mejor patria debido a Aquel que nos abrirá la puerta y nos dará la bienvenida, Aquel que nos espera en este mismo momento. *Salvador. Dios con nosotros. Abogado. Consejero. Redentor. Amigo de pecadores. Alfa y Omega. Pionero y Perfeccionador. Deseado de las naciones. Buen Pastor. Cordero de Dios. Luz verdadera. Príncipe de paz. Brillante Lucero de la mañana.* Simplemente por un momento deje a un lado las visiones de una nueva Jerusalén del tamaño de un continente, descendiendo como una estrella multidimensional, espectral. Deje a un lado el mar de cristal, atravesado de llamas vivas. Deje a un lado el río de la vida y el rumor de las hojas sanadoras en los árboles imponentes a sus orillas. Deje a un lado su residencia hecha justo a la medida para usted en la seguridad y esplendor de la casa del Padre.

Como dije en la introducción, el cielo es asunto de Jesús.

Eso es lo que hace la mejor patria, mejor.

Si usted puede imaginárselo, aunque sea por un instante, ¿qué tal si no hubiera cielo como lo describe la Biblia, y que Jesús nos llamara a estar con él en algún valle desolado perdido en lo más lejano de ninguna parte? ¿Qué, entonces? Pues bien, si el Hijo de Dios está allí, y si allí es donde él quiere pasar para siempre, allí es donde yo también quisiera estar. El cielo es cielo debido a él.

¿Le conoce usted a él?

El primer paso en la dirección correcta hacia el hogar comienza con una oración, sincera y del corazón. Si desea asegurarse de estar encaminado al hogar en el cielo, y no al infierno, entonces siéntase en libertad de tomar prestadas las siguientes palabras y adoptarlas como su oración personal:

Señor Jesús, comprendo que he llevado una vida alejada de ti, y ahora veo cómo mi pecado me ha separado de ti. Por favor entra a mi vida —mi corazón, mente y espíritu— y haz de mí la persona que tú quieres que sea. Perdóname por vivir separado de ti durante todos estos años, ayúdame a apartarme de mi vieja manera de vivir, y aceptar tu manera de vivir nueva y justa. Te invito a ser el Señor de mi vida y gracias por la diferencia que obrarás en mi vida. Amén.

Si esa es su oración, entonces tengo la fuerte impresión de que nos conoceremos, si no aquí, entonces allí. Puede que tome miles de años, pero vaya, ¡eso no es mucho tiempo! ¿Cómo va usted a reconocerme? De alguna manera, no creo que eso sea un problema. Pero por si acaso, busque a la joven radiante que

nunca se detiene corriendo, saltando, y bailando, y nunca deja a
Jesús fuera de su vista ni por un minuto.

Joni Eareckson Tada
Joni and Friends
P.O. Box 3333
Agoura Hills, CA 91376
818-707-5664
www.joniandfriends.org